清华大学文科出版基金

让历史有"实践"
历史人类学思想之旅

张小军 著

清华大学出版社
北京

版权所有,侵权必究。举报: 010-62782989,beiqinquan@tup.tsinghua.edu.cn。

图书在版编目(CIP)数据

让历史有"实践":历史人类学思想之旅/张小军著. —北京:清华大学出版社,2019(2024.1重印)

ISBN 978-7-302-51244-8

Ⅰ. ①让… Ⅱ. ①张… Ⅲ. ①历史人类学-研究 Ⅳ. ①K0

中国版本图书馆 CIP 数据核字(2018)第 213824 号

责任编辑:王巧珍
封面设计:常雪影
责任校对:王荣静
责任印制:曹婉颖

出版发行:	清华大学出版社		
	网　　址:https://www.tup.com.cn, https://www.wqxuetang.com		
	地　　址:北京清华大学学研大厦 A 座	邮　　编:	100084
	社 总 机:010-83470000	邮　　购:	010-62786544
	投稿与读者服务:010-62776969,c-service@tup.tsinghua.edu.cn		
	质量反馈:010-62772015,zhiliang@tup.tsinghua.edu.cn		
印 装 者:	天津鑫丰华印务有限公司		
经　　销:	全国新华书店		
开　　本:	170mm×240mm　　印　张:14.5　　字　数:235 千字		
版　　次:	2019 年 1 月第 1 版　　　　　　　印　次:2024 年 1 月第 5 次印刷		
定　　价:	68.00 元		

产品编号:079988-01

前言：让历史有"实践"

近年来，"历史人类学"已成为学界一个时髦的名词，各种解释也纷至沓来。历史人类学在被热炒之余，也在陷入某些误解。考察历史人类学的轨迹，它其实一直是在寻求一种理论方法论上的创新，摆脱传统史学方法的局限和桎梏，这或许可以称之为超度方法论的炼狱，由此希望给史学带来新的生命——普度史学方法论之众生。这个意义上的"历史人类学"，涵盖了年鉴学派以来各种主要的历史人类学领域，包括新社会史（新事件史、日常史、微观史）、新文化史（心态史、意义史）、人类学的新马克思主义历史研究以及在实践理论之影响下的实践史学，等等。历史人类学不是一个以历史为研究领域的人类学学科，而恰恰是要摈弃学科的狭窄视野，追求一种全息的历史研究的方法论。

历史人类学直到20世纪90年代才进入中国，这是由于在之前那个知识分子被聚类为"臭老九"的年代，一套"左"的政治语言笼罩之下的中国史学，自然不会关注尚属于资产阶级史学的法国"年鉴学派"以及他们的新史学，更不会理会他们在20世纪70年代提出的什么"历史人类学"。20世纪80年代以来的中国史学，当然会有春风吹过，睁开眼睛的人们，眼睛是向外的。常建华教授曾经精心梳理了20世纪80年代以来历史人类学在中国现场的"兴起"，说2000年教育部重点研究基地——中山大学历史人类学研究基地的成立，会令勒高夫（Jacques Le Goff）这位历史人类学的倡导者和新史学的布道者欣慰。他最后友善地发问："中山大学的历史人类学家，你们是中国新史学的代言人吗？"[1]其中的语气，蕴含着期望和担忧，甚至有几丝悲凉的自嘲，似乎在借历史人类学向今天的史学界发问："问苍茫大地，谁主沉浮？"在世界史学界的大脉络中，中国史学的位置何在？

其实，历史人类学在中国只是一块刚刚开垦的处女地，一些论文著述不断出

---

[1] 常建华.历史人类学的理论与在中国的实践//冯天瑜主编.人文论丛2002卷.武汉：武汉大学出版社,2003.

现,但并没有形成"引无数英雄竞折腰"的局面。只要稍微了解历史人类学的历史,就不难知道史学如何"抢注"了历史人类学。年鉴学派第三代领军人物勒高夫在 20 世纪 70 年代论述新史学时,曾经这样描述史学的一种可能前景:

> 或许是史学、人类学和社会学这三门最接近的社会科学合并成一个新学科。关于这一学科,保罗·韦纳称其为"社会学史学",而我则更倾向于用"历史人类学"这一名称。[1]

记得在法国,一次去巴黎高等社会科学研究院,看到勒高夫的历史人类学研究中心——一间非常普通的办公室——在人类学那边。这令我想到他对人类学的感情;另外也可能说明了在他头脑中对历史人类学的某种理解。勒高夫认为,"也许历史人类学作为扩大了范围的史学的代名词,能更好地表达这一愿望"。[2]对史学的人类学转向,海伊(Cynthia Hay)曾经作了如下描述:"'人类学转向'是新叙事史的形式之一。……这种人类学取向更主要的影响是,促使历史学更关注人类学意义上的文化事物。"[3]在勒高夫眼中,情形也大体如此。1993 年,勒高夫在中山大学座谈,不忘推动他的历史人类学,他说:人类学的"研究方向对我们十分重要,因为我们得以更好地理解人们日常生活的历史,一切人的历史,而不单纯是理解社会上层的历史。然而人类学主要是从功能主义和结构主义两个学派内部发展起来的。可是功能主义和结构主义并不重视时间,也不考虑历史。所以,有意成为人类学家的史学家应当创立一门历史人类学"。[4]

作为人类学者,我对勒高夫在人类学方面的某些误解(如有关"人类学主要是从功能主义和结构主义两个学派内部发展起来的"说法)也许应当争辩。至于有多少"有意成为人类学家的史学家"则是另外一个问题。实际上,人类学确实疏于历史的研究。不过,这并不影响它对历史研究的重要贡献。新史学受人类学影响而强调平民历史和平民文化,背后涉及三对有关历史的争论:上层历史/下层历史,事件史/连续史,当地人的历史观/外部人的历史观。人类学强调关注下层平民、连续的日常生活世界和当地人的看法,批评国家和政治精英建构的历史、琐碎

---

[1] [法]勒高夫.新史学.姚蒙,译.上海:上海译文出版社,1989:40.
[2] [法]勒高夫.新史学.姚蒙,译.上海:上海译文出版社,1989:95.
[3] [英]海伊.何谓历史社会学.见肯德里克.S.等编.解释过去,了解现在——历史社会学.王辛慧,等,译.上海:上海人民出版社,1999:35-36.
[4] [法]勒高夫.《年鉴》运动及西方史学的回归.刘文立,译.史学理论研究,1999(1).

的事件历史和外人强加的历史观。这些强调启发了历史学家的理论革新和人类学转向。

人类学其实也受到史学的深刻影响。萨林斯（M. Sahlins）是美国的人类学家，在人类学里面被称为历史人类学的提倡者，他的《历史之岛》和《历史的隐喻与神话的现实》在理论上对"结构"和"实践"特别强调，还借用年鉴学派第二代领军人物布罗代尔（Fernand Braudel）的"长时段"的概念，创造了"长时续"的概念来表述社会深层稳定的结构。[1] 可见，萨林斯的历史人类学，与布罗代尔及其之后的历史人类学并非没有联系，甚至继续了被年鉴学派第三代批评的布罗代尔的某些大理论倾向。

萨林斯在讲"历史人类学"的时候，是想要创造一种结构的和实践的历史人类学，他认为："实践显然已经超越了意图区分人类学与历史学的理论分野。人类学家从抽象的理论转而解释具体的事件。历史学家降低对独特事件的热情而钟情于潜在的反复出现的结构。"[2]这里包含有对历史学的潜在批评：过去的历史研究比较忽视理论把握，它们对理论深度的关心不够。美国人类学家奥特娜（S. Ortner）认为人类学与历史的和睦相处对整个研究领域是一个特别重要的发展。

> 要用"历史"这个词回答这些问题，就要避免把历史当作一条人们特别反应的事件之链条。历史不是简单地发生在人们身上，而是他们身在其中的创造，当然，其中有着强烈的系统性限制。实践的观点试图理解这种创造，无论是对过去还是现在，也无论是新的创造还是旧东西的再生产。实践的观点提倡，或者至少希望带来的，是一种历史和人类学研究有分寸的联结模式，而不是盲目迷恋历史。[3]

这句话是在她著名的文章《六十年代以来的人类学理论》（1984）中说的，在60年代，人文社会科学曾有一个很大的改变，她在回顾60年代以后的人类学理论的时候，探讨了人类学与历史研究的结合，认为表面上是结合，其实没有发现深

---

[1] [美]萨林斯.历史的隐喻与神话的现实——桑威奇群岛王国早期历史中的结构//历史之岛.蓝达居,张宏明,黄向春,刘永华,等,译.上海：上海人民出版社,2003. 本书中 M. Sahlins 也被译为萨哈林斯，实为同一人。

[2] [美]萨林斯.历史之岛.蓝达居,张宏明,黄向春,刘永华,等,译.上海：上海人民出版社,2003：91.

[3] Sherry Ortner. Theory in Anthropology Since the Sixties. *Comparative Studies in Society and History*,1984,26(1)：126-166.

层的东西——深层的系统和结构。在奥特娜的概念里面，跟萨林斯是一样的，即对历史学和人类学表面的结合提出批评：看起来好像是建立了一些事实，但这些事实却没有回答事物来自哪里，它又如何变迁这样一些更深层的问题。奥特娜的批评其实是说不能停留在事实和资料表面，还要透过史料看后面的深层结构。

本书使用了人类学中实践理论（practice theory）的"实践（practice）"作为贯穿本书的核心概念，以便可以较好地涵盖历史人类学以及史学和人类学结合之精髓。实践的概念来自 20 个世纪 70 年代以来逐渐形成的实践理论，主要代表人物包括布迪厄（P. Bourdieu）、萨林斯、奥特娜等学者。

实践理论的形成主要来自对结构主义等理论的批评性反思，人类学结构主义的优点是探求人类行为深层的心智规则，但是疏于历史维度和人的能动（agency）建构，也没有探寻"结构"来自何处，即"结构"后面发生学的动因是什么。实践理论一方面考虑人的能动建构，另一方面探求结构后面的深层机制。布迪厄用两个词归纳自己的研究："建构主义者的结构主义（constructivist structuralism）"或"结构主义者的建构主义（structuralist constructivism）"。[1] 他反对将"实践"概念化而忽略实践者（agent，能动者）的实践意义。他批评理性行动理论的一个学术谬误就像是马克思说黑格尔的那样："把逻辑的事物当成了事物的逻辑。"[2] 也就是说，把事物如何存在当作了事物为什么存在的逻辑。

如何才能进入发生（genesis）的层面来探讨深层动力机制？布迪厄使用了两个基本概念：习性（habitus）与场域（field）。他说："就建构主义而言，我是指有双重的社会源头：一个是构成习性（habitus）的感知、思想和行动的生存图式（schemas）之起源；另一个是社会结构，特别是社会场域（field）的起源和群体，特别是社会阶级的起源。"[3] 前半句讲建构，即能动者的能动实践，强调了能动者们建构的生存图式；后半句讲社会结构，表达了结构后面深层的规则。实践理论尝试消除主体与客体、主观与客观的二分界限，将社会现实看作是一个由习性、资本和场域等共同作用的结果。"社会现实，可以说是二度存在，既存在于事物中，又存在于思维中；既存在于场域中，又存在于习性中；既外在于能动者，又内存在于

---

[1] Pierre Bourdieu. Social Space and Symbolic Power. *Sociological Theory*, 1989,7(1).

[2] Pierre Bourdieu, and Loic J. D. Wacquant. *An Invitation to Reflexive Sociology*. Cambridge: Polity Press in Association with Blackwell Publishers,1992：123.

[3] Pierre Bourdieu. Social Space and Symbolic Power. *Sociological Theory*,1989,7(1)：14-25.

能动者。习性是社会世界的产物,所以,当习性遭遇社会世界时,它就'如鱼得水',它并不感到水的重量,并且理所当然地将世界融入自身"。[1] 在布迪厄看来,习性是一个有生产能力的生存图式(generative schemas)的习得系统,它向被建构于其中的特殊条件做客观的调适。[2] 实践者的习性,亦即藉以理解社会世界的心智结构,基本上是内化了那个世界的结构的结果。[3] 依我理解,上面的习性概念,相对实践者,包含了如下三个方面:一是作为实践的媒质,将世界与自身的内外一体化;二是作为实践者内化的客体;三是作为实践者外化的主体。这样辩证的"三位一体",虽然常常令人费解,却是十分重要的结合。布迪厄认为:场域是一个各种群体占据其中的社会空间,它是各种历史性斗争的结果。在这里,能动者按照他们在此社会空间的位置并通过理解这个空间而形成的心智结构参与其中。[4] 实践发生自能动者在时间关系中向场域调适而形成的习性。

实践的历史观意在让历史有"实践"。这也是本书的主要观点。布迪厄说:"我们可以观察到浓缩在场域和习性概念中的实践理论,是如何使我们摆脱时间和历史的形而上学的表象,这一表象曾把时间和历史作为现实本身,认为它们外在于并且先于实践。"[5]这一时间和历史的观点,强调了历史的"时间"也是实践出来的,是在人们的日常生活中被呈现、被理解、被创造的。"历史"并不是一个外在的固定的东西,历史可以在人们的实践中改变。布迪厄曾指出不同群体如何"造历史"(making history),以建立一种优越的位置,来引起场结构的置换。[6] 例如,人们可以用"封建""资本主义""革命"等不同的概念来创造不同的"时间"和历史。象征层面上的"可造性(makeable)"来自历史时间中包含的权力和文化威权。时间作为象征权力,可以创造历史。

由此,实践的时间不同于科学的时间,它与策略紧密关联。"当用策略代替规

---

[1] Pierre Bourdieu, and Loic J. D. Wacquant. *An Invitation to Reflexive Sociology*. Cambridge: Polity Press in Association with Blackwell Publishers, 1992: 127.

[2] Pierre Bourdieu. *Outline of a Theory of Practice*. Cambridge: Cambridge Univ. Press, 1977: 95.

[3] Pierre Bourdieu. Social Space and Symbolic Power. *Sociological Theory*, 1989, 7(1): 18.

[4] Pierre Bourdieu. In Other Words: Assays Towards a Reflexive Sociology. Stanford Univ. Press, 1990: 14.

[5] Pierre Bourdieu, and Loic J. D. Wacquant. *An Invitation to Reflexive Sociology*. Cambridge: Polity Press in Association with Blackwell Publishers, 1992: 138.

[6] Pierre Bourdieu. *The Field of Cultural Production: Essays on Art and Literature* (Randal Johnson edited and introduce). Cambridge: Polity Press, 1993: 107.

则,必须重新引入时间,包括这一时间的韵律、倾向性和不可逆性。"[1]钟表上呈现的"科学时间"并非实践意义上的时间。实践的历史和"时间是在行动或者思想的自我实现中产生的……"[2]因此,"社会秩序的再生产不是一种机械过程的自动产物,这种社会秩序的再生产只有通过策略和实践才能完成,通过这些策略和实践,实践者把自己置于时间关系中来确定,并且制造了这个世界的时间"[3]。时间除了策略性,还有工具性,历史性的"时间可以站在某人一边,也可以用来反对他"[4]。例如"传统"是包含有时间的概念,但是曾几何时,"传统"被视为与现代化对立的东西,于是,很多传统(时间)变成是落后的。如今,国家又重新提倡"传统文化","传统"携带的时间和历史重新得到了肯定。

萨林斯的历史人类学观点之核心概念有两个:文化秩序(结构)和实践。他主张"用人类学家的文化经历去推翻历史的观念"[5],把历史放到文化秩序中去理解。因为"人类学家所称的'结构'——文化秩序的象征性关系——乃是一种历史事物"。"不同的文化秩序有其独特的历史生产方式。有不同的文化,就有不同的历史性。""人类学家所研究的各不相同的文化秩序都有其自身的历史性"。"只有当事件在文化系统中和通过文化系统而被挪用时,该事件才获得一种历史意义"[6]。萨林斯是为数不多能够从"秩序"上理解文化,并将"结构"概念纳入文化秩序来理解的大师,我曾经从物理学的"波粒二象性"论述过"文化"这一概念是人类行为的编码体系,它已经不再简单是上层建筑、意识形态、思想观念甚至生活方式的狭隘表述。[7]在这个意义上,历史便是文化秩序的实践时。早期新文化史的文化概念依然偏向狭义,形成了意义史、观念史一类特点。未来历史人类学的

---

[1] Pierre Bourdieu. *Outline of a Theory of Practice*. Cambridge: Cambridge Univ. Press, 1977: 9.

[2] Pierre Bourdieu, and Loic J. D. Wacquant. *An Invitation to Reflexive Sociology*. Cambridge: Polity Press in Association with Blackwell Publishers, 1992: 138.

[3] Pierre Bourdieu, and Loic J. D. Wacquant. *An Invitation to Reflexive Sociology*. Cambridge: Polity Press in Association with Blackwell Publishers, 1992: 139. Pierre Bourdieu, and Loic J. D. Wacquant. *An Invitation to Reflexive Sociology*. Cambridge: Polity Press in Association with Blackwell Publishers, 1992: 138.

[4] Pierre Bourdieu. *Outline of a Theory of Practice*. Cambridge: Cambridge Univ. Press, 1977: 7.

[5] [美]萨林斯. 历史之岛. 蓝达居,张宏明,黄向春,刘永华,等,译. 上海:上海人民出版社,2003: 91.

[6] [美]萨林斯. 历史之岛. 蓝达居,张宏明,黄向春,刘永华,等,译. 上海:上海人民出版社,2003: 3-4,7,75,11.

[7] 张小军. 人类学研究的文化范式——"波粒二象性"视野中的文化与社会. 中国农业大学学报,2012(2).

发展，应该走向广义的文化秩序概念。辩证地来看，历史一方面是受到不同文化调节的，因而是一种不断被文化秩序所结构的历史；另一方面，文化秩序也是历史的沉淀，是一种被历史所结构的文化秩序。在这个意义上，"历史学与人类学的结合使两个领域都受益匪浅，因为它们的共同目标都是要对某种共同文化做出解释"。[1]

萨林斯的另一个核心概念是"实践（practice）"，这一概念来自20世纪70年代以来逐渐形成的人类学的"实践理论"（对应社会学的"建构主义理论"）。这一概念强调消抹掉主客观的界限，去理解人们行为后面真实的文化逻辑（动机和动力学），而不是停留在简单化的结构模式上。萨林斯认为，"……历史的过程乃展示为一种结构的实践与实践的结构之间持续不断又相辅相成的运动"。[2] 他曾在《他者的时代，他者的风俗：历史人类学》一文中说："诸多不同的文化秩序拥有他们各自关于历史行为、意识和目的——他们自己的历史实践——的模式。由于有各种他者的时代，他者的风俗，以及遵从风俗的他性（otherness）的存在，人类学的独到之处，就是去理解任何独特的人类进程。因为不存在任何简单化的'人类'进程。"[3]

总之，实践的内涵简单说是一种既超越又"落地"的观点：超越主观与客观、精英与民众、国家与社会、上层与下层、真实与虚构、事件与结构、宏观与微观等等二分，最终落回到事物本身存在的文化逻辑和动力学。这一方法论对于历史和社会现象的研究是十分重要的。实践史观让我们有可能从容面对各种挑战，并以宽容的治学态度去理解各种研究视角的产生。在此意义上，本书定名为《让历史有"实践"》，正是希望将"实践理论"的观点注入历史人类学研究。由于写作时有不同的理论观照，加之笔者的能力所限，本书的内容并不一定能够很好地诠释这一理论和概念之精髓。但在我看来，实践理论依然是目前能与历史人类学的过往研究和未来发展既"貌合"又"神似"的最佳理论。

史学和人类学的传统关系，如前所述，彼此缺乏对方的深度，或许可以转借这

---

[1] [美]罗伯特·达恩顿.拉莫特莱之吻：有关文化史的思考.萧知纬，译.上海：华东师范大学出版社，2001，192.

[2] [美]萨林斯.历史的隐喻与神话的现实——桑威奇群岛王国早期历史中的结构//历史之岛.蓝达居，张宏明，黄向春，等，译.上海：上海人民出版社，2003：332.

[3] 原文于1983年发表于 *American Anthropologist*.[美]萨林斯.历史之岛.蓝达居，张宏明，黄向春，等，译.上海：上海人民出版社，2003：59.

样一句话：人类学是未下苦功的历史学,而历史学则是不用头脑的人类学。所谓人类学家下苦功不够,是说对史料的搜集和分析浅尝辄止、不求甚解,以建构理论为兴趣,史料成为理论的附庸。另有些自以为是历史人类学的研究,不过是堆砌他人的研究史料,然后取巧冠以某些理论概念,将历史简单化和模式化,曲解了历史。而所谓史学家不用头脑,是说他们钻进史料便不出来,特别是被狭窄的精英史料所束缚,以为那就是全部历史,忽略了另类史料和理论的思考。勒高夫说"有意成为人类学家的史学家应当创立一门历史人类学",实际上,史学和人类学之间的相互理解并非易事。

目前,关于历史学与人类学关系的误解,表现在简单地把历史人类学当作一个人类学和史学的交叉学科,或者人类学的分支学科,忽略了历史人类学产生的前述科学背景。我自己所持观点认为客观上它还是"被史学抢注的历史人类学"。我的这个观点受到过台湾"中央研究院"民族所黄应贵先生的委婉批评。他客气地说我"主要仍是在历史学的脉络中谈历史学与人类学的结合(或人类学的历史化)问题,与历史人类学如何成为人类学中的一个分支,是两个不同的问题"。[1] 他主张历史人类学的人类学本位。我其实并不反对这样一种人类学本位的看法。不过,我更主张应该尊重它的学科发展背景和脉络,将历史人类学理解为一个跨学科的历史研究视角,以便更好地把握这个研究领域的跨学科初衷和未来的理论走向。事实上,在我的"历史人类学"研究生课程上,主要的阅读书目就来自史学、人类学和社会学三个学科,体现了跨学科的想法。毋庸讳言,如果历史人类学能够在世界遍地开花,能够在历史研究中创新和承载更加深入的理论和方法论,它必然无论在史学中还是人类学中都能够成为一个新的分支学科。

历史人类学缘起于史学本身的变革,试图在理论方法上寻求新的拓展,这也带来了理论上两个层面的发展：一是抽象理论层面,即在方法论上接受人类学、社会学的一些方法论;二是由此引起的对经验理论的贡献、例如新文化史在欧洲研究中(包括对法国大革命研究)的贡献、印度庶民研究学派在印度历史研究中的贡献,以及在我国比较有规模、成体系的华南历史人类学研究。华南历史人类学研究缘起于20世纪80年代,当时一批历史学家和人类学家合作进行研究,特别

---

[1] 黄应贵.历史与文化:对于"历史人类学"之我见.历史人类学学刊;2004,2(2).

是通过对珠江三角洲、香港、潮汕地区、闽南、江西、广西等地域的历史人类学研究，对明清地方历史进行了批评性的反思，并且在研究方法上形成了"文化过程"或者说"文化实践"的研究方法。它兼顾了对平民史、日常生活史和当地人想法的关注，对过往的精英史、事件史和国家的历史权力话语进行批评，形成了历史人类学研究在中国的开端。

如果说，历史人类学有着上述的缘起背景，已经形成了一套研究的"范式"，那么历史人类学在中国的兴起，是否可以另辟蹊径呢？我想，且不论学术的脉络和对学术的尊重，就是新史学的理论水准，也是需要我们努力达及的。这样一块带有新鲜空气的空间，确实可以让我们生长出自己的东西。

以"历史人类学"作为本书的主题是一个尝试，对笔者这样一个对历史了解不多的人类学者而言，困难很大。特别是面对诸多历史人类学的研究，尚有许多方法论有待梳理。本书仅仅是笔者从事相关历史人类学研究的尝试，大部分内容整理自笔者已经发表的论文。全书分为历史人类学、历史的能动实践、资本与象征实践、"文治复兴"与共主体实践四个部分，共十一章。

第一部分的三章是笔者对历史人类学理论方法论的思考，第一章论述了历史人类学自年鉴学派起的缘起和发展，论述了其如何被"史学"抢注以及历史人类学的理论走向；第二章是对耶鲁大学萧凤霞（Helen Siu）教授《踏迹寻中：华南四十年田野之旅》（2016）的书评，采用了实质论、主体论、过程论、实践论和展视论的历史人类学分析视角。这部书一方面可以理解为历史人类学视角的中国研究之经典，另一方面又包含了作者在华南研究中对历史人类学的诸多理论思考，有助于理解四十年来历史视角如何影响了中国的人类学研究；第三章是关于学术共同体与华南学派的讨论，希望中国的历史人类学能够形成持久的学术共同体，将中国研究推向世界学术的高点。

第二部分重在民众的能动实践，强调实践理论中的重要概念：能动者（agent）及其能动（agency）。其中第四章为"宗族与佛寺：泉州开元寺的个案研究"，讨论了在明代中期华南宗族化的过程中，黄氏族人如何将"祖先"和"祠堂"作为文化资源，与开元寺争夺功德寺院的故事；第五章"治水之道：山西介休源神庙的个案研究"，探讨了源神庙作为民间社会分水管水系统的智慧和文化逻辑；第六章"为何他乡成故乡？——大槐树传说之集体记忆的民族主义建构"，描述了众所周知的北方移民祖籍地洪洞大槐树的历史虚构以及在民族主义之下民众对历史的能动建构。

　　第三部分的资本与象征实践，重点在于文化资本和象征资本生产的文化实践。第七章为北方天后信仰的个案研究，将天后信仰放在文化资本的视角下展开讨论，理解一种围绕信仰的文化资本经济；第八章通过象征资本生产和再生产的视角，分析了阳村宗族在晚清到民国时期的衰落，以此理解民国基层社会的演变，指出在轰轰烈烈的制度更替和变迁中，应更加关注深层的文化逻辑，民国的失败并不在于表面的制度，而在于没有解决深层的文化秩序。

　　第四部分为"文治复兴"与共主体实践，重在从宋代"文治复兴"概念引出对中国社会在宋代的转向以及后来走向的探讨。其中，第九章"'文治复兴'与礼制变革"和第十章"'文治复兴'与宋代以后福建民间信仰的国家化"，分别讨论了宋代以后华南地方社会的大规模宗族文化创造和民间信仰国家化的过程，以此理解宋代文治复兴对华南社会乃至中国社会的影响，并展开对共主体（co-subjectivity）政治文化的思考。第十一章的"'文治复兴'与民利主义的市场化政治"，借助上面两章内容，希望以"市场化政治"来理解中国历史上民利主义政治文化的特征。在其后面，还有着对"李约瑟之谜"的间接回答。

　　从历史人类学的方法论视角看，本书的研究尚不能堪比经典的历史人类学著作，远不能涵盖历史人类学的博大精深。书中的个案研究多是在完成课题或者还算用心的历史"想象"中完成的，并没有刻意去表现历史人类学。虽然历史人类学的研究方法始终是我从事不多的历史研究之追求，但由于笔者的历史研究功力不足，仍然难于驾驭复杂的历史研究。对于书中的错讹与不当之处，敬请师长、同仁、读者提出宝贵意见。

张小军

初稿 2013 年 10 月于清华园

修改于 2015 年 7 月

定稿于 2017 年 8 月

目　　录

第一部分　历史人类学

第一章　史学的人类学化和人类学的历史化
——兼论被史学"抢注"的历史人类学 …………… 4
第一节　被史学"抢注"的历史人类学 ……………… 4
第二节　史学的人类学化：摆脱历史的"悼词"情结 ……… 9
第三节　时间的视野：人类学的历史化 ……………… 16
第四节　结论 ………………………………………… 25

第二章　当历史走进人类学家 ………………………… 28
第一节　历史的文化创造 ……………………………… 31
第二节　历史主体的共谋 ……………………………… 33
第三节　结构过程的中国 ……………………………… 36
第四节　文化的权力实践 ……………………………… 38
第五节　背负着历史行囊的中国纪元 ………………… 40

第三章　学术：共同体的灵魂
——以"华南学派"的历史人类学研究为例 …………… 45
第一节　植根乡土 ……………………………………… 46
第二节　超越与跨越 …………………………………… 48

第二部分　历史的能动实践

第四章　宗族与佛寺：泉州开元寺的个案研究 ……… 56
第一节　开元寺檀樾祠重修的叙事文本 ……………… 56

第二节　功德寺与佛教的国家化 …………………………………… 60
　　第三节　檀樾祠宗族化中的儒与佛 …………………………………… 63

第五章　治水之道
　　　　——山西介休源神庙的个案研究 …………………………… 68
　　第一节　源神水庙 …………………………………………………… 68
　　第二节　治水之道 …………………………………………………… 79
　　第三节　尾声 ………………………………………………………… 86

第六章　为何他乡成故乡？
　　　　——大槐树传说之集体记忆的民族主义建构 ……………… 88
　　第一节　小脚趾的身体集体记忆：从民间到国家的象征建构 …… 89
　　第二节　社会转型与民族主义的集体记忆建构 …………………… 95
　　第三节　从民间到国家：集体记忆的文化内卷化 ………………… 105
　　结论　为何他乡成故乡？ …………………………………………… 114

第三部分　资本与象征实践

第七章　天后北传与漕运贸易
　　　　——一个文化资本的视角 …………………………………… 117
　　第一节　漕运与天后信仰的国家化 ………………………………… 119
　　第二节　作为文化资本再生产的天后崇拜 ………………………… 125
　　第三节　漕运贸易：文化资本的转换 ……………………………… 132
　　第四节　结论 ………………………………………………………… 137

第八章　象征资本的再生产
　　　　——从阳村宗族论民国基层社会 …………………………… 138
　　第一节　问题的提出 ………………………………………………… 138
　　第二节　阳村的宗族和乡绅 ………………………………………… 143
　　第三节　文化的理解与象征资本的再生产 ………………………… 149
　　第四节　结论 ………………………………………………………… 154

第四部分 "文治复兴"与共主体实践

第九章 "文治复兴"与礼制变革
　　——祠堂之制和祖先之礼的个案研究 ······ 159
　第一节 "祠堂之制":国家礼仪士庶化 ······ 160
　第二节 "祖先之礼":庶民礼仪国家化 ······ 168
　第三节 结语:"文治复兴"和帝士共治 ······ 178

第十章 "文治复兴"与宋代以后福建民间信仰的国家化 ······ 181
　第一节 福建的民间信仰国家化 ······ 181
　第二节 "文治复兴"与国家化运动 ······ 187

第十一章 "文治复兴"与民利主义的市场化政治 ······ 193
　第一节 国家民本主义与民利主义 ······ 195
　第二节 "文治复兴"与民利主义之兴起 ······ 198
　第三节 政治市场与市场化政治 ······ 202
　第四节 结论:思考历史上的共主体政治文化 ······ 205

结语　走向跨学科与去学科的历史人类学 ······ 207

跋 ······ 209

第一部分　历史人类学

　　20世纪60年代以来,史学中发生了"人类学转向",形成了一个可以称之为"历史人类学"的研究视角。与此同时,人类学也出现了历史化的趋向。历史人类学这个概念是从法国年鉴学派开始的。这个学派第二代领军人物是布罗代尔(Fernand Braudel)。布罗代尔在年鉴学派中的学术地位十分重要,特别是其总体论的视野。他关于地中海的研究,及关于"三个时段(长时段、中时段和短时段)"的理论影响深远,尤其是"长时段(long duration)"的概念表达了稳定少变的地理和气候结构,对萨林斯有重要影响。萨林斯曾转借"长时段"概念,用"长时续(long runing)"来表达社会深层稳定不变的"结构"。年鉴学派的第三代开始反思布罗代尔的历史总体观,继续史学方法论上的探索,年鉴学派以来各种主要的历史人类学领域包括了新社会史、新文化史、人类学的新马克思主义史学以及在实践理论影响下的人类学的实践史学,形成了这个时期史学的所谓"人类学转向",促使历史学更关注人类学意义上的文化事物。

　　早期人类学一直渗透着对历史的关注。无论是文化进化论,还是历史特殊论(文化相对论)、文化传播论、民族史(ethnohistory)等等,都涉及历史的研究。古人类学、考古人类学、语言人类学等人类学的分支学科,实际上都是以历史脉络为主的学科。一些20世纪早期人类学家如莫斯(Marcel Mauss)、吉内普(Arnold van Gennep),中期人类学家如古迪(Jack Goody)、格尔茨(Clifford Geertz)、特纳(Victor Turner)、文思理(Sidney Mintz)[1]、沃尔夫(Eric Wolf)、萨林斯(Marshall Sahlins)和比较近期的人类学家大贯惠美子(Emiko Ohnuki-Tierney)、

---

〔1〕 文思理为S. Mintz的中文名。本书中有用其直译名西敏司,为同一人。

萧凤霞(Helen Siu)、杜宁凯(Nicholas Dirks)等都留下过历史人类学研究的经典。人类学的"人类"研究并不排斥历史维度，只是在将"历史"作为专门研究对象、关注于历史长河中的文化意义以及"史学问题"方面，人类学有些失语。为此，一些人类学家如以印度种姓制度研究见长的科恩(Bernard Cohn)曾经主张建立"历史人类学"，他批评人类学忽视了不同国家的历史脉络，导致欧美中心的偏见和片面的研究[1]。这大致可以从哈佛人类学系主页的"历史人类学"定义反映出来："历史人类学为人类学的考古学以及社会人类学研究中具有长时间存在意义方面的历史研究。通过古器物、文献记录和口述文本，考古学家和社会人类学家对物质景观、社会关系和文化意义的历史动力进行阐释。"无论对"历史人类学"如何定义，其跨学科的趋势十分明显。

在传统意义上，我们过去的历史多是精英史，多是国家史，都是"正统"的历史。过去的大部分研究史料，不管是《四库全书》还是各种县志，大多是国家的文本，民众的声音被湮没。从上层的历史转到下层的历史，从精英的历史转向平民的历史，是和史学的人类学转向有关的。人类学、社会学和史学作为人文社会科学中的三个横向学科（相对于经济学、教育学、文学等纵向学科），本来在研究对象和方法论上就有共通之处和跨越之交。历史人类学能够将这三个横向学科组织起来，其深远的跨学科、去学科的意义不言而喻。学界对历史人类学的争议主要在于：其学科的主位究竟是属于历史学，还是人类学，抑或社会学？作为跨学科的历史人类学研究，究竟有怎样的学术特点？目前来看，一般的理论框架多是从学术史或者学派上来归纳，如伯克(Peter Burke)等人从学术史上对法国年鉴学派的评价[2]。有感于教学实践的需要，笔者在学术史的基础上并结合多年的教学实践，曾尝试从历史人类学的经典研究和发展脉络中，归纳并提出历史人类学跨学科研究的五类理论，即实质论、主体论、过程论、实践论和展视论，由此理解历史人类学的理论之"道"。

本部分主要围绕历史人类学的理论展开思考，包括三章，分别从不同角度讨论了历史人类学的理论框架和贡献：

---

[1] Bernard Cohn. An Anthropologist among the Historians and Other Essays. NY: Oxford University Press, 1987.

[2] [英]伯克.法国史学革命：年鉴学派 1929—1989. 江政宽，译. 台北：麦田出版股份有限公司，1997.

第一章是对历史人类学的溯源研究,论述了历史人类学如何被"史学"抢注以及历史人类学的理论走向。简要回顾了历史人类学自 20 世纪 70 年代由年鉴学派提出后几十年来的理论发展。这一发展主要在史学和人类学中,并开始影响政治学、经济学等学科。历史人类学自第三代年鉴学派创立之初,并不是一个以历史为研究领域的人类学学科,而是一个以跨学科甚至去学科的理论方法论为取向的历史研究领域,其初衷是追求跨学科的方法论。

第二章为一篇书评。耶鲁大学萧凤霞(Helen Siu)教授将她四十年华南研究的成果付梓成书,书名为《踏迹寻中:华南四十年田野之旅》。这部书一方面可以理解为历史人类学视角的中国研究,另一方面又包含了作者的华南研究对历史人类学的诸多理论思考,包括文化、权力、空间、人的能动性以及结构过程等。笔者尝试对本书中萧凤霞的十几篇民族志进行研究,从历史人类学理论的实质论、主体论、过程论、实践论视角来理解,并在历史人类学的上述脉络中来梳理萧凤霞在四十年华南研究中的理论贡献,希望有助于理解四十年来历史视角如何影响了中国的人类学研究,思考历史视角如何融入中国人类学以及其对人文社会科学的影响。

第三章是关于学术共同体与华南学派的一篇笔谈。华南研究的方法论特点是关注田野研究、地域研究和经验研究。理论上有三个超越:跨学科的超越、历史田野方法论的超越和中国研究的理论对话与问题意识的超越。我们希望中国的历史人类学能够形成持久的学术共同体,将中国历史的跨学科研究推向世界学术的高水平。

第一章 史学的人类学化和人类学的历史化
——兼论被史学"抢注"的历史人类学[1]

第一节 被史学"抢注"的历史人类学

勒高夫(Jacques Le Goff)在20世纪70年代论述新史学时,曾经这样描述史学的一种可能前景:

> 或许是史学、人类学和社会学这三门最接近的社会科学合并成一个新学科。关于这一学科,保罗·韦纳称其为"社会学史学",而我则更倾向于用"历史人类学"这一名称。[2]

勒高夫使用"历史人类学"的理由,与年鉴学派的新史学理论倾向有关,年鉴学派除了史料的多元化之外,更关心总体史的研究,勒高夫作为年鉴学派的第三代领军人物,认为"也许历史人类学作为扩大了范围的史学的代名词,能更好地表达这一愿望"。[3]

无论勒高夫是否算作第一个"抢注"了"历史人类学"的学者,这个从名词上看似乎应该属于人类学分支的学科,至今在人类学中还没有成熟的发展。诸多人类学辞典或者百科全书中,都难觅"历史人类学(Historical Anthropology)"词条,而更多出现的是"历史与人类学(History and Anthropology)"。在一些人类学家眼中,人类学研究从来都关注历史,古人类学自不待言,像考古人类学,本来就是文化史的研究。在中国,考古学甚至就是史学领域的分支学科。至于很多地方的文化志研究,则多多少少会涉及当地的历史。即使大的理论流派,也不乏对历史的

---

[1] 张小军.史学的人类学化和人类学的历史化——兼论被史学"抢注"的历史人类学.历史人类学学刊,2003,1(1).
[2] [法]勒高夫.新史学.姚蒙,译.上海:上海译文出版社,1989:40.
[3] [法]勒高夫.新史学.姚蒙,译.上海:上海译文出版社,1989:95.

关注,像19世纪晚期的文化进化论(以 S. E. B. Tylor 和 L. H. Morgen 为代表),从印第安人的研究中直接对大时间跨度的历史作进化论的解释;20 世纪 20~30 年代以博厄斯(Franz Boas)为首的美国历史学派(American Historical School)的文化相对论(又称历史特殊论,historical particularism)则由比较去建构历史的逻辑。至于 30~50 年代的民族史(ethnohistory,不同文化人群的历史)的研究,本来就是人类学的领域。60 年代萨林斯(Marshall Sahalins)等人的新进化论,也反映出对历史的关注。巴格比(Philip Bagby)曾经试图建立人类学和史学的整体关联。[1] 人类学家似乎以为自己从来就没有离开过历史。

不过,认为自己"有历史"的人类学家忽略了:他们的研究虽然涉及历史内容,却并没有多少真正属于历史研究的"问题"。用若干大规律、大理论建构历史法则并不等于真正建立了历史的人类学,正如达尔文的进化论并不意味着能建立生物学一样,相反,达尔文的进化论恰恰是生物学研究的一个结果。在这个意义上,历史人类学的形成应该首先来自扎实的历史研究,从中得出理论,而不是反过来,用人类学的理论概念去套历史。然而,扎实的历史研究正是人类学家的不足,因此形成了过往史学家缺乏人类学深度和人类学家缺少历史深度的局面。

相对于人类学家对历史深度的麻木,20 世纪 60 年代以来的史学发生了一种"人类学转向",推动史学走向人类学式的历史学。年鉴学派是人类学转向的主要代表。伊格斯(Georg G. Iggers)在《欧洲史学新方向》中论述了年鉴学派的转向及其与人类学文化研究的密切关系。[2] 年鉴学派的第二代领军人物布罗代尔(Fernand Braudel)曾经明确看到各人文科学的汇合趋势,其中包括人类学。[3] 布罗代尔关于资本主义的研究,就充满了这种综合的味道。[4] 他的三种历史(结构的历史、局势的历史和事件的历史)的观点反映了三种不同的历史时间和综合的方法论特点。[5] 以《英国工人阶级的形成》[6]书写"人民的历史"而著名的汤

---

[1] [美]巴格比. 文化:历史的投影——比较文明研究. 上海:上海人民出版社,1987.
[2] [美]伊格斯. 欧洲史学新方向. 赵世玲,赵世瑜,译. 北京:华夏出版社,1989.
[3] [法]布罗代尔. 历史和社会科学:长时段//蔡少卿,主编. 再现过去:社会史的理论视野. 杭州:浙江人民出版社,1988.
[4] [法]布罗代尔. 资本主义论丛. 顾良,张慧君,译. 北京:中央编译出版社,1997.
[5] [英]伯克. 历史学与社会理论. 姚鹏,等,译. 上海:上海人民出版社,2001:191;伯克. 法国史学革命:年鉴学派 1929—1989. 江政宽,译. 台北:麦田出版股份有限公司,1997.
[6] [英]汤普森. 英国工人阶级的形成. 钱乘旦,译. 南京:译林出版社,2000.

普森(Edward Palmer Thompson)认为:人类学的冲击主要体现在找出新问题,用新方法看待旧问题。[1] 西佛曼和格里福(M. Silverman and P. H. Gulliver)总结了20世纪50年代以来历史人类学的发展趋势,主要表现为:首先,"二战"后对社会文化变迁的日益关注,以及对社会过程和社会生活动态的关注;再者,在依附理论和世界体系论等脉络中,重申微观分析、地方性差异的重要性。[2] 对史学的人类学转向,海伊(Cynthia Hay)也作了如下描述:

> "人类学转向"是新叙事史的形式之一。……这种人类学取向更主要的影响是,促使历史学更关注人类学意义上的文化事物。"人类学转向"在某种程度上是一个容易引起争辩的用语,它指的是历史学家如何从传统上关注特定政治权力人物的思想和行动的政治史,转而关心那些不具赫赫事功之人的态度与信仰;亦即是"民众史"(history from below)的一种形式,且受到法国"心态史"(history of mentalities)的强烈影响。[3]

史学的人类学转向强调平民历史和平民文化(plebeian culture),背后涉及三对有关历史的争论:上层历史(history from above)/下层历史(history from below);事件史(event history)/连续史(serial history);当地人的历史观(native view of history)/外部人的历史观(outsider's view of history)。[4] 人类学强调关注下层平民、连续的日常生活世界和当地人的看法,以批评国家和政治精英建构的历史、琐碎的事件历史和外人强加的历史观。这一立场启发了历史学家的理论革新,尤为突出的有以下几个领域:

1. 人的研究与平民史。在人类学研究中,可以说一直就具有平民倾向。虽然早期的研究中出现了"野蛮"等不恰当的西方文明中心的字眼;一些研究是一些政府的御用和利用(如对殖民地的研究)。但是整体来看,人类学还是比较具有学

---

[1] [英]汤普森.民俗学、人类学与社会史.蔡少卿,主编.再现过去:社会史的理论视野.杭州:浙江人民出版社,1988.

[2] [加]西佛曼,[加]格里福.历史人类学和文化志的传统//[加]西佛曼,[加]格里福.走进历史田野——历史人类学的爱尔兰史个案研究.贾士蘅,译.台北:麦田出版股份有限公司,1999:21-24.

[3] [英]海伊.何谓历史社会学//肯德里克,等编.解释过去,了解现在——历史社会学.王辛慧,等,译.上海:上海人民出版社,1999:35-36.

[4] Emiko Ohnuki-tierney. Introduction: The Historicization of Anthropology//In *Culture Through Time Anthropological Approaches*. Emiko Ohnuki-Tierney ed. Stanford: Stanford University Press,1990:4.

术的"清白",他们的落脚点是"人"。对人的关注,多少有利于解构国家精英的社会结构和他们刻意创造的历史结构。另外,从尺度上,人类学的小尺度微观研究比较接近现实,避免了宏观社会统计和历史理论的许多盲点。

不过更加重要的,还是人类学的批评性。艾吉莫(Göran Aijmer)曾经对传统的精英史学有如下批评:

> 历史的叙事(narrative)常常是当今政治话语的一部分,并因此涉及当今的关系。不同的见解——政治的、经济的或宗教的——它们恰好是叙事者生活世界中的,被转变成一种历史的语言和修辞,因而获得了新的力量。在某种意义上,你不可能辩论过去——已经发生的毕竟发生了,不可能被消抹。而一个包含了大量政治见解的历史不可能有反对的辩论。[1]

如今,那种精英历史的权力话语正在动摇,特别是在开明政治的国家。

2. 讲故事和连续的历史。年鉴学派史学家将传统的叙事史贬抑为"事件史",归为"反复琐碎(blow by blow)"的历史。[2] 与之相比较,"连续"历史的第一个要点是结构的连续。年鉴学派早就强调一种涵盖全部人类活动、重视"结构"分析甚于事件叙述的历史学。[3] 而过往的研究,特别是政治史,将历史视为一些优先的事件,分裂了同一的结构。实际上,结构一开始就是在连续运动的事件中。历史变迁是结构和事件两者互补力量的结果。[4] 人类学家格尔茨(C. Geertz)在其印尼巴厘岛的研究中,也曾指出过往的印尼史学者试图写一种他们不拥有其素材的历史,一种关注重大事件、显赫人物和一系列时间编年的历史。他更主张拥有当地史料以及连续和过程的观点。他对零散的、琐碎的历史碎片的处理办法是通过文化志研究,阐释其结构的模式,提炼出历史的主线。[5] 实践理论的人类学家萨林斯(M. Sahalins)曾经试图发展出一种"结构的、历史的人类学",将结构的

---

[1] Göran Aijmer. *Anthropology in History and History in Anthropology*. HK:South China Research Center,Division of Humanities,HKUST,1997:4.

[2] [英]海伊. 何谓历史社会学//肯德里克,S.,等编. 解释过去,了解现在——历史社会学. 王辛慧,等,译. 上海:上海人民出版社,1999:32.

[3] [英]伯克. 历史学与社会理论. 姚鹏,等,译. 上海:上海人民出版社,2001:17-18.

[4] Emiko Ohnuki-tierney. Structure, Event and Historical Metaphor: Rice and Identities in Japanese History. *Journal of the Royal Anthropological Institute*. 1995,1(2):227-253.

[5] Clifford Geertz. *Negara:The Theatre State in Nineteenth-Century Bali*. Princeton:Princeton University Press,1980.

逻辑和时间的逻辑整合起来。[1]

"连续"的第二个要点是意义的连续。伯克(Peter Burke)认为：20世纪60年代，史学家受到法国社会学家涂尔干(E. Durkheim)和英国人类学家、功能主义先驱马林诺夫斯基(B. Malinowski)的社会功能主义语言的影响。到了20世纪80年代，人类学领地吸引史学家的原因部分在于允许他们摆脱传统的叙事(narrative)，去进行尽可能深厚的描述。讲故事的长处正是在那个时候被人类学家发现的。[2] 深厚描述(thick description)的概念是格尔茨(C. Geertz)提出的，他的解释人类学认为：文化是一个有意义的脉络(context)，或者说文本集。人类学家的研究就是通过深厚描述的方法，去解读和发现这个意义的脉络。[3] 戴维斯(N. Z. Davis)在《马丁·盖尔归来》中，讲述了马丁·盖尔在参加同西班牙的战争回家后，发现他的丈夫位置被他人取代的故事。其中特别解释了他的妻子在接受这样一个冒充者时，是怎样对日常家庭结构、婚姻结构的意义进行感受的。对她来说，这是摆脱孤独窘境的唯一体面的方式。[4]

中国人类学中早就有了讲故事的传统，林耀华先生的《金翼》(The Golden Wing, 1947)，作为一本自传体小说，开启了中国文化志讲故事的先河。[5] 80年代以来，在华南的人类学和史学研究中，讲故事的学者大有人在。作为一种深描的方式，讲故事越来越成为新叙事的时髦。

3. 他者文化与地方性知识。在马林诺夫斯基的研究中，早就已经注意到当地人的想法(native think)。在20世纪60年代，认知人类学中曾经引出很多辩论的主位(emic)和客位(etic)研究法，至今仍然是一代代学者讨论的东西。格尔茨的《地方性知识》则强调了对当地人想法的研究。[6] 不过对地方性知识的关注并不意味着无条件站在当地人的观看立场，格尔茨作为解释人类学家，仍然坚持自己的解读。伯克认为："历史是对过去'他者(otherness)'的理解，他者文化的知

---

[1] Marshall Sahlins. *Island of History*. Chicago: University of Chicago Press, 1985: 72.
[2] Peter Burke. Historians, Anthropologists and Symbols. Emiko Ohnuki-Tierney ed. In *Culture Through Time Anthropological Approaches*. Stanford: Stanford University Press, 1990: 269.
[3] Clifford Geertz. *The Interpretation of Cultures*. NY: Basic Books, 1973.
[4] [美]戴维斯. 马丁·盖尔归来. 江政宽, 译. 台北: 联经图书出版公司, 2000.
[5] 林耀华. 金翼. 庄孔韶, 林宗成, 译. 北京: 生活·读书·新知三联书店, 1989.
[6] Clifford Geertz. *Local Knowledge: Further Essays in Interpretive Anthropology*. NY: Basic Books, 1983.

识有助于相反的思考，并且是一个'去熟悉化（defamiliarization）'和'再熟悉化（refamiliarization）'的补充过程。首先，他者文化的知识有助于史学家将那些通常被认为是理所当然的事情看作有疑问的和需要说明的，并因此摆脱被人称为'本地盲（home blind）'；其次，有助于解决文化距离的问题，并在比较的脉络中'捕获他者'。"[1]中国人所谓的"旁观者清"，或许可以说明上述意思。但是旁观者也有自己的局限。史学本来就是旁观"他者"的研究，因为史学家不可能进入过去的当时。大贯惠美子（Emiko Ohnuki-tierney）指出：史学传统上所研究的"他者"，如今即便不是在空间上，也在时间上远离了研究者的文化。[2] 因此，历史不过是另一个远离我们的空间，一个时间上的"异国他乡"，[3]而且我们还不能像从欧洲到非洲进行研究那样返回到历史的空间。

第二节　史学的人类学化：摆脱历史的"悼词"情结

传统史学具有为过去"盖棺定论"的倾向，因为过去已然逝去。然而，历史并非是为过去写"悼词"、写生平，因为历史"悼词"的写作通常就是主持"追悼"的国家话语和权力的表达。史学家应该让历史"活"过来，让平民世界的日常生活、连续的过程脉络和当事人的想法活过来；让"悼词"的权力话语变成心平气和的历史"交谈"。

大贯惠美子这样定义历史："历史指的是基于过去的信息试图再现过去的一种解释和建构。"[4]艾吉莫的历史表述更加直白："历史是被学术性地生产出来

---

[1] Peter Burke. Historians, Anthropologists and Symbols. Emiko Ohnuki-Tierney ed. In *Culture Through Time Anthropological Approache*. Stanford: Stanford University Press, 1990: 270.

[2] Emiko Ohnuki-tierney. Introduction: The Historicization of Anthropology. Emiko Ohnuki-Tierney ed. In *Culture Through Time Anthropological Approache*. Stanford: Stanford University Press, 1990: 1-2.

[3] [加]西佛曼，[加]格里福. 历史人类学和文化志的传统//[加]西佛曼，[加]格里福. 走进历史田野——历史人类学的爱尔兰史个案研究. 贾士蘅，译. 台北：麦田出版股份有限公司，1999：68.

[4] Emiko Ohnuki-tierney. Introduction: The Historicization of Anthropology. Emiko Ohnuki-Tierney ed. In *Culture Through Time Anthropological Approaches*. Stanford: Stanford University Press, 1990: 6.

的,历史并非'过去'的名称。"[1]在新史学家看来,历史也是一种创造:

> 亨利四世被拉法亚克谋杀,这是一个事实吗?……这是自然所给予的吗?不!这是史学家的创造!无数次的创造!史学家在假设和推断的帮助下,通过细致的而又令人兴奋的工作,实现了这种创造。[2]

在史学家创造历史的过程中,话语和权力起着显著的作用。他们支配着人们写历史和读历史。传统史学忽略了没有话语权力的一方——平民、日常世界和当事人,只是让政治精英和国家御用的知识精英去理解和创造历史。1976年,勒华拉杜里(Le Roy Ladurie)写出一部脍炙人口的人类学式的历史著作《蒙塔尤》(*Montaillou*:*Village Occitan de* 1294—1324),研究14世纪比利牛斯山区一个小村庄清洁派教徒(Cathar)异端的生活方式,记录了受访者自己说的话。[3] 这类研究引出了作为话语的历史学(history as discourse)。[4] 话语的史学一方面关注到当事人的叙述;另一方面将史料从文字扩展到话语的研究,例如史景迁(Jonathan Spence)研究了16世纪利玛窦(Matteo Ricci)在中国传教过程中,如何与中国政府和百姓对话,建构与中国人沟通的语言,通过这些话语在不同社会脉络中的意义,理解当时的中国。[5] 史学的"人类学转向"或者说"话语转向",至少可以从人类学的四个研究传统体现出来:

1. 口述史、生活史和生命史的研究。口述史的研究与人类学关系密切。汤普逊(Paul Thompson)的《过去的声音:口述史》(1978),[6]是口述史理论研究的经典,其中回顾了大量各种口述史的文献。珀克斯(Robert Perks)和汤姆森(Alistair Thomson)摘编的有关口述史研究的文集《口述史读本》(1998),收集了

---

[1] Goran Aijmer. *Anthropology in History and History in Anthropology*. HK:South China Research Center,Division of Humanities,HKUST,1997:5.

[2] [法]勒高夫. 新史学. 姚蒙,译. 上海:上海译文出版社,1989:11.

[3] [法]勒华拉杜里. 蒙塔尤:1294—1324年奥克西坦尼的一个山村.许明龙,马胜利,译. 北京:商务印书馆,1997.

[4] [英]海伊.何谓历史社会学//肯德里克,等编. 解释过去,了解现在——历史社会学. 王辛慧,等,译. 上海:上海人民出版社,1999:35,37,39.

[5] Jonathan Spence. *The Memory Palace of Matteo Ricci*. London:Faber,1985.

[6] Paul Thompson,Paul. *The Voice of the Past:Oral History*. Oxford:Oxford University Press,1978.

三十多篇文章,其中也包括人类学家的文章,大致反映了近年口述史研究的状况。[1]

早在20世纪20年代现代人类学理论形成之前,已经有一些文化志的研究涉及口头文学,如穆尔库(Matiji Murko)关于南斯拉夫口头史诗传统的文化志,它影响了后来的诸如对《荷马史诗》的研究。[2] 20年代,拉丁(Paul Radin)就已经进行口述的研究。拉丁花了许多年的时间,访问一位美国土著印第安人老巫师,由他口述从小到老的生命史,以其名字作为书名,写出了《雷霆:一个美洲印第安人的自传》(1926),对人们了解印第安人的宗教信仰和仪式很有帮助。此前,他还写过另外一本《一个温纳贝戈印第安人的自传》(1920)。[3] 30~50年代,生活史的研究主要受到心理分析理论的影响,[4]先后有一些著作问世,如《太阳酋长:一个霍皮印第安人的自传》等,[5]但是生命史的研究并没有成为主流,因为大理论(grand theory)始终吸引着人类学家的兴趣。直到60年代以后,口述生活史或生命史的研究重又流行,兰纳斯(Lewis Langness)的《人类学科学中的生活史》(1965)是许多人类学研究生必读的教科书。[6] 1981年,他又和弗兰克(Gelya Frank)合写了《生命:一个对传记的人类学观点》。[7] 在有关中国社会的研究中,前述林耀华的《金翼》(1947)作为自传体小说,已经是个人生活史和生命史的范本;[8]托宾(Joseph Tobin)与吴燕和等合写的《三个文化中的幼儿教育——日本、中国、美国》(1989),主要资料就是儿童生活录像、教师和家长的口述。[9] 黄

---

[1] Robert Perks, Thomson Alistair, ed. *The Oral History Reader*. New Fetter Lane and London: Routledge, 1998.

[2] [美]弗里. 口头诗学:帕里—洛德理论. 朝戈金,译. 北京:社科文献出版社,2000:21-45.

[3] Paul Radin. *Crashing Thunder: the Autobiography of an American Indian*. NY: D. Appleton and Company, 1926; Radin Paul. *The Autobiography of a Winnebago Indian*. Berkeley: University of California, 1920.

[4] [美]巴诺. 心理人类学. 许木柱,瞿海源,译. 台北:黎明文化事业股份有限公司,1979,307.

[5] Leo W. Simmons. *Sun Chief: the Autobiography of a Hopi Indian*. New Haven: Yale University Press, 1942.

[6] Lewis Langness. *The Life History in Anthropological Science*. NY: Holt, Rinehart and Winston, 1965.

[7] Lewis Langness, Gelya Frank. *Lives: an Anthropological Approach to Biography*. Novato: Chandler & Sharp Publishers, 1981.

[8] 林耀华. 金翼. 庄孔韶,林宗成,译. 北京:生活·读书·新知三联书店,1989.

[9] Joseph Tobin, David Y. H. Wu, H. Davidson. *Preschool in Three Cultures: Japan, China and United States*. New Haven: Yale University Press, 1989.

树民通过对80年代厦门林村一个党支部书记的访问,写了一本口述史加生命史的文化志——《林村的故事——1949年后的中国农村变革》。[1] 人类学的口述史和生命史研究,不仅影响到史学,还影响到社会学等其他学科。

2. 田野研究(fieldwork)和文化志(ethnography)。克拉克(Samuel Clark)曾经指出历史人类学有三个主要贡献,第一个就是合并了历史研究的田野工作(另外两个贡献是对人们真实的日常生活的关注以及对地方群落的研究)。[2] 人类学的田野研究是一种基本的方法,相对于传统史学只重视精英文本的倾向,田野研究和田野文本是对历史重新解读的重要方法,也是理解平民史、连续史和当事人想法的主要研究手段。蔡志祥曾经论述"走向田野的历史学"。历史的田野研究主要包括田野访谈和田野文本的搜集,在中国史学中,司马迁的《史记》,顾炎武的《天下郡国利病书》等,都有"田野"的成分。[3] 文化志方法则包含了田野研究和文化志的写作,其中最重要的,是蕴含在其中的"问题"意识。格尔茨在《尼加拉:19世纪巴厘剧场国家》中,列举了三种对史料建立解释性模式的方法:一是比较借鉴他者模式的方法;二是历史社会学(诸如建立理想型模式)的方法;三是基于文化志的阐释方法。他的研究方法之核心是田野研究的文化志方法,由此建构19世纪巴厘国家组织的图像,并从中梳理出有序的主线。[4] 不过,对文化志方法的强调固然重要,但是"模式"的追求不一定可取。

走进田野的文化志容易贴近平民史、连续史和当地人的想法,不过文化志并非简单的记录和描述,也不是对当地、当事人的简单文化投影。怀特海德(Neil Whitehead)依据圭亚那研究写作的《文本的历史人类学》一文,就田野文本的阅读,从方法上对文学、史学和人类学家进行了批评和反省,他批评一些学者在阅读殖民地文本时,倾向于把自己局限于文本记录者、受访者或者精英、官方角色等带来的特殊阶级或人群的事件、"第一印象"以及文本所反映的有限范围,忽略了档

---

[1] 黄树民.林村的故事——1949年后的中国农村变革.素兰,译.台北:华艺出版社,1994.

[2] [加]克拉克.历史人类学、历史社会学与近代欧洲的形成//[加]西佛曼,[加]格里福.走进历史田野——历史人类学的爱尔兰史个案研究.贾士蘅,译.台北:麦田出版股份有限公司,1999:386.

[3] 蔡志祥.走向田野的历史学.社会科学学报,1994(4):222-235.

[4] Clifford Geertz. Negara: The Theatre State in Nineteenth-Century Bali. Princeton: Princeton University Press,1980.

案文本后面所包容的复杂整体。[1]

3. 微观研究。前述海伊对史学的人类学转向论及了三对有关历史的争论：上层历史/下层历史；事件史/连续史；当地人的历史观/外部人的历史观。[2] 人类学强调关注下层平民、连续的日常生活世界和当地人的看法，去批评国家和政治精英建构的历史、琐碎的事件历史和外人强加的历史观。这些特点大致代表了新史学的人类学倾向。不过，早期年鉴学派强调整体的结构和平民史研究，却忽略了个人在历史中的作用。70 年代以来，开始出现重视个人的微观史（microhistory）研究，以沙粒见世界，以滴水见海洋。[3] 例如前述勒华拉杜里的《蒙塔尤》、[4] 戴维斯的《马丁·盖尔归来》[5] 等。这样的重视个人的微观研究，在伯克看来，最初正是由人类学家开道的，这与他们接受人类学家的研究成果有关。[6] 它将个人置于历史研究的主体；强调日常生活的重要性；重视文化人类学的方法，是一种"由下而上"的历史研究。[7]

4. 文化的视野。这促成了新文化史的研究。主要特点是吸收了人类学的"文化"分析，尤其是象征人类学的方法。麦克尼尔（William McNeill）早在《欧洲史新论》（1973）中，就反对琐碎的、钻牛角尖式的历史研究。他认为"历史学家的职责是去察觉过去人类行为中的有意识的与无意识的文化模式，并且注意这些模式是如何演变的"。他特别指出历史学专用术语的缺乏，认为"最有助于我们了解人类历史与社会变迁的术语，主要是来自人类学界的术语。最基本的观念是文化模式的观念"。[8] 罗杰斯对当代社会史的人类学转向归纳了一些特点，认为其中主要的影响来自人类学的研究视野和理论方法、人类学的异文化研究以及人类学

---

[1] Neil L. Whitehead. The Historical Anthropology of Text: The Interpretation of Ralegh's Discoveries of Guiana. *Current Anthropology*, 1995, 36(1): 53-47.

[2] Emiko Ohnuki-tierney. Introduction: The Historicization of Anthropology//Emiko Ohnuki-Tierney ed. In *Culture Through Time Anthropological Approaches*. Stanford: Stanford University Press, 1990: 4.

[3] [英]伯克. 历史学与社会理论. 姚鹏，等，译. 上海：上海人民出版社, 2001: 46, 203-206.

[4] [法]勒华拉杜里. 蒙塔尤: 1294—1324 年奥克西坦尼的一个山村. 许明龙，马胜利，译. 北京：商务印书馆, 1997.

[5] [美]戴维斯. 马丁·盖尔归来. 刘永华，译. 北京：北京大学出版社, 2009.

[6] [英]伯克. 历史学与社会理论. 姚鹏，等，译. 上海：上海人民出版社, 2001: 46, 47.

[7] [加]罗杰斯. 历史人类学中的人类学转向//[加]西佛曼，[加]格里福. 走进历史田野——历史人类学的爱尔兰史个案研究. 贾士蘅，译. 台北：麦田出版股份有限公司, 1999: 398-405.

[8] [加]麦克尼尔（William McNeill）. 欧洲史新论. 刘景辉，译. 台北：台湾学生书局, 1977: 20-22.

对现象的整体把握和分析深度。[1] 以格尔茨(C. Geertz)和特纳(V. Turner)为代表的象征人类学研究影响很大,"文化人类学已迫使历史学者认识到:整个社会生活,由像宗教节庆这种有复杂象征仪式的习俗,到盖房子或者种田这类似乎踏踏实实的活动,都是因文化而定型的"。[2] 与麦克尼尔对文化模式的偏爱不同,伊格斯认为格尔茨对文化及其意义的研究方法影响了社会史。一批欧美人类学家合著的《阶级与文化》(1982),从文化的方面研究平民百姓和工人阶级的历史,强调从被观察者的角度理解世界。就其将活生生的关系加以具体化而言,任何种类的(模式化的)概括都深受怀疑。[3] 这方面,伯克也曾有过系统的论述,[4]他甚至说:人类学转向或可更精确地描述为一种朝向文化人类学或"象征"人类学的转向。[5]

达恩顿(Robert Darnton)在其著名的《屠猫记:法国文化史钩沉》(1984)中,开宗明义地指出该书不仅想要了解人们的想法,而且要揭示人们是如何思想、是如何建构这个世界并向其中注入意义和情感的。他使用"文化史"来称呼这个研究流派,因为文化史的研究采用了与人类学研究异文化相同的方式来看待自己的文明。这是一种在文化志田野中的历史。[6] 林·亨特(Lynn Hunt)主编的《新文化史》,是新文化史理论方面的代表作。[7] 该书的献词是:"献给娜塔莉·泽蒙·戴维斯,我们所有人的灵感泉源",可见戴维斯这位《马丁·盖尔归来》的作者对新文化史的"启蒙"贡献。其中特别讨论了来自人类学的影响,包括格尔茨、萨林斯、布迪厄(P. Bourdieu)的理论影响。1999年,林·亨特与波尼尔(Victoria E.

---

〔1〕[加]罗杰斯. 历史人类学中的人类学转向//[加]西佛曼,[加]格里福. 走进历史田野——历史人类学的爱尔兰史个案研究:393-414. 贾士蘅,译. 台北:麦田出版股份有限公司,1999:398-405.

〔2〕[加]罗杰斯. 历史人类学中的人类学转向//[加]西佛曼,[加]格里福. 走进历史田野——历史人类学的爱尔兰史个案研究:393-414. 贾士蘅,译. 台北:麦田出版股份有限公司,1999:401-410.

〔3〕[美]伊格斯. 欧洲史学新方向. 赵世玲,赵世瑜,译. 北京:华夏出版社,1989:215-217.

〔4〕Peter Burke. Historians, Anthropologists and Symbols. Emiko Ohnuki-Tierney ed. In *Culture Through Time Anthropological Approaches*:268-286. Stanford:Stanford University Press,1990:268-283.

〔5〕[英]伯克. 法国史学革命:年鉴学派 1929—1989. 江政宽,译. 台北:麦田出版股份有限公司,1997:100.

〔6〕Robert Darnton. *The Great Cat Massacre and Other Episodes in French Cultural History*. New York:Basic Books,1984:3.

〔7〕Lynn Hunt. *The New Cultural History*. Berkeley and Los Angeles:University of California Press,1989.

Bonnell)合编了《文化的转向:社会和文化研究中的新方向》,其中探讨了文化转向引出的五个关键结果:首先,"社会"已经不再是所有解释之源,社会范畴不是稳定的客体;第二,文化在社会结构之上被研究,文化被作为象征、语言和表征系统来讨论;第三,文化的转向威胁到要抹掉所有涉及社会脉络或者理由的东西;第四,社会说明范式的瓦解;第五,各学科专业的重新结盟,尤其是文化研究的兴起。[1]

就近期中国历史研究的人类学化而言,特别是在社会史的领域,对话比较活跃。[2]一些史学作品早有人类学的味道,例如孔飞力(Philip Kuhn)的《中华帝国晚期的叛乱及其敌人》[3]以及魏斐德(Frederic Wakeman)的《大门口的陌生人:1839—1861年间华南的社会动乱》[4]。在华北的研究中,也有一些"人类学化"的作品,如黄宗智的《华北的小农经济与社会变迁》(1986),使用了人类学家格尔茨在印尼爪哇研究中系统使用的"内卷化"(involution,又译"过密化")概念;[5]杜赞奇(Prasenjit Duara)的《文化、权力与国家》(1989)也使用了"内卷化"一词,并创造了"文化的权力网络"概念,用他自己的话说:"我到美国以后,受到的最大的影响是来自人类学方面的"。[6] 1995年,黄宗智发表《中国革命中的乡村阶级斗争:从土改到"文革"的象征性和客观性现实》一文,[7]强调文化表征的事实建构,明显具有新文化史的研究特点。在《中国革命的十个议题》一文中,周锡瑞(Joseph W. Esherick)认为"我们需要一个关于中国党和国家的历史人类学(historical anthropology of the Chinese party-state),它可以绘制出其习惯和习性、话语和华丽文辞,以及选举方法和统治模式的演化图"。[8] 滨下武志(Hamashita Takeshi)

---

[1] Lynn Hunt, Victoria Bonnell. *Beyond the Cultural Turn: New Directions in the History of society and Culture*: Introduction. Victoria Bonnell, Lynn Hunt eds. California: University of California Press,1999.

[2] 赵世瑜. 社会史:历史学与社会科学的对话. 社会学研究,1998(5):1-11;赵世瑜,邓庆平. 二十世纪中国社会史研究的回顾与思考. 历史研究,2001(6):157-172;常建华. 历史人类学的理论与在中国的实践:"历史人类学的理论与实践"学术研讨会论文. 广州:中山大学,2001.

[3] [美]孔飞力. 中华帝国晚期的叛乱及其敌人. 北京:中国社会科学出版社,1990.

[4] [美]魏斐德. 大门口的陌生人:1839—1861年间华南的社会动乱. 北京:中国社会科学出版社,1988.

[5] 黄宗智. 华北的小农经济与社会变迁. 北京:中华书局,1986.

[6] [美]杜赞奇,罗红光. 在国家与地方社会之间. 社会学研究,2001(1):116.

[7] Phillip Huang. Rural Class Struggle in the Chinese Revolution: Representational and Objective Realities from the Land Reform to the Cultural Revolution. *Modern China*,1995,21(1):105-143.

[8] Joseph W. Esherick. Ten Theses on the Chinese Revolution. *Modern China*,1995,21(1):64.

关于中国朝贡贸易体系以及近代亚洲经济圈的研究,注重田野研究的文本和结构性的分析,对17世纪前后西方中心的论点进行了批评,颇有理论建树。[1]

20世纪80年代以来,比较有规模、成体系的历史人类学研究已经十分难得地发生在中国,这就是"华南研究"的群体。早期有影响的华南研究诸如弗里德曼(M. Freedman)的《中国东南的宗族组织》(1958)和《中国闽粤的宗族与社会》(1966),[2]讨论了明清华南的宗族社会与国家;施坚雅(W. Skinner)的《中国农村的市场和社会结构》(1998),虽然地域范围不止华南,却对晚清中国提出了一个区域市场体系蜂窝状的等级结构模式。[3]但是上述研究在方法上缺乏历史厚度以及对中国历史从文化上的理解。80年代以来,当时在香港中文大学的科大卫(David Faure)、陈其南,美国耶鲁大学的萧凤霞(Helen Siu),以及中山大学历史系的刘志伟、陈春声,厦门大学的郑振满,和香港科技大学的蔡志祥等一批历史学和人类学家合作进行研究,通过珠江三角洲、广州、香港、潮汕地区和闽南的历史人类学研究,对明清地方历史进行了批评性的反思,并且在研究方法上形成了笔者称之为"华南学派"的"文化过程"或者说"文化实践"的研究方法。它兼顾了对平民史、日常生活史和当地人想法的关注,对过往的精英史、事件史和国家的历史权力话语进行批评,形成了中国历史人类学研究的良好开端。这是中国人类学和史学界在一些优秀的研究个体之外,目前能够与世界学术领域进行对话的研究群体。

第三节 时间的视野:人类学的历史化

史学和人类学的传统关系,如前所述,彼此缺乏对方的深度,或许可以转借这样一句话:人类学是未下苦功的历史学,而历史学则是不用头脑的人类学[4]。所

---

[1] [日]滨下武志. 近代中国的国际契机——朝贡贸易体系与近代亚洲经济圈. 朱荫贵,欧阳菲,译. 虞和平,校. 北京:中国社会科学出版社,1997.

[2] Maurice Freedman. *Lineage Organization in Southeastern China*. London: Athlone Press, 1958; Maurice Freedman. *Chinese Lineage and Society: Fukien and Kuang Tung*. London: Athlone Press, 1966.

[3] [美]施坚雅. 中国农村的市场和社会结构. 史建云,徐秀丽,译. 北京:中国社会科学出版社, 1998.

[4] 原文"社会学是未下苦功的历史学,而历史学则是不用头脑的社会学"。见:[英]海伊. 何谓历史社会学. 肯德里克,等编. 解释过去,了解现在——历史社会学. 王辛慧,等,译. 上海:上海人民出版社, 1999:25.

谓人类学家下苦功不够,是说对史料的搜集和分析浅尝辄止,不求甚解,以建构理论为兴趣,史料成为理论的附庸。另有些自以为是历史人类学的研究,不过生硬堆砌他人的研究史料,然后取巧冠以某些理论概念,将历史简单化和模式化,曲解了历史。而所谓史学家不用头脑,是说他们钻进史料便不出来,特别是被狭窄的精英史料所束缚,以为那就是全部历史,忽略了另类史料和理论的思考,陷入一种简单的"集体的回忆"。[1]

20世纪60年代以来,新史学之人类学转向的主要特点就是开始"用脑",吸收人类学的研究方法。文化志也出现了历史化的趋势。[2] 20世纪50年代,已有人类学家呼吁关注历史研究,其早期学者有英国人类学家普里查德(E. Evans-Pritchard)和美国人类学家克鲁伯(A. L. Kroeber)。普里查德曾经批评功能学派"在泼出了进化论推测性历史洗澡水的同时,也泼出了真正的历史这个婴儿"。[3]他认为人类学和历史学之间的区别是技术、侧重点和观点问题,而不是方法和目的的问题。史学家是按照历史发展往前写历史,而人类学家是往回写历史,追本溯源。[4]他的名言是:"人类学要在是历史或者什么都不是之间做出选择(anthropology is history or nothing)"。[5]博厄斯的学生克鲁伯曾经检讨美国文化人类学反历史的倾向(anti-historical in tendency),但发现博厄斯早把其研究方法称为"历史的"。[6]与此同时,人类学家中亦开始出现对历史研究下苦功者,例如文思理(Sidney Mintz)的《甜与权力》,[7]萨林斯的《历史的隐喻和神话的现

---

[1] [英]巴勒克拉夫. 当代史学的主要趋势. 杨豫,译. 上海:上海译文出版社,1987:78.

[2] George E. Marcus, Michael Fischer. *Anthropology as Cultural Critique: An Experimental Moment in the Human Sciences*. Chicago: University of Chicago Press,1986.

[3] Edward Evans-Pritchard. Social Anthropology: Past and Present. *Man*,1950(198):118-124.

[4] [英]莫里斯. 人类学与历史学//[英]莫里斯. 宗教人类学. 周国黎,译. 北京:今日中国出版社,1990:262-263.

[5] Edward Evans-Pritchard. Social Anthropology: Past and Present. *Man*,1950(198):118-124; Edward Evans-Pritchard. *Social Anthropology*. London: Cohen & West,1951.

[6] Thomas Barfield, ed. History and Anthropology//Thomas Barfield. In *The Dictionary of Anthropology*. Oxford: Blackwell Publishers Ltd. ,1997:239.

[7] Sidney Mintz. *Sweetness and Power: The Place of Sugar in Modern History*. NY: Viking Penguin,1958.

实》,[1]格尔茨的《尼加拉:19世纪巴厘剧场国家》,[2]科奇(P. V. Kirch)与萨林斯合著的《阿纳胡鲁——夏威夷王国的历史人类学》,[3]萧凤霞(Helen Siu)的《华南的能动者与受害者》[4]等。历史人类学对史学和人类学都是一样的定义——把人类学的理论和方法结合到历史研究中,而不是相反,借史料论证人类学理论——至少这不是历史人类学。两者的结合是平等的,既不是人类学沙文——撷取史料为自己要阐发的理论观点作点缀;也不是史学沙文——将人类学理论概念为自己的史学作品装饰学术"门面"。上述两者,都会对史学和人类学产生曲解的研究结果,扭曲人们对历史的理解。

历史人类学的研究在60年代开始受到关注,1966年,社会人类学家学会在爱丁堡召开会议,主题是"历史和人类学"。伯克指出:20世纪下半叶,两者的会合可说是足够明显的,这或许可以由不断增加的使用历史人类学(historical anthropology)谈论两个专业研究群体的相关性来说明。对史学有兴趣的人类学家(可称其为历史人类学家,即 historical anthropologists)和对人类学有兴趣的史学家(可称其为人类学的史学家,即 anthropological historians)之间的分歧已不那么引人注意。在两者的关系中,彼此都受到对方影响,但是接受起来仍有困难。[5] 1984年,《历史与人类学》创刊,这更加促进了历史和人类学的结合。[6]

作为文化人类学主流的欧美人类学研究,之所以缺少对历史人类学的关注,至少有两个与功能学派有关的原因。一个原因来自理论上,拉德克利夫-布朗(Radcliffe-Brown)在《社会人类学方法》中,曾经指出文化事实的研究有两种方法:一种是历史方法,追求事实发生的原因,但是对没有文字的民族,用这种方法

---

[1] Marshall Sahlins. *Historical Metaphors and Mythical Realities: Structure in the Early History of the Sandwich Islands Kingdom*. Ann Arbor: University of Michigan Press,1981.

[2] Clifford Geertz. *Negara: The Theatre State in Nineteenth-Century Bali*. Princeton: Princeton University Press,1980.

[3] Patrick V Kirch. ,Sahlins Marshall. *Anahulu: The Anthropology of History in the Kingdom of Hawaii*. Chicago: The University of Chicago Press,1992: Vol. 1: Historical Ethnography, Vol. 2: The Archaeology of History.

[4] Helen Siu. *Agents and Victims in South China*. London: Yale University Press,1989.

[5] Peter Burke. Historians, Anthropologists and Symbols//Emiko Ohnuki-Tierney ed. In *Culture Through Time Anthropological Approaches*. Stanford: Stanford University Press,1990: 268-269.

[6] [英]罗伯茨. 历史. // 中国社会科学杂志社编. 人类学的趋势. 北京: 社科文献出版社,2000: 53.

第一章　史学的人类学化和人类学的历史化——兼论被史学"抢注"的历史人类学

不能找到规律。民族学的研究属于这类，即对原始民族进行历史拟构，而不是寻求规律；另一种借助自然科学类比方法来研究文化规律，是社会人类学的方法——力求对贯穿于文化现象的一般规律进行研究。[1] 另一个原因，与其早期对殖民地的研究心态有关，在他们眼中，那些落后的部落社会"没文化"，因而没历史。例如功能学派认为那些"原始的部落"长期处于静止、孤立的状态，其文化形态不变。大贯惠美子（Emiko Ohnuki-tierney）认为："人类学和史学彼此感兴趣已有很长时间，如今在历史化的人类学（historicizing anthropology）方面的兴趣持续增强。一个被历史化的人类学（historicied anthropology）的新类型，在今天后殖民和后科学主义（postscientism）的气候之下，正在引起在理论和方法方面认识论的重新考察。……回过头来说，早期的人类学家没有认真对待历史是缘于他们最初的殖民心态（colonial mentalite）。……欧洲中心论者认为'没文化的（nonliterate）'的人没有真正的历史。众所周知，列维-斯特劳斯（C. Levi-Strauss）曾经区别急剧转变的'热'社会（hot society）和缓慢发展的'冷'社会（cold society），这很容易理解为热社会有历史而冷社会无历史。"她这样评价列维-斯特劳斯的历史观：不承认时间过程的规律，只认为共时态有结构，历史是无意识的，历史变迁中存在的只是结构的或可能结构的岛屿，漂泊在随意性、偶然性的汪洋之中。[2]

作者对列维-斯特劳斯有些误解。列维-斯特劳斯历史观有几个要点：一是区分静止的历史和累积的历史，即冷社会的历史和热社会的历史，例如美洲是积累的历史。但是静止的历史并非没有历史，"它们并不真的是静止的，而只是因为它们发展的路线对我们来说是无意义的，是不能依我们的参照系去衡量的"。[3] 因此第二，他反对进化论者的"进步"概念，主张偶然的进步："人类的进步很难像是一个人在拾阶而上……倒像是一个游戏者，其运气取决于几粒骰子……"[4] 历史中变迁是偶然的，像轮盘赌，虽然总会碰到100这个数字，但碰到可能需要10年，

---

[1] [英]拉德克利夫-布朗. 社会人类学方法. 济南：山东人民出版社，1988.

[2] Emiko Ohnuki-tierney. Introduction: The Historicization of Anthropology//Emiko Ohnuki-Tierney ed. In *Culture Through Time Anthropological Approaches*. Stanford: Stanford University Press, 1990: 2-3, 7.

[3] [法]列维-斯特劳斯. 结构人类学：第二卷. 俞宣孟，等，译. 上海：上海译文出版社，1999: 372.

[4] [法]列维-斯特劳斯. 结构人类学：第二卷. 俞宣孟，等，译. 上海：上海译文出版社，1999: 370.

也可能100年。第三,历史学和人类学的研究对象其实都不是我们目前生活的社会,只是距离现在的时间长短不同而已。因此两者之间的区别,主要在于"历史学根据社会生活的有意识表现来组织材料;而人类学的研究则在于深入研究社会生活的无意识的基础"。[1] 第四,反对历史过程的连续发展和历时态的规律。[2] 但是认为同时态研究也要触及历史。可见,列维-斯特劳斯并非不关注历史,只不过更加关注那些历史后面稳定的心智结构。

罗萨尔多(Renado Rosaldo)对菲律宾伊隆戈人(Ilongot)猎头的研究,明确反对"原始"人没有历史或者只有不断循环的历史的观点。[3] 普莱士(R. Price)的《初次:一个非裔美国人的历史视角》(1983)试图重现撒拉马卡人的俗民史。[4] 兰辛(J. Stephen Lansing)曾经批评那种以为前现代社会在历史进程之外的说法,这种说法很大程度上是欧洲中心的论点。[5] 有趣的是:60年代以来一些有影响的可以称作历史人类学的作品,都是在美国大陆本土以外的研究,其中有些正是在那些"落后的""无文化的""无历史的"地区。

奥特娜(Sherry Ortner)在《六十年代以来的人类学理论》一文中,曾经指出70年代新马克思主义政治经济学派的一种充分的历史人类学研究。[6] 但她同时更主张用一种实践的观点来吸收历史研究:

> 在我的观点中,人类学与历史的和睦相处对整个研究领域是一个特别重要的发展。我在本文中没有特别强调它,只是因为此刻这种趋势太过广泛。它掩盖而不是暴露了重要的区别。就历史与人类学各类工作事实上的结合而言,它提供了一个虚假整合的领域却未能发现深层的问题。正像本文提出的,这些深层的问题通常由很成功的系统和结构主义的观点来产生,它建立

---

[1] [法]列维-斯特劳斯. 历史学和人类学//庄锡昌,等,编. 多维视野中的文化理论. 杭州:浙江人民出版社,1987:231-235.

[2] [法]列维-斯特劳斯. 野性的思维. 北京:商务印书馆,1987:297.

[3] Renado Rosaldo. *Ilongot Headhunting*, 1883-1974: *A Study in Society and History*. Stanford: Stanford University Press, 1980.

[4] Richard Price. *First-time*: *The Historical Vision of an Afro-American People*. Baltimore: The Johns Hopkins University Press, 1983.

[5] Stephen Lansing. *Priests and Programmers*: *Technologies of Power in the Engineered Landscape of Bali*. Princeton and New Jersey: Princeton University Press, 1991: 8.

[6] Sherry Ortner. Theory in Anthropology Since the Sixties. *Comparative Studies in Society and History*, 1984, 26(1): 126-66, 142.

第一章 史学的人类学化和人类学的历史化——兼论被史学"抢注"的历史人类学

了有如社会本质的事实,不过,却未能回答在系统的方式下,社会事物来自哪里,又如何变迁。

要用"历史"这个词回答这些问题,就要避免把历史当作一条人们特别反应的事件之链条。历史不是简单地发生在人们身上,而是他们身在其中的创造。当然,这其中有着强烈的系统性限制。实践的观点试图理解这种创造,无论是对过去还是现在,也无论是新的创造还是旧东西的再生产。实践的观点提倡,或者至少带来希望的,是一种历史和人类学研究有分寸的联结模式,而不是盲目迷恋历史。[1]

奥特娜的观点至少强调了几点:首先,人类学与史学的结合不能放弃对深层问题的探讨。人类学的长处是其理论方法(例如系统和结构主义方法),有助于探讨社会事物的本质,不足是忽视了事物的来龙去脉。第二,"历史"是人们身在其中的创造。历史是实践的、有动因的。不能只知其然,不知其所以然。第三,历史不是简单的叙事和事件的连接,应该通过系统和结构等方法来寻找其深层的动因。奥特娜的观点,依然带有人类学本位的色彩。

福克斯(Richard Fox)面对后现代理论对文化志的挑战,也曾经提出"准新文化史(nearly new cultural history)"的概念,希望藉此摆脱传统文化志的困境。他认为准新文化史是对博厄斯文化历史学派的旧文化史的再生,在准新文化史的概念下,文化志不应视为一种田野方法,或"来自生活"的描写;而应视为一种文化历史的文本,一个被重构的结构,一个具有创造的文化实践。不仅要知其然,还要知其所以然。不仅强调文化的生活,还强调活的文化。他批评旧的生命史(生活史)的研究强调了个人作为文化的载体,却忽视了他们也是文化的努力的革新者。[2]不过,用"历史"取代"描写",用"文本"取代"田野",用活的主动创造的文化取代刻板被动的文化,这样的变通其实并不能逃避后现代理论对传统文化志提出的一些批评。但是从另一个方面,对历史的强调的确对文化志的写作和田野研究具有积极的意义,让资料摆脱"真实"的僵硬辨识,在探讨深层的结构与过程的逻辑中展

---

[1] Sherry Ortner. Theory in Anthropology Since the Sixties. *Comparative Studies in Society and History*,1984,26(1):126-166,159.

[2] Richard G. Fox. For A Nearly New Culture History//Rochard G. Fox ed. *Recapturing Anthropology:Working in the Present*. Santa FE,New Mexico:School of American Research Press,1991:95-111.

开,从而能够让资料真正返"璞"归"真"。

就人类学的历史化而言,著述繁多,只能就笔者所知有限地选择一些近几十年的研究,分作如下几个类型来示意人类学历史化的大概趋势:

1. 大历史的研究。如前述文思理(Sidney Mintz)的《甜与权力:糖在现代历史中的地位》,追溯了18—19世纪欧洲糖的消费,并把它与资本主义的发展和扩展联系起来。[1] 弗兰克(Andre Gunder Frank)的《白银资本》[2]和彭慕兰(Kenneth Pomeranz)的《大分岔:欧洲、中国与现代世界经济的形成》(2000)[3],虽然不是出自人类学家,也属此类大视野的研究。

2. 地方历史的研究。如前述萨林斯对夏威夷土著社会研究的《历史的隐喻和神话的现实》(1981)和托多洛夫(T. Todorov)的《美洲的征服》(1982)[4]。这两部作品分别讨论了两种文化(夏威夷人和英国人,阿兹特克人(Aztec)与欧洲人)的文化碰撞。此外,克拉克曾经列举了一些在英伦三岛和法国的历史人类学研究作品[5],如西格伦(Martine Segalen)的《农家中的爱情与权力:十九世纪的法国乡村》(1983)[6]等。中国社会这方面的研究除了弗里德曼(M. Freedman)和施坚雅(W. Skinner)等之外,前述萧凤霞(Helen Siu)的《华南的能动者与受害者》(1989)和另一篇有影响的文章《妇女何在?——华南抗婚和地域文化的再思考》(1990)[7],通过考察珠江三角洲的地方历史,生动描写了地方社会历史是怎样进行文化建构的,启发人们对中国历史进行重新思考。科大卫和萧凤霞合编的《根植乡土》,是一部华南研究学术成果的代表性文集,其中的结论部分,便以"历

---

[1] Sidney Mintz. *Sweetness and Power: The Place of Sugar in Modern History*. NY: Viking Penguin,1958.

[2] [德]弗兰克. 白银资本(ReOrient: The Global Economy in the Asian Age). 刘北成,译. 北京:中央编译出版社,2000.

[3] Kenneth Pomeranz. *The Great Divergence: Europe, China, and the Making of the Modern World Economy*. Princeton,New Jersey: Princeton University Press,2000.

[4] Tzvetan Todorov. *The Conquest of America*. NY: Harper & Row,1982.

[5] [加]克拉克. 历史人类学、历史社会学与近代欧洲的形成//[加]西佛曼,[加]格里福. 走进历史田野——历史人类学的爱尔兰史个案研究. 贾士蘅,译. 台北:麦田出版股份有限公司,1999:373-384.

[6] Martine Segalen. *Love and Power in the Peasant Family: Rural France in the Nineteenth Century*. Oxford: Basil Blackwell,1983.

[7] Helen Siu. Where were the Women?. *Late Imperial China*,1990,11(2):32-62.

第一章 史学的人类学化和人类学的历史化——兼论被史学"抢注"的历史人类学

史和人类学"为题。[1]

3. 专题史的研究。如前述格尔茨在印尼的研究《尼加拉：19世纪巴厘剧场国家》(1980)中讨论了国家的权力和地方的自治。兰辛与格尔茨的《尼加拉》进行对话，发表了《祭司和规划者：巴厘景观设计中的权力技术》(1991)，涉及农业灌溉中国家和水庙权力方面的讨论。此外，还有奥特娜在尼泊尔研究的论文《历史模式：夏尔巴人宗教制度铸构中的文化先验图示》。[2] 维来里(V. Valeri)《建构的历史：夏威夷亲属制度合法化中的族谱和叙事》[3]等。斯考特(D. Scott)通过评论，对加勒比海后解放(postemancipation)历史理解上存在的问题，说明了所谓"后殖民现场的历史人类学"概念。[4] 前述罗萨尔多(Renado Rosaldo)对菲律宾伊隆戈人猎头的研究(1980)，以及弗莱克曼和罗夫根(J. Frykman and O. Lofgren)对瑞典中产阶级生活的研究(1987)，[5]都涉及历史观念和历史意识的文化建构。在中国社会研究中，帕特夫妇(S. H. Potter and Jack M. Potter)的《中国农民：一部革命的人类学》(1990)，围绕农民和革命来展开中国社会近现代革命史演变的脉络。[6] 拉弗尔(Lisa Rofel)的《另类现代性：中国社会主义之后的性别向往》(1999)，用跨文化的视角，通过对解放以来杭州丝绸业的历史变迁，来理解中国有别于西方主流的现代性。[7] 罗红光在陕北黑龙潭的研究，从当地

---

[1] David Faure, Helen Siu eds. *Down to Earth: The Territorial Bond in South China*. Stanford: Stanford University Press, 1995.

[2] Sherry Ortner. Patterns of History: Cultural Schemas in the Foundings of Sherpa Religious Institutions//Emiko Ohnuki-Tierney ed. In *Culture Through Time Anthropological Approaches*. Stanford: Stanford University Press, 1990.

[3] Valerio Valeri. Constitutive History: Genealogy and Narrative in the Legitimation of Hawaiian Kinship//Emiko Ohnuki-Tierney ed. In *Culture Through Time Anthropological Approaches*. Stanford: Stanford University Press, 1990.

[4] Scott D. Colonialism: Anthropology and Criticism. *International Social Science Journal*, 1996, 49(4): 517.

[5] Jonas Frykman, Orvar Lofgren. *Culture Builders: A Historical Anthropology of Middle-Class Life*. New Brunswick: Rutgers University Press, 1987.

[6] Sulamith. H. Potter, Jack M. Potter. *China's Peasants: The Anthropology of a Revolution*. Cambridge and New York: Cambridge University Press, 1990.

[7] Lisa Rofel. *Other Modernities-gengered Yearnings in China after Socialism*. University of California Press, 1998.

人的礼仪活动方面讨论了围绕历史资源的非线性实践。[1]

4. 口述历史和生命史的研究。前述罗萨尔多《伊隆戈人的猎头——1883—1974：一个社会和历史的研究》(1980)和普莱士的《初次：一个非洲美国人的历史视角》(1983)，都运用了口述史的研究方法。索斯塔克(M. Shostak)的《妮莎》(1981)[2]和克拉潘佐诺(V. Crapanzono)的《图哈米》(1980)[3]分别是关于一个昆布须曼妇女和一个摩洛哥人的生活史研究。在早年林耀华的《金翼》(1947)之后，庄孔韶于80年代重访金翼之乡，并于1996年发表了《银翅》，从《金翼》搁笔的30年代写起，直到80年代，是生命史和地方史结合的作品。[4]黄树民的《林村的故事》(1989)可以说是这方面的经典之作。他的书除了少量的学术讨论，主要是林村一个老党支部书记的口述故事，讲述从土改到80年代的生活经历。[5]在相关的社会学领域，近年来孙立平及其学生的土改口述史研究，正在形成一个研究氛围并有相关的成果开始问世。[6]景军的《神堂记忆》(1996)运用记忆理论理解中国西北农民对历史的记忆选择和现实建构，具有某些口述史的研究特点。[7]

5. 意义史。史学在80年代，有一个从心智史(intellectual history)向意义史(history of meaning)的转向。由于理性思想的式微，引起了对传统思想史(history of idea)的拒绝，不再把它看作是普遍性的，而是看作文化的建构。[8]米克(M. Meeker)的《阿拉伯北部的文学和暴力》(1979)透过20世纪初搜集的不同的诗文意义，分析了阿拉伯游牧民族贝多因人(Bedouin)对同一历史事件的不同

---

[1] 罗红光. 围绕历史资源的非线性实践//郭于华主编. 仪式与社会变迁. 北京：社科文献出版社，2000.

[2] Majorie Shostak. Nisa: The Life and Words of a ! Kung Woman. Cambridge: Harvard University Press,1982.

[3] Vincent Crapanzono. Tuhami: Portrait of a Moroccan. Chicago: University of Chicago Press, 1980.

[4] 庄孔韶. 银翅. 台北：桂冠图书公司,1996.

[5] 黄树民. 林村的故事——1949年后的中国农村变革. 素兰, 译. 台北：华艺出版社,1994.

[6] 孙立平，等. 农村中国家—社会关系的实践形态(专题讨论)//清华社会学评论(特辑1). 厦门：鹭江出版社,2000.

[7] Jing Jun. The Temple of Memories. Stanford: Stanford University Press,1996.

[8] Juhn E Toews. Intellectual History A after the Linguistic Turn: The Autonomy of Meaning and the Irreducibility of Experience. American Historical Review,1897,92(4): 879-907.

叙述后面的历史联系。[1] 普莱士(R. Price)的《阿拉比的世界》(1990)通过三种人(黑奴、荷兰官员和摩拉维亚传教士)的眼睛,来描述18世纪苏里南的状况,然后加上自己对三个文本的评论。[2] 宝叶(K. A. Bowie)的论文《泰国北部19世纪社会的布品与织品》(1993)通过口述史和档案资料,分析了19世纪当地不同阶级的文本产生过程,揭示了其中阶级差异的文化意义。[3] 娜詹(Suzanne Najam)对英国法夫郡矿工在1984—1985年罢工中扮演的角色之研究,提出了"有意义的历史"(significant history)概念,那是一种历史遗产的传承(娜詹1990)。[4] 当然,强调历史或者其他事件中包含了意义不等于做意义史,格尔茨通过"深描"发现和解读文化意义,为意义史的研究提供了方法借鉴,不过这方面的著述依然不多。

人类学的历史化不等于历史人类学,特别是一些作品只是涉及历史,属于典型的人类学作品,若从历史人类学的角度看,似乎疏于"历史问题"。当然,何谓"历史问题"并没有标准,这也是历史人类学难于从涉及历史的人类学中分离出来的原因之一。但至少它应该与历史现象和历史脉络密切相关,是"关于历史的研究"或"历史问题研究",而不只是"有历史的研究"。

第四节 结　　论

上文尝试论述了历史人类学的缘起背景。应该说,历史人类学已经形成了一套研究的范式。面对这个既有的研究范式,中国的历史人类学研究是否可以另辟蹊径呢?至少笔者暂时不这样以为,且不论学术的脉络和对学术的尊重,就是新史学和新文化史学派的理论水准,也是需要我们努力达及的。这样一块带有新鲜空气的空间,令我们可能生长自己的东西。

历史人类学在中国当属起步阶段。也许可以明白地指出,如果今天在中国有历史人类学的迷失,可能在于我们的如下误解:

---

[1] Michael Meeker. *Literature and Violence in North Arabia*. NY: Cambridge University Press, 1979.

[2] Richard Price. *Alabi's World*. Baltimore: Johns Hopkins University Press, 1990.

[3] Katherine A. Bowie. Assessing the Early Observers-Cloth and the Fabric of Society in Nineteenth-Century Northern Thai Kingdom. *American Ethnologist*, 1993, 20(1): 138-158.

[4] [英]娜詹. 源自过往:1984—1985年罢工运动中的法夫郡矿工//肯德里克,等编. 解释过去,了解现在——历史社会学. 王辛慧,等,译. 上海:上海人民出版社,1999.

首先,历史人类学的"学科性"误解。表现在简单地把历史人类学当作人类学和史学的交叉学科,或者人类学的分支学科,忽略了历史人类学产生的前述科学背景。历史人类学不是一门学科分支,而是一种研究方法和视角,至少目前如此。史学界通常将历史人类学视为一个理论流派,如果它要成为一个公认的主要学科分支,只能在理论和方法上独树一帜、继续拓展实际的研究。而在人类学的分支中,倒是很容易定义"研究历史的人类学"这样一个分支,一方面人类学的很多研究本来就很有历史,另一方面"人类"之学本来就蕴含着人类历史,并不需要区分有历史的人类学和无历史的人类学。但是他们必须真正转入研究历史问题,而不只是拿历史当拐棍儿。同时,因为被史学"抢注",人类学也必须尊重历史人类学的先驱研究。历史人类学应该是在历史问题的研究中,不断形成一套结合人类学、社会学,甚至语言学、经济学等人文社会科学研究的跨学科理论。可惜,这样的理论积累至今尚嫌浅薄。作为一个学科的历史人类学,我们只能期待。

第二,以为历史人类学不过是有历史的人类学。人类学的经典作品中,大部分是有历史的,例如早期马林诺斯基(B. Malinowski)在西太平洋的研究,博厄斯(Franz Boas)在北美印第安人的研究,都是有历史的。库拉圈、夸富宴,都是历史的习俗。没有涉及"历史"的人类学家寥寥无几,但是他们的研究多数并不是面对历史的"问题"。普里查德(E. Evans-Pritchard)曾经论及两种历史:一是在人们生活和思想中的历史;二是推测出的历史。功能主义承认前一种历史,反对后者。但是在泼出后者的同时,也泼出了正确的历史婴儿。[1] 实际上,历史人类学的历史观也更偏向前者而非后者。简而言之,人类学家重在从历史当中探究人类生存的(普遍)规律,落脚点是理解"人类",现实和历史事实都是他们探究的根据;史学则重在从历史本身发现规律,落脚点是理解"历史"。从学理层面,人类学关心的是人类生存的一般性规则;史学关心的是历史经验现象中的具体规则。正因为两者的各自学科关注,历史人类学才显得更有意义——将人类学具体到历史并将历史学放大到人类。就笔者浅见,历史人类学应该是历史的跨学科研究,寻求跨学科的理论方法论,历史人类学首先是历史的研究,而不只是有历史的研究。

---

[1] Edward Evans-Pritchard. Social Anthropology: Past and Present. *Man*,1950(198):118-124.

第三，将有人类学的史学等同于历史人类学。史学家如果引用一点人类学家的语言和知识，是否就是历史人类学呢？任何一个作品，套上几句人类学经典话语是很容易的，但这不等于历史人类学。人类学的长处和难点就在于其贯穿文化志和理论研究始终的整体把握，那远远不是几句经典可以呈现的。它的精髓可能见诸于一段故事、一个人物、一幅场景，而恰恰不是上面这些故事、人物、场景或者一个概念、一段经典的罗列和拼凑。历史人类学起码应当关注下层平民、连续的日常生活世界和当地人的看法，去批评国家和政治精英建构的历史、琐碎的事件历史和外人强加的历史观。

史学和人类学的传统关系，如前所述，彼此缺乏对方的深度。所谓深度，主要表现为"问题意识"。依笔者愚见：如果史学家学会提出人类学问题，而人类学家能够提出历史问题，并且这些问题既是历史问题，同时又是人类学问题，它们就是历史人类学的问题。历史人类学的发展脉络，在某种意义上就是其"问题意识"的发展脉络。作为一种研究视角，历史人类学不应该，也没有必要将自己封闭起来，亦没有必要去罗列诸如一部作品是否属于"历史人类学"的标准，因为任何新方法和新视角的研究尝试都是有益的，不论其"学科标准"如何（学术规范如学术伦理则不在其列，必须有标准）。我们期待的，仍然是有问题深度的作品及其理论建树。

历史人类学研究仍然有待一个开创的环境、踏实的学风、互学的心态和争辩的氛围。要达及对方的深度，对人类学家和史学家都非易事，要同时做到既是人类学作品又是史学作品更需要苦功夫。中国毕竟是一个"有文化""有文明"和"有历史"的"早发达国家"，因此历史人类学的研究显得十分重要和具有现实的意义，但愿在这个中国学者有责任、有得天独厚条件涉足的领域，中国的历史人类学研究能够"抢注"它的域名和空间。

第二章 当历史走进人类学家[1]

2016年,耶鲁大学人类学系的萧凤霞(Helen Siu)教授将她四十年华南研究的十几篇成果付梓成书,书名为《踏迹寻中:四十年华南田野之旅》。[2] 2002年,我曾邀请萧凤霞来清华举办讲座,这个系列讲座共有4讲,回顾了她从20世纪70—90年代的历史人类学研究,后来以《廿载华南研究之旅》刊登在《清华社会学评论》2003年第1期。这次出版,则是作者把从20世纪70年代到21世纪10年代四十年的华南研究做了一个全面的学术回顾。

2016年底,香港城市大学的程美宝教授写了一篇十分有深度的书评,题目是"当人类学家走进历史"。[3] 我们曾约定按照自己的理解来各自写篇书评。美宝是历史学家,又是华南研究的直接参与者和见证者,自然对该书有十分全面深刻的把握;而我是在华南研究起步的20世纪90年代初才转入人类学领域,萧凤霞教授是我转入人类学的恩师,1992年我有幸进入香港中文大学人类学系读研究生,并直接成为她(在中大作为访问教授)城市人类学课程的学生。从那个时候起,我便进入到华南研究的群体当中,无论是暑期田野还是各种学术会议,我都受益匪浅,由此在学术研究中深深烙下了华南研究的痕迹,并最终选择了福建作为博士论文的田野地点。作为一个人类学者,由于能力和训练有限,我从来没有真正走入过历史,只是从人类学的角度涉及一些历史的研究。特别是在1999年末离开香港中文大学来到清华,我几乎没有直接参与过华南的研究。因此,无论从哪个方面,我都很难把握好萧凤霞教授四十年的华南研究。不过,在体会萧凤霞"当人类学家走进历史"的经历后面,多少还有着一些"当历史走进人类学家"的感受。这便是本文选择了上述题目的原因。

---

[1] 张小军.当历史走进人类学家——评萧凤霞《踏迹寻中:四十年华南田野之旅》.清华大学学报(哲学社会科学版),2018(1).本文参考了余国良提供的该书英文版的部分中译文,谨此致谢!

[2] Helen F. Siu. Tracing China: A Forty-Year Ethnographic Journey. Hong Kong University Press, 2016.

[3] 程美宝.当人类学家走进历史.二十一世纪,2016(12).

第二章 当历史走进人类学家

所谓历史走进人类学家,具体到中国,是说历史人类学和历史的视角如何走进中国人类学的研究。一般而言,中国当代人类学的研究领域相对比较缺乏历史的关照,在其中自觉注入历史人类学的视角,萧凤霞当是最早的践行者,《华南的"能动者"与"受害人"——中国农村革命的共谋》[1]便是其代表作。她十分注重在人类学研究中引入历史视角,本书开篇第一章的题目便是"反思历史人类学"。可见"历史人类学"在书中的分量。她说道:

> 我希望通过这系列的演讲来澄清我与华南研究的学术伙伴多年来一直探索的一些主要研究主题和概念工具。我们用它们来界定"历史人类学",来指导我们在文献和田野方面进行研究。毫无疑问,我们将不断地调整我们的田野方法论,保持我们的批判精神,去阅读和理解历史与文化的文本。(第一章,英文29页)

不难看到,上面的话蕴含着一个理想,就是用多年来一直探索的一些研究主题和概念工具来界定"历史人类学",去理解历史与文化的文本。"历史人类学"这个概念最初来自法国年鉴学派第三代,它是史学汲取人类学和社会学的理论方法之产物。1993年,法国年鉴学派第三代领军人物勒高夫(Jacques Le Goff)到中山大学演讲,首次在中国提到这个概念,并说人类学的"研究方向对我们十分重要,因为我们得以更好地理解人们日常生活的历史,一切人的历史,而不单纯是理解社会上层的历史。然而人类学主要是从功能主义和结构主义两个学派内部发展起来的。可是功能主义和结构主义并不重视时间,也不考虑历史。所以,有意成为人类学家的史学家应当创立一门历史人类学"。[2] 勒高夫一方面主张吸收人类学的研究方法,另一方面又认为人类学忽略了历史,因此主张建立历史人类学以弥补史学和人类学各自之不足,后面则是促进跨学科的理论发展。大约从这时起,"历史人类学"这个概念开始在中国落地。年鉴学派以来的历史人类学研究囊括了新社会史、新文化史、人类学的新马克思主义史学、印度庶民研究等不同的理论流派。在中国,则是以华南研究而形成的华南学派。[3]

---

[1] Helen Siu. *Agents and Victims in South China*:*Accomplices in Rural Revolution*. New Haven:Yale University Press,1989.
[2] [法]勒高夫.《年鉴》运动及西方史学的回归. 史学理论研究,1999(1):124.
[3] 张小军. 学术:共同体的灵魂. 开放时代:学术共同体专题,2016(4).

虽然早期的文化进化论、历史特殊论中有历史倾向,人类学对历史的忽视却也是历史性的。普理查德(E. Evans-Pritchard)早就呼吁人类学重视历史,[1]萨林斯(M. Sahlins)在《历史的隐喻与神话的现实》中提出"历史的人类学(historical anthropology)",又在《历史之岛》中强调一种结构的、历史的人类学。但直至今日,历史人类学依然难以成为人类学中的学科分支。主要原因一是"历史人类学"的概念曾经为史学所"抢注",二是人类学中尚没有形成共识的历史人类学的理论体系,而年鉴派的历史人类学反而逐步形成了自己的理论体系,成为横跨人类学、社会学和史学三个横向学科的理论方法。

需要指出,无论是年鉴学派、新文化史、新社会史、庶民研究还是华南研究,并不是在"历史人类学"的标签下来形成自己理论的,他们多是在自己的研究领域中(包括本土化的研究中)创新和丰富着历史人类学的研究视角和理论方法论。历史人类学的初衷和后来的学术实践,已经形成了其特有的跨学科的学术视角和传统。一方面这来自于史学吸收人类学的理论方法,另一方面历史人类学又反过来影响和促进人类学重视历史的研究。勒高夫早就提到历史人类学的跨学科初衷,主张用历史人类学来表达"史学、人类学和社会学这三门最接近的社会科学合并成一个新学科"。[2] 萧凤霞则说:"我们探求自我反省的田野方法,应用批判的方式解读历史文本及文化事件。我们可以从华南开始智思之旅,但所关切的却远超于此,期以多学科(multi-disciplinary)的视角贯穿海洋与陆地。"(第一章,英文9页)

萧凤霞尝试用七个部分来完成华南"历史人类学"研究的界定:(1)结构过程(structuring);(2)个体能动者(individual actor);(3)社会实践与人的能动性(social practice and human agency);(4)解建构历史(deconstructing history);(5)文化和权力的语言(culture and the language of power);(6)地域性与跨地域性(locality and translocality),统一性与多样性(unity and diversity);(7)互联的亚洲:全球性、国家性和地方性空间的再思考(inner-Asian connectivity: rethinking global, national and reginal space)。这些主题与书中的七个部分虽不直接对应(可能考虑到阅读的方便),却完全互通。第一部分:追寻有意义的生活

---

[1] E. Evans-Pritchard. Social Anthropology: Past and Present. *Man*, 1950(198).
[2] [法]勒高夫. 新史学. 姚蒙,译. 上海:上海译文出版社,1989:40.

世界;第二部分:变动不居的对象;第三部分:结构过程与人的能动性;第四部分:文化过程的权力(culturing power);第五部分:字里行间的历史;第六部分:空间制造:地域性与跨地域性;第七部分:历史的全球和亚洲的后现代。

萧凤霞的华南研究,一方面可以理解为历史人类学视角的中国研究,另一方面又包含了中国研究对历史人类学的诸多理论观点。本文不拘于作者在华南研究中的具体观点,而是尝试从理论框架来梳理萧凤霞在四十年华南研究中的上述理论贡献,这其中有些是书中上述一些部分的主题,有些则交织于本书的各章之中。本书可以帮助我们理解四十年来历史视角如何影响了中国人类学研究,思考历史人类学如何融入中国人类学以及中国人类学研究对历史人类学的贡献。

第一节 历史的文化创造

"何为历史"?"历史何在"?在历史人类学中,曾经有几个挑战:一是微观日常的历史对宏大历史叙事的挑战。二是所谓"文化的真实"挑战绝对和唯一的真实,即历史是绝对的唯一真实还是文化的相对真实?三是"主观的历史"挑战"客观"的历史真实,这就是新文化史学派的"从地窖到顶楼"——走向心态史、意义史和观念史的研究转向,即走向表征性的历史(representative history)。微观与日常的视角、表征的历史和文化的真实,可以归结为历史实质论的思考。

众所周知,史学对微观史的重视,来自法国年鉴学派和新文化史学家们。《蒙塔尤》《马丁·盖尔归来》《档案中的虚构——16 世纪法国的赦罪故事及故事的讲述者》《屠猫记》等都是其代表作。萧凤霞在书中也表达了对新文化史的学术情感。其实,这一研究视角恰恰来自人类学的影响。就人类学而言,重视微观和日常研究是其长项。萧凤霞认为微观研究提供给两个学科在历史人类学意义上的结合:"人类学家把自己泡在小区、家庭或社会事件等微观环境中;历史学家则专注于时间长河上的不同历史点。两个学科奋力将诸多微观研究主题置于广阔的结构或时间性历史语境中。"

《妇女何在?——华南地区的抗婚及地域文化的再思考》一文可以说是萧凤霞微观和日常生活研究的代表作之一,这是一篇对历史上珠江三角洲顺德和中山地区"不落夫家"现象的研究,她发现这种婚后仍住在娘家,一年只有几个节日到夫家,直到怀孕生子之后才会落到夫家的现象,并非如一些学者认为的是近代缫丝业发展而引出的妇女抗婚行为,而是华南包括西南少数民族地区的一种古老婚俗,[1]这一习俗为何会在声称自己来自中原的珠三角的大宗族中发生?令人费解。这些在沙田开发中成长起来的所谓中原正统的来者,会否有一部分是当地原居民,他们在沙田开发中逐渐攀附正统,把自己认同为中原人,却在不经意中留下了历史上作为当地原居民的婚俗?为了能够获得相应的身份地位(例如在明初的编户齐民中),当地居民竞相追逐来标榜自己的国家正统。在珠江三角洲"疍"与"汉"的研究中,萧凤霞说到三角洲的居民常称自己的祖先来自粤北南雄县的珠玑巷——有学者已经论证过珠玑巷传说的历史虚构,珠玑巷意味着北方来者翻越大庾岭到岭南的第一站,在这里他们得到政府的"路引"来到珠江三角洲。因此,这也是一条国家正统之路。萧凤霞在书中用"解建构(deconstructing)"一词来表达一种不断解构和建构的历史过程:"历史绝不仅仅是发生在过去的事件,在时间上事件与事件之间也没有必然的线性联系。我们亦不能把历史等同于传统。所有现象(或物质客体)都是由处身在时空语境中的人所造的,而这个时空语境则由文化所界定。重要事件之所以存留在人们的记忆中,本来就是一个选择过程。"(第1章,英文第16页)

华南的研究发现,历史的真实频频发生于历史的象征建构之中。象征建构作为一种文化创造,本身就是表征性的历史。同时,文化真实的本体论包含着历史的多义性。在中国,这种历史多义性联系到统一与多样性的张力,例如《香港:世界景观中的文化万花筒》一章,通过香港1997年的回归,提出了这样一种看法:当蓝色米字旗换成红色五星红旗的时候,不同人的心里,其实有着不同的香港"历史"。百年殖民统治后的香港,已在很多方面处于世界前列。经历了香港生活的不同民众无论从情感上还是民族认同上,自然会呈现出不同的视角,也会引出不同的"历史"。她认为:尊重和理解香港人的历史经历和他们主位的历史观甚为重要,经过了多年的历史发展,香港已经走出了一条自己的路子。"香港人"的身份已变得多元庞杂,不是简单地用"西方"或者"殖民统治"等语词可以涵盖的。"香港"承载了多层次的社会意涵、经济利益和政治取向,她能够放眼世界,同时又心怀祖国。"如果中央足够自信地来适应地方,给予他们足够的空间,容许他们以自己的方式生存于多样化的制度下,政治中心的权威实际上可以得到领会。"(第

---

[1] 不落夫家的婚俗以福建惠安女而著称,实际上分布于贵州、云南、广西等西南少数民族之中。

17章,英文第398页)萧凤霞作为香港出生的学者,对香港社会的理解自然十分深刻。她在美国读书时,曾身处20世纪70年代学生反战运动,却心系红色中国的发展,这促使她选择中国作为自己长期的研究领域。其后几十年,作为中国研究的著名学者,她不断深刻思考,逐步凝结成上述对香港百年发展的理解,其中蕴含着深刻的治理哲学。

上述思考也来自华南研究中对一统的帝国与分殊的社会,即统一与差异如何理解的问题。她的导师施坚雅(W. Skinner)使用市场模型,武雅士(A. Wolf)使用大众宗教,弗里德曼(M. Freedman)使用宗族形态来关注这个二分,萧凤霞则从"文化过程"的观点来展开分析:一方面她看到不同地域的历史文化传统等差异,另一方面这些看起来十分不同的地区和人们却共同言说着国家的语言,参与国家行为,并共谋着一套政治文化。在人类学中,格尔茨(C. Geertz)在《尼加拉:19世纪的巴厘剧场国家》中曾提出"剧场国家"的概念,让我们从"文化国家"的视角来理解社会。萧凤霞在第四部分提出"文化过程(culturing)"的权力,是在强调韦伯(M. Weber)的传统——一种意识形态或者说教化之下的政治形态。正如作者所言:"我的基本问题是:历史上的帝国治理是如何在缺乏精心构思的技术和组织能力的情况下能够施加广泛控制和维持国家地位的合法性?国家通过什么方式得到地方群体和地域社会的顺从,并对国民形成道德的影响和政治的承诺?"(第4章,英文第133页)事实上,在所谓的国家边缘,百姓们在自觉和不自觉之中讲述的常是国家的话语,甚至比国家还国家,这个共谋的文化过程下文还会提及。

第二节　历史主体的共谋

从对普通农民的关注,去展开中国农村的画卷,理解中国革命。这一学术冲动,不仅来自20世纪70年代萧凤霞曾经作为"革命青年"的一腔热血,也来自一个人类学者的学术理想,亦是历史人类学中历史主体论的体现。历史主体论主要是问何为历史的主要承载和作用者?作为历史主体的历史当事人在历史中的地位如何?传统的史学重视客位的"历史",强调英雄和精英的历史作用,忽略了当事人的主位历史、平民的日常历史和历史的主体选择性。与传统的精英或英雄史学不同,普通的农民、知识分子、商人、妇女、市民、底层边缘人群以及他们的主位看法,都是萧凤霞笔下的主体性之关注。

在《社会责任与自我表达——〈犁沟〉序言》(第十二章)中,她通过分析当代一些先锋作家和文人的事迹,来理解他们深藏于历史传统中的社会情怀:

"犁沟"这个词包含许多涵义。它代表了中国数代作家所目睹的各个政权接二连三在农民背上犁出来的道道疤痕。基于社会责任感,作家们直抒己见,并在文学领域里耕出印记。几十年来这些犁沟无数次相交,他们一起为构成后代社会意识的政治景观提供了精神上的基底。……五四运动之后,知识分子的社会使命感加剧,但无论其意图有多颠覆,这种使命感继续加固着他们在……国家文化中所扮演的共谋角色。(第12章,英文第266页)

上述分析,不仅是对历史上农民或者知识分子与国家共谋的看法,也在暗示着共谋作为一种政治机制的普遍性:"历史叙述中的主角们用他们生命演绎的这出关于革命、文化自豪以及人类尊严的事关重大的戏剧,恰恰显示了将作家与政权及其变更的权力基础联系起来的价值系统的顽强生命力"。这种共谋,并非完全主动和情愿,甚至带着某种抗争和几分痛苦的心理围城,却又表现出种种的身心投入,令人想到虽在海浪中挣扎却又奋力与浪同行的躯体。

《颠沛不流离:后改革时期华南非公民的城市空间》(第十六章)是以2003年发生在广州的"孙志刚事件"写成的。孙志刚是个普通的大学生,毕业后加入到打工大军,被警察截查收容,在收容所被毒打致死。事件轰动全国,结果导致中国几十年的收容制度被取消,并促使法治社会再度被提上议程。在这个普通大学生的不幸遭遇后面,萧凤霞并没有去简单思考法律的问题,而是关注后改革时代权力和实践的空间结构:当城市铆足全力向周边扩张,村庄被高速公路、购物商场和厂房吞没,亦因此吸引数以万计的流动人口来租房、工作和生活。无情的市场力量和国家拥抱现代化的过程,造就了今天中国城市迅速扩张,但在其边缘却存在不少由流动人口形成的飞地。(第16章,英文354页)萧凤霞分析了孙志刚死前居住的黄村,这是一个城中村,其社会空间和权力空间充满了边缘性和混乱不安的失稳。政府视城中村为城市毒瘤,这里也因此成为治安的重点和另类。这样的城中村,甚至在北京的一些城中村,都是白领的主要租房地。可惜像孙志刚这样的大学生打工者,他们不愿意住在工厂宿舍,但是因为居住在这样的边缘空间,因而在不知不觉中被归入了截查和治安的对象。萧凤霞指出:

孙志刚事件引出一串问题。城市扩张和人口流动虽然改写了城乡关系,但权力结构仍在文化层面禁锢着农民,从而令流动人口边缘化。我们该如何分析这些权力结构?不同形式的实践如何既与市场力量交织,又与国家的管理、规训和监控共存?本地社会又是怎样和其中的受害者不自觉地共构这种"他者化"的过程?我们是否可以将城中村和其中的生活形式,视为强加的意识形态和政策在过去半个世纪碎裂、重组、内卷后所积淀的不同层次?(第16章,英文356页)

除了知识分子与普通的城市边缘人,商人也是一个特殊的"历史主体"。萧凤霞的《都会人的搁浅:华南的商人与地方文化》(第十章)思考了历史上的商人群体,关注如何评估商人团体在维系国家和地方身份两者间关系中所起的历史作用。中国历史上的商人既非资本主义下的现代商人,亦非只是专心经营的生意人。她引用余英时的商人研究,说明从16世纪开始商人在尽力效仿正统的同时已经能够以自己的方式创造文化空间。因此,商人融合了多重角色:地方乡绅、宗族精英、国家正统的代言人等。她还引述科大卫的观点:在一个没有商业法的政治制度中,商人会积极寻求保护和赞助,以保障商业安全。从明朝开始,以地缘为基础的宗族组织崛起,控制了华南的乡镇;他们凭借族产、用于仪式和拜祭的华丽宗祠以及大批的士大夫成员,有意识地为其新兴的商业利益提供必要的保障网络。[1] 明清珠江三角洲的情形就是如此:"即沙田上建立的族产、民间宗教信仰与实践、书院以及珠三角地区扩展过程中以居住权为基础的地缘联系,所有这些的发展均与该地区的商业化进程步调一致。"[2] 这些令我们思考商人是如何、又因何而参与地方社会与国家之间共谋的。

传统的史学可以说是精英史、英雄史、制度史,忽视了对平民史和日常史的关注。萧凤霞认为:"人的主体性既不是完全困锁在具本质性意义的心灵中;也不是经验的、量化的物质对象,可以被化约为静态的制度性结构。问题在于怎样分析性地掌握他们在历史过程中的形成与转化。"(第一部分,英文3页)她透过日常中的大小人物,无论是普通的农民、知识分子、孙志刚还是乡村商人,让我们看到的是这些人物后面的大历史画面,启发着我们对中国社会结构和制度的深入理解。

---

[1] David Faure. Lineage as a Cultural Invention. *Modern China*, 1989, 15(1): 4-36. What made Foshan a Town?. *Late Imperial China*, 1990, 11(2): 1-31.

[2] 参看 David Faure and Helen Siu, eds. *Down to Earth*. Stanford University Press, 1995.

第三节　结构过程的中国

萧凤霞书中的第三部分是"辩证的结构过程与人的能动性",她曾认为:

> 我们一直以来往往不必要把"结构"和"变迁"这两个概念截然二分。实际上,我们要明白"个人"在分析研究中所发挥的"作用",要了解的不是"结构",而是"结构过程(structuring)"。个人透过他们有目的的行动,织造了关系和意义(结构)的网络,这网络又进一步帮助或限制他们作出某些行动;这是一个永无止境的活动。[1]

多年前,萧凤霞在清华授课时曾经提到:我们"华南帮"一直都在强调人跟结构的辩证关系。人带着目的,带着历史的包袱,带着他们对政治经济的敏感,也有他们对整体的观照,然后有所行动。行动之后,就出现了一层层的结构,好像中国的农民,有抗争的,也有共谋的,他们加在一起,做出了这个结构。这个人和结构一直在互动的看法,既有涂尔干的功能,也有马克思的权力,还有韦伯有意识的行动,这才是我们讲的"过程"。由此来看,萧凤霞所论的"过程"中蕴含的,不只是事物发生的过程,还是包含了能动者和结构、权力关系和深层文化意义的实践过程。

结构过程的观点反对模式化的僵化观点,例如国家与社会的简单二分。萧凤霞则从文化过程的观点进行理解。基于普通民众的能动性,可以看到另类的关于国家与社会的"共谋"。1977年,萧凤霞到珠江三角洲的新会县做博士论文,接待的主人提出这样的疑问:"我们不过是农民,为什么你对我们感兴趣呢?"她说道:跟许多现代中国知识分子一样……我想知道,共产党是如何利用它的思想和组织方法去建设一个现代的经济和国家体系,为广大农民实现一定程度的社会平等的呢?(第三章,英文51页)

20世纪80年代,她发表了《"能动者"与"受害人"》。在那个年代,能动者(agent)这个词对很多人还比较生疏,所以常被误译为"代理人"。她曾说:我的意思完全不是代理人(指agent),我要说的是一个有意识、有目的、有历史经验的人,他一直在参与做什么样的国家结构,同时这个结构又怎么把他约束住。这不是

---

[1] 萧凤霞. 廿载华南研究之旅. 清华社会学评论,2001(1).

"国家"简单强加什么东西在你身上,而是你自发地接受了、内化了那些国家的语言、国家的权力,是在与国家共谋中做出了这样的结构。[1] 华南的研究表明:历史上的"国家"正是透过复杂的历史文化实践过程,被百姓们做到了基层社会,做到了他们自己身边。"他们既是能动主体,也是受害人,共存于他们所说的革命的变迁过程中"。[2](序言,英文页 xiii)

《小城镇的社会主义卖货郎和太子党》(第五章)是一篇有趣的讨论,透过珠江三角洲南溪镇在改革年代初期的境况[3],作者将乡镇作为分析单元,讨论了"国家内卷化(state involution)"的结构过程:"依托在制度和意识形态中的国家权力已深植在几代人的心里,挥之不去。不无讽刺的是,尽管他们另有所图,但在他们的日常追求中却复制了国家的权力。我把这个过程称为'国家内卷化'。"(第一章,英文 20 页)内卷化即内衍化,通常指一种秩序不断精细化的过程。最初由格尔茨(Clifford Geertz)在《农业内卷化》一书中用于描述印尼爪哇以水稻种植业为中心的传统文化生态所呈现的僵化,不同于荷兰殖民之下的巴厘岛的现代化景观。杜赞奇(P. Duara)曾使用内卷化这一概念来描述民国时期建立现代国家的失败经历。他认为传统社会国家关系模式的现代扩张的过程就是国家的内卷化。中国社会在改革中的困境之一便是:政治文化的内衍形成了国家的内卷化。萧凤霞问道:"即便国家在 80 年代鼓励地方社会在商业上开拓进取,可是地方社会如果仍然不自觉地依赖这套政治文化,难道不会扭曲了改革者所冀望的经济自由?这岂不是重蹈格尔茨笔下印度尼西亚的覆辙么。"(第五章,英文 75 页)这就像萨林斯(M. Sahlins)在库克船长的研究中所分析的夏威夷的文化结构:变迁在旧有结构中产生,又被旧有结构吸纳,转变为新的结构;"行动在结构中开始,也在结构中结束。"[4]

"结构过程"作为萧凤霞的核心理论概念之一,也是华南历史人类学研究中的要点。她在本书的《序言》中说:

---

[1] 整理自萧凤霞在清华大学的讲座录音。
[2] Helen Siu. *Agents and Victims in South China: Accomplices in Rural Revolution*. New Haven: Yale University Press,1989:301.
[3] 南溪为虚拟的地名。本书中的一些地名和人名都采用了人类学的拟名规则。
[4] [美]萨林斯. 历史的隐喻与神话的现实——桑威奇群岛王国早期历史中的结构//[美]萨林斯. 历史之岛. 蓝达居,张宏明,黄向春,等,译. 上海:上海人民出版社,2003.

将"中国视作过程(China as Process)",旨在挑战我早年受教育、支配20世纪社会科学那些静态、实证的二分法范畴。……我以为,文化、社会、国家政体、人口、地方等,并不是天生就有、早就存在、不能逾越的实体。相反,它们是由充满经济利益和权力驱动的人的行动及其道德想象建构的。对我而言,强调"过程"和"实践",是要抓住充满惊奇的社会生活中的那些人文的不断变动。

理解"结构过程",指的是在某个历史拐点,体味造就这些纷繁历程的元素积淀(hardened)如何呈现为具有持久意义的制度性结构。社会生活必须恰如其分地置放在这些历史时刻之中,唯有如此,产生人类行动并赋予这些行动以意义的序列框架才能同等地获得重视。(序言,英文 iii-ix)

上面所说的历史积淀如何凝结成有持久意义的制度性结构,涉及人类学实践理论中的一个重要概念,即实践理论家布迪厄(P. Bourdieu)的"习性(habitus)"。中国历史延续下来的文化积淀,可以说是"文化习性",而政治文化的积淀直接影响到诸如国家内卷化的过程,在这其中,充满了权力的文化实践。

第四节 文化的权力实践

"实践(practice)"的概念来自20世纪70年代以来逐渐形成的人类学的"实践理论(practice theory)"。实践理论一方面强调主体的能动和建构,另一方面强调客观结构。实践理论家萨林斯(M. Sahlins)认为,"……历史的过程乃展示为一种结构的实践与实践的结构之间持续不断又相辅相成的运动"。"对历史人类学的巨大挑战是不仅要知道诸多事件如何由文化形成秩序,而且要知道在此过程中,文化是如何被再秩序的。"[1]本书的第四部分为"权力的文化",探讨的就是权力的文化实践。

萧凤霞和刘志伟的《宗族、市场、盗寇与疍民——珠江三角洲的族群性》(第九章),讲述了明清时期珠江三角洲的不同人群,如何使用各种族群标签进行复杂的政治建构和经济资源的争夺。前述,在珠江三角洲的沙田开发中,诞生了一些强

---

[1] [美]萨林斯. 历史的隐喻与神话的现实——桑威奇群岛王国早期历史中的结构//[美]萨林斯. 历史之岛. 蓝达居,张宏明,黄向春,等,译. 上海:上海人民出版社,2003:332,240.

宗大族,这些正在攀升的人群使用不同的文化手段,一方面控制着当地的市场和庙宇,举办各种士大夫活动,包括菊花会等等;另一方面在建构着自己的政治和文化正统,例如排斥被他们标签为"疍"的沙田区居民。"疍"(一般指水上居民)在当地被标签化为社会地位低下的边缘群体。不过他们也不甘示弱,建立起自己的市场并使之成为水上居民的祭祀中心。解放以后,新的阶级格局让社会地位低下的疍民成为新国家依靠的翻身农民,而原来的强宗大族和他们所代表的地主和封建主义则被打倒。可见,珠三角的不同人群依赖不同的国家象征,在不同的历史时空建构自己的政治地位。

另一个相关研究是《颠覆宗族的权力:20世纪40年代的地方土豪和地域控制》(第十三章)。番禺县沙湾的何氏宗族诞生于明代,到了20世纪转折之际,他们似乎全盘掌控了当地资源。他们排斥"疍家"居民,处于社会边缘的海外商人试图在新会县重建宗族。20世纪30、40年代,当中国陷入动乱,一代非正统的地方土豪迅速崛起,并填补了权力真空。他们占据祠堂,通过勒索和走私建立了新的地域社会控制网络,宗族在此成为文化实践的工具。华南学派在20世纪80—90年代通过对珠江三角洲和福建的研究,发现华南宗族并非自古就有,而是来自明代的文化创造,这是华南历史人类学研究的一个经典发现,其理论意义之一,便是宗族作为文化权力的工具,被人们用于地方社会的重整与建构,至今如此。

《仪式的循环再生:当代中国农村的政治和大众文化》(第六章)是发生在珠江三角洲权力文化实践的现代版本。80年代以来,华南地区乡村传统仪式和宗族的复兴十分普遍。我的博士论文《再造宗族——福建阳村宗族"复兴"的个案研究》(1997),当初的选题可以说是受到萧凤霞和华南研究的影响。萧凤霞通过观察广东葬礼和婚礼的社会意义,质疑简单的传统复兴的看法,认为,现在的各种仪式从20世纪80年代以来被重新建构,其涵义和人们对农村社会权力关系的解读紧密相连。20世纪40年代以后,传统的仪式和大众文化被冠以"封建迷信"等字眼而受到批判和禁止,其社会基础看起来也被彻底打垮,但是,很多传统依然以文化的方式顽强生存于人们心底,虽然碎片化,却不失生命力。20世纪80年代的改革开放,使得乡村的传统文化碎片得以重组和"复兴"。萧凤霞的研究揭示:这一过程显然不是简单的回归,而是有着国家权力的影子。这与香港和台湾不同,仪式实践的淡化受到市场世俗化力量影响;而在大陆,国家权力有效渗透到了这一循环再生的过程。

《传统的循环再生——华南菊花会的文化、历史与政治经济》(第八章)通过对始于18世纪末小榄菊花会的分析发问：从历史到当今,这一地方盛会何以经久不衰?

> 在过去五个世纪里,珠江三角洲的沙田开发伴随乡镇的繁荣,形成了复杂的社会景观,小榄镇举办的菊花会,在宗族、社区和地区政治经济的建立中,起着何种不可或缺的作用?换言之,本地精英以及平民百姓是否在积极地利用这种有象征性和工具性的手段,把自己整合成中国文化和政体的一部分?……这种文化象征是怎样循环再现并遍及日常的社区生活中,由此产生新的意义和巩固新的政治利益的?通过考察菊花会的各种象征如何在地方社会和中央政权关系的演化中形成一种整合的力量,在这个过程里,地方的发展一方面具有相当程度的自主性和多样性,另一方面也深深刻上中国文化统一性的印记。(第八章,英文138页)

作为一个文人传统,菊花会体现了一个可见的公共文化和互相协调的权力舞台,同时也是一个充满文化权力的象征场域。"场域(field)"的概念来自布迪厄。它是一种关系的空间,是斗争的场所。换句话说,场域本身就是动力场域,各种要素在其中既受到力场的作用,也作为场的一个部分贡献于场。这体现了主体既能动于场域,又被场域结构所作用的辩证。菊花会在1949年以后举行过几次,包括改革开放后镇政府如何利用菊花会来吸引外资。她提出了几个理论的要点:一是与施坚雅、弗里德曼、武雅士等人对话,指出"文化"这一分析视角的重要性,文化话语在菊花会中成为国家—社会关系的中心;二是强调文化并非是社会的简单反映,而是一个主观能动和客观结构辩证一体的实践:在文化意义产生的过程中,人的能动性参与其中的结构化过程;三是"地方精英在不断延续的传统及变化的过程中都起了作用。他们在塑造自身地位的过程中,利用了本来由上而下渗透的国家文化,去创造地方社会"。(第八章,英文157页)这是一个延续自历史的基层社会不断"被国家"的文化实践过程。

第五节 背负着历史行囊的中国纪元

从萧凤霞本书的十几篇论文,可以看到她驾驭各种历史题材的能力,包括在不同历史过程中的政治、经济、宗教仪式、性别、妇女、商人、农民、城中村、宗族、族群、移民、大众文化、城市中产、景观等等现象的研究,体现出其深厚的研究功力和研究境界,以及见微知著、由表及里、由此及彼的展视论的研究视角。

《中国纪元:背负历史行囊快速前行》(第四章)是一篇书评,通过评述中国当代社会生活研究的三部著作,她进一步强调了对中国社会的研究不能没有历史:

> 中国正在沸腾!全球的媒体众口同声说这是"中国的世纪"。……这一切莫不展现出中国欣欣向荣、一往无前地奋力走向真实和想象的市场景象。
>
> 在经济数据和媒体的喧声背后,人类学家关心的是改革的修辞与市场的真实力量到底在怎样改变晚近社会主义中国老百姓的生活。……在中国炽热追求现代性的这个关键时刻,我们不难从日常生活的细枝末节中体味到人类深沉的悲喜剧。每个人都不能自外于变化的过程。
>
> 这群活力充沛、勠力向前的老百姓在背负着怎样的历史行囊?……这些作为能动者的个体如果可以顺利克服从计划经济到市场经济的种种困难,那么又该怎样理解他们的能动语境呢?……我们怎样从理论上把这些起作用的行动与人们置身其中的制度性结构联结起来?是否像以前一样,这些能动者会成为自身行动所造就的处境的受害者?[1](第4章,英文第59-60页)

她的发问将当代中国的图景拉回到她的成名作(《能动者与受害人》)之中,似乎希望从她研究的两个看似完全不同的年代中,找到某种共同的韵律。从她评论的三部书中,或许可以看到她寻求答案的思想轨迹。

第一部是阎云翔的《社会主义的私人生活》,[2]作者以长期生活过的黑龙江下岬村村民日常生活为背景,试图超越家庭研究只侧重结构、组织或层级的模式,探讨家庭中个人的亲密关系、情感、权利等个体道德经验,透过几十年改革带来的家庭重组和道德变化,思考私人生活的扩张以及个体化的发展。作者认为私人生活的扩展是因为传统家族制度和家庭价值弱化、家庭中性别关系与代际关系的变化、年轻人的个人向往和自我追求增强、市场化的驱动、农村公共生活的缺乏,这些导致了自私的个体化和公共生活的缺失。萧凤霞则认为:这类现象的出现,并

---

[1] 参见 Helen Siu. *Agents and Victims in South China: Accomplices in Rural Revolution*. New Haven: Yale University Press, 1989.

[2] Yunxiang Yan. *Private Life Under Socialism: Love, Intimacy, and Family Change in a Chinese Village* 1949—1999. Stanford: Stanford University Press, 2003: 12.

非简单的国家在乡村公共事务中的撤离,或者市场化的驱使,如果回到历史的能动,可以发现个人的情感和私人生活的各种能动性早就存在,"如果这些情节在革命前早就存在且以不同方式为人熟悉,那么我们该用哪些概念工具理解它们,才不至掉入中国家庭要么协作共生、要么经济主导这两种理解模式的泥潭"?(第四章,英文62页)

我认为,萧凤霞是希望指出历史上的家庭已经有丰富的私人生活,不论是费孝通的"自我主义",还是林耀华在《金翼》中提到的家庭中的妇女地位,都说明私人生活空间并非狭窄。社会的公共性也依托家庭而存在,家庭成为衔接私人与集体两个领域的道德结构。近代以来的家庭革命和社会主义集体化导致了承载着公共性的"家庭"等村落单元弱化,私人生活受到压抑。改革后的私人生活拓展,并非是简单的上述原因,而是有着深厚的历史渊源。就华南历史而言,私人生活空间与国家曾经有着某种有机结合,因而导致华南社会在明清相当长的时间里保持世界领先的经济水平。这或许是对"共谋"的另一种诠释。反而在人民公社和今天"三农问题"的背景下,空巢家庭、留守儿童、城中村等问题让我们看到:农民的私人生活空间至今仍难以扩展。无论如何,私人生活的重新释放必然要受到现实文化的影响,但是其历史文化的连续性是显而易见的。更何况,讲到"私人生活",中国人的私人生活与西方的私人生活也不能同日而语,因为文化的差异,两者的"私人"与"生活"都有着各自不同的文化意义。

第二部是冯婉杉的《惟一希望:中国一胎化政策下的成长》。在1997—2002年,作者在大连进行田野调查,集中探讨与传统家庭不同的独生子女家庭及其独生子女的成长过程。[1] 独生子女问题对多数中国人并不陌生,但是无论家庭、家长和孩子,身上的历史行囊依然沉重。诸如"现代化的文化范式"下的父母期望、人口增加的文化原因(如多子多福等),都在历史上扭曲了健康的人口结构,促使了独生子女的"问题化"。萧凤霞提到书中这样一个令她震动的文化志细节:

> 有一次,冯婉杉得悉一个重点高中学生自杀的消息,而真正让她震惊的是一位受访的初三学生没有丝毫哀伤,相反却报以一种算计的冷酷,说道:"我希望更多高中生自杀——这样,在考重点高中、进大学,以及工作上便会

---

[1] Fong Vanessa. *Only Hope: Coming of Age Under China's One Child Policy*. Stanford: Stanford University Press, 2004:4.

少些竞争对手。"(第四章,英文63页)

如此的冷酷,包含极端的拜金、欲望的无限,究竟是怎样发生于这个曾经有着古老文明的民族和国度的?"人口"作为中国巨人的历史行囊,其中又究竟承载着怎样的文化"包袱"?如果我们共识中国人并非天生劣质,那么,解开现象后面的深层逻辑,恐怕是研究者们不可推卸的责任。

第三部是文集《人在旅途:女性与当代中国的城乡流动》,[1]其中讨论了"打工妹"问题,作者们关注农村妇女外出的动机,她们在城市工作、生活的经验,她们用什么策略改善或超越城市人眼中的次等地位,她们的社会网络以及与家乡的联系,她们如何创造未来,以及外出务工对她们自身、家庭、家乡的深远意义等。在这些后面,依然是历史的包袱沉重地压在妇女身上。尽管曾经有过"妇女能顶半边天"的响亮口号,但是"城市人/乡村人""农民""小农"等历史标签以及社会结构的界限,依然是农村妇女难以逾越的鸿沟。

上面三部文化志研究,本来各有其十分敏锐又见微知著的研究问题,都在自己的研究对象后面,关注和思考着中国社会。萧凤霞集三部书评于一体,将三者的理论思考推到历史的视角,深刻指出历史文化的连续性和当今中国社会对历史文化的"路径依赖":

> 她们,或许是阎云翔笔下的下岬村村民,或许是冯婉杉关心的独生子女,也可能是打工妹。但不管是谁,他们都背负着沉甸甸的历史行囊,却又无可选择地依从快速的方式急步前行。他们到底在什么意义下是能动者,又在什么意义下成了共谋?(第四章,英文65页)

可以说,当今社会学和经济学等研究均忽视了历史的文化行囊,而中国研究如果没有历史的视野,多会是跛脚的研究。因为历史文化不仅是当今人们肩负的行囊,还是他们身体中的文化血液,是他们生命延续至今的一部分。因此,萧凤霞的所有研究都充满了历史的思考,这也让她的研究成为了中国历史人类学研究的典范。当下的中国社会诸多问题,绝非简单的制度安排和体制改革就能够顺利解决的,理解和探讨其中的历史和文化之深刻蕴含,或许是当今研究不可或缺的"问

---

[1] Arianne M. Gaetano, Tamara Jacka eds. *On the Move: Women in Rural to Urban Migration in Contemporary China*. New York: Columbia University Press, 2004.

题意识"。

在此还希望指出：跨学科的研究视野会对提出好的研究问题有极大的帮助。萧凤霞曾与同事合编两本文学集子、三本历史文集以及两本关于当代社会议题的文集，都是不同学科学者的合作成果。她说自己成长于一个不断质疑的年代，因此十分珍视跨学科的探索。在四十年的华南研究中，她将历史人类学的理论融入其研究之中，形成了其对中国社会深入理解的观点体系（程美宝在她的书评中已经有比较详尽的论述）。同时，萧凤霞作为这个群体当中为数不多的人类学家，至今依然是中国人类学研究中，让历史走进人类学家的路标——当然也是一个会被年轻一代超越的路标，要知道，这对于中国人类学的发展至关重要。

最后我想说，学者是否有对人类和社会的终极关怀，常常会影响到他们的研究境界。"目前中国史学的发展，带有'终极关怀'意义的方向感实际上已经相当薄弱……新的学术世代如何在研究选题'碎片化'的趋势之下，拥有超越学科、地域、学术圈子和个人生活经验的共同的问题意识，如何通过解构的、碎片的研究，辩证地培养起把握整体的'中国文明'或'人类文明'的意识和雄心，是这一代人终究要直接面对的沉重的问题。"[1]华南研究始终坚持着自己的终极关怀，理解中国，理解世界。[2]而真正的终极关怀，是一个人类学家对人类命运的深深惦念。从萧凤霞教授的字里行间，我不断体会着一个人类学家的学术执着，四十年华南研究之旅是艰难之历程，却也是以学术造福人类世界和中国社会的高尚与幸福之历程。

---

[1] 陈春声，新一代史学家应更关注"出思想"。2015年9月在河南大学历史文化学院史学理论与史学史研究所主办的"新时期史学理论研究的回顾与展望学术研讨会"上的发言稿（民间历史文献信息网2017年3月3日）。

[2] 可参见萧凤霞参与编撰的两卷新著《翻展亚洲：变动的年代》（Asia Inside Out: Changing Times）和《翻展亚洲：互通的空间》（Asia Inside Out: Connected Places），均由哈佛大学出版社（Harvard University Press）2015年出版。第三卷《翻展亚洲：流动的人口》（Asia Inside Out: On Mobile Peoples）正待出版。

第三章　学术：共同体的灵魂
——以"华南学派"的历史人类学研究为例[1]

"学术共同体"的讨论是一个冗长的学术史话题,库恩(Thomas Samuel Kuhn)《科学革命的结构》[2]强调科学范式是学术共同体的基本特征,这固然重要。不过在当下的中国学术界,我觉得"学术"这个概念更加需要检讨。简单说,中国学界尚缺乏"学术"——学术自由、学术敬畏、学术境界、学术制度、学术尊重等,相应地,是学术的商业化、行政化、市场化、职业化、庸俗化、"关系"化、空洞化和狭隘的学科化,等等。这些导致了我们学术共同体的缺乏。这里,我想结合"华南学派"的历史人类学研究来谈点看法。我个人认为,华南学派是改革开放之后国内为数极少的可以称之为"学派"的学术共同体,其在国际学术界的影响甚至超过本土。华南学派继承了历史上这个地域岭南学派的某些遗风,即一种文人眷于国家的情怀。我并不认为华南学派是像社会学的法兰克福学派、芝加哥学派,人类学的博厄斯学派、英国伦敦学派以及史学的年鉴学派那样的大学派,不过或可追比印度的庶民研究学派、民国的清华学派和燕京学派以及至今在史学界尚有影响的加州学派。

华南学术共同体的主要学术贡献是其吸收人类学等学科的研究方法来变革传统史学研究方法的某些局限,从而大大拓宽了史学的研究视野,并由此获得了对中国历史(特别是明清史)和地域研究的某些重要发现和突破。这个过程很像法国的年鉴学派,华南研究后来也借鉴了勒高夫的"历史人类学"这个概念来表达,不过华南研究最初的发起与年鉴学派并无关联。20世纪80年代末到20世纪90年代初,以香港中文大学为凝聚点,同在香港中文大学任教或执教过的科大卫(David Faure)、萧凤霞(Helen Siu)和陈其南揭开了华南研究的序

---

[1] 本章是2016年在金门召开的"学术共同体"学术研讨会的发言整理稿(研讨会由《开放时代》杂志社与金门大学合办),以"学术:共同体的灵魂"为名发表于《开放时代》2016年第4期。

[2] [美]库恩.科学革命的结构.金吾伦,胡新和,译.北京:北京大学出版社,2004.

幕。一位历史学家和两位人类学家的合作，预示着这个学派一开始就有着史学研究的人类学转向。当然，最初华南研究并非史学研究，项目也是以人类学系为主申请的，只是后来研究才慢慢转向了以史学为主。20世纪90年代中期以中山大学为基地的"历史人类学"冠名，将华南研究"正式"落在了史学领域。而这恰恰成就了华南历史学派的生成，换句话说，如果是人类学本位，以当时甚至现在的学科能力，都不足以形成人类学的华南学派。我曾经在《历史人类学学刊》创刊号上写过一篇论文，副标题是"被史学'抢注'的历史人类学"，介绍了这个领域的学术特点，也提到华南研究的兴起。[1] 简单说，就是华南史学研究的人类学化，当然还有基于中国史学传统的某些升华，特别是将民间碑文和族谱等民间史料赋予学术生命。华南研究的发起人，学术的雄心和抱负是很高的。记得我到中文大学人类学系读书时，系主任陈其南就豪言我们人类学系要赶超民国时期的燕京和清华。尽管人类学系没有实现这一壮语，不过华南学派的成就或可与燕京学派小有一比。当然，我并不认为这个学派已经很成熟甚或会有持久的生命力——这要看他们未来的学术发展能否继续符合学术共同体的要求，但是他们已经取得的成就依然值得我们尊重和借鉴，因为这个共同体在"学术"上有着自己的鲜明特色，或可以为我们所期待的国内众多学术共同体的生成提供一些启示。

第一节 植 根 乡 土

1995年，科大卫和萧凤霞主编了《植根乡土：华南社会的地域联系》[2]一书，将他们几年来华南研究的成果公布于世。"植根乡土"很好地体现了华南研究的方法论特点，即关注田野研究、地域研究和经验研究。

一、历史的田野

华南历史研究进入田野，是汲取了人类学田野研究方法。田野研究的后面，蕴含着从精英史走入平民史、关注日常生活，以及关注基层社会制度的研究视角。

---

[1] 参见本书第一章内容。
[2] David Faure, Helen F. Siu eds. *Down to Earth: The Territorial Bond in South China*. Palo Alto: Stanford University Press, 1995.

这也是年鉴学派的传统。除了这些关注,华南研究还开辟了一条中国自己的学术道路,就是利用中国特有的民间史料来充实历史研究,这些史料包括各类碑记、族谱、土地契约、商业文书、海外移民的往来信件、汇票等民间档案,还包括传说故事等口传历史,内容十分丰富,也产生了大量的碑刻、历史档案等出版物。这些史料对于重新解读中国历史具有重要的学术价值。我自己的博士论文就是申请了中文大学的华南研究基金(由萧凤霞教授发起设立),在福建一个千年古村落做宗族的研究,当地丰富的民间史料决定了论文的顺利完成。其间,我和地方文人余理民老人一起合编了《福建杉洋村落碑铭》一书,由华南研究出版社在香港出版。这些都与华南研究有着直接的关联。

二、地域社会的研究

地域研究是华南研究的特点之一。除了较早的珠江三角洲、潮汕、闽南以及莆田仙游地区,现在已经扩展到江西、广西、云南、贵州等省区,甚至包括华北和西北的个别地区。地域研究的"地域"并非简单的地理概念,而是一个更为广泛的文化概念,后面是一种文化机制的探讨。例如人类学中施坚雅(G. William Skinner)的"市场模型",虽然有地域性,讲的主要不是地域问题,而是一种成都平原城镇市场的分布规律和地域经济之特点。[1] 还有刘绍华的《我的凉山兄弟》,[2] 描述了凉山彝族社会历经土改和革命,传统秩序破碎,新的秩序又没有很好地建立起来,特别是改革开放之后,他们很难适应新的环境,难以找到新的秩序,成为了吸毒重灾区。与之相比,云南玉溪的一个彝族村落就很不同,周围是吸毒重灾区,但是这个村子很有秩序,没有一人吸毒,成为艾滋病防治的典范。这些说明了不同地域后面的文化逻辑。珠江三角洲历史上的沙田开发后面,是地域社会围绕编户齐民等事件而发生的权力、宗族等的文化动力学,最终也是如何建立地方秩序的问题。刘志伟的编户齐民研究[3]以及程美宝的"广东文化"等研究[4]对此有过很精彩的讨论。

---

[1] [美]施坚雅. 中国农村的市场和社会结构. 史建云,等,译. 北京:中国社会科学出版社,1998.
[2] 刘绍华. 我的凉山兄弟:毒品、艾滋与流动青年. 北京:中央编译出版社,2015.
[3] 刘志伟. 在国家与社会之间——明清广东里甲赋役制度研究. 广州:中山大学出版社,1997.
[4] 程美宝. 地域文化与国家认同:晚清以来"广东文化"观的形成. 北京:生活·读书·新知三联书店,2006.

三、经验研究的生命力

经验研究实际上是一种重要的研究方法论。我在《走向"文化志"的人类学：传统民族志概念反思》的论文中曾经强调一种"互经验的文化志"[1]，强调"经验"本身就是文化。互经验其实就是互文化，是我们与研究对象的互文化。传统史学重视文本，当然也很难回到历史情境之中，因此互经验似乎成为不可能。科大卫在《告别华南研究》[2]中曾经讲过一个故事：一位老婆婆年轻时以十块钱把自己聘给本村一户人家，她先收了五块钱，当时没有饭吃，自己走到未婚夫家门口，请他们结算剩下的五块钱。乡村女孩子在这个场合的感受，你需要听她们自己讲出来才可以理解。婆婆一边讲一边哭，而"我的感受是有点愤怒。我们在学校念的历史被捆绑在一个与实际生活没有关系的系统下，没办法把这些重要的经历放进去"。或许是这些田野经验，促成了口述历史的研究。华南的田野研究让史学家回到历史的经验之地——那些斑痕累累的碑刻和族谱、耸立的庙宇祠堂、静卧的老宅老街、渐逝的码头驿站、纵横的古道河流、深情的口述记忆，与那些碑刻、老街、河流、神明的对话，无不让田野研究充满了文化经验的体验。追寻绵延的文化编码而不是静态孤立的文本文字，是华南学派运用田野史料进行的或可称之为史学革命的重要标志之一。

第二节 超越与跨越

2001年，萧凤霞在《廿载华南研究之旅》的文章中道出她早年投身华南研究的心路历程："寻求革命的社会思潮和学术范式的出路的愿望……推动我走进广东进行博士论文研究。……一个最能激发人类学家的兴趣的课题是：像中国这样庞大的政治实体，不论在帝国时期还是在现代，有那么大的地区文化差异，又经过那么繁复的兴衰周期，它是怎样维系着人民共同的想象的呢？不少走在前沿的人类学家，都探讨过中国'既统一又差异'这个引人入胜的命题，其中包括弗里德曼（Maurice Freedman）、施坚雅和武雅士（Arthur Wolf）"。[3] 我不知道这个命

---

[1] 张小军. 走向"文化志"的人类学：传统民族志概念反思. 民族研究，2014(4).
[2] 科大卫. 告别华南研究//学步与超越：华南研究会论文集. 香港：香港文化创造出版社，2004.
[3] [美]萧凤霞. 廿载华南研究之旅. 清华社会学评论，2001(1).

第三章 学术：共同体的灵魂——以"华南学派"的历史人类学研究为例

题是否有了最终的答案，但是这些华南研究创始人的学术理想和胸怀是宏大的，他们希望从跨学科的研究范式的变革中最终获得中国社会的诸多答案。一句话，他们希望学术上的超越。

一、跨学科：横向学科的学科使命

在同一篇文章中，萧凤霞说："我一向认为，跨越学科界限，是学者应有的追求。因此，别人给我这个人类学家加上历史学家和文学研究者的标签，反而让我感到不胜荣幸。"[1]跨学科，是历史人类学的重要特征。勒高夫(Jacques Le Goff)在倡导历史人类学时，明确说"史学、人类学和社会学这三门最接近的社会科学合并成一个新学科"。勒高夫的观点十分精辟，因为这三个学科可以称为"横向学科"，相比于经济学、政治学、教育学、文学等"纵向学科"，前者横跨纵向学科的几乎所有领域，形成了诸如经济人类学/经济社会学/经济史、政治人类学/政治社会学/政治史等诸多学科分支。记得有一年给中山大学的历史人类学班上课，我的题目是"走出历史：……"，后来发现赵世瑜的题目大约是"回归历史……"。这两年我才发现华南研究的大佬们对人类学有些误解，他们担心学生接受了过多的人类学理论就容易走向理论空谈。其实人类学的要点之一就是所有研究须出自田野，同时要从田野资料中提出理论的创见。人类学在培养学生时也忌讳脱离田野的空谈。无论如何，"走出历史"的跨学科是历史人类学的生命力所在，最终的研究还是落脚于历史研究，这是回归历史的意义所在。两者并不矛盾。可能有些人类学家强调人类学本位的历史人类学，认为人类学也有自己的"历史"研究，但在我看来，如果把"历史"作为一种研究现象，它对任何学科都是一样的。区别只是不同学科研究方法和理论视角上的差异和偏好，导致对同一现象的不同观点和看法。而这类差异在史学内部同样存在。跨学科正是要弥补这类差异，尽可能消除学科带来的狭隘视野和局限。

二、方法论的超越

历史人类学本身的特点就是方法论的超越。华南研究在这方面做得很好，包括田野研究的深厚，甚至是人类学者应该学习的。华南学派的很多田野研究在深

---

[1] [美]萧凤霞. 廿载华南研究之旅. 清华社会学评论, 2001(1).

度和解释力上超过了人类学者,这与他们对田野史料的把握能力有关。人类学者往往疏于史料分析,因而对中国社会这样有历史深度的社会很难把握到位,做出有深度的研究。我个人十分推崇华南研究的田野工作,虽然这对于没有史学训练的人类学学生甚至老师有些难度。历史人类学的方法论几十年来不断丰富,已经形成了自己的体系。最近我尝试从历史的实质论、主体论、过程论、实践论来归纳历史人类学的诸多方法论特点,包括平民研究、日常生活、"从地窖到顶楼"的表征层面,以及能动的实践等研究视角。希望这样的归纳能够帮助学生尽快掌握历史人类学的方法论特点。虽然这些说起来多少有些抽象,对于学生却是不可缺少的训练。

三、对话和问题意识的超越

在方法论层面的理论之下,是十分重要的经验理论层面。回到萧凤霞和科大卫创建华南研究的初衷,我们是否回答了当初的问题?应该说,这些问题已经部分有了回答,包括萧凤霞对国家与社会简单二分的质疑和"共谋"观点的提出,科大卫对中国资本主义萌芽的对话,刘志伟、郑振满、陈春声等对不同地域社会的精彩研究,以及华南明代大规模造宗族的发现,等等。然而,我们仍然期待他们有更好的对话来触及中国历史的诸多问题,包括似乎已经被史学家自己冷淡的"中国封建社会为什么会长期存在"这样的问题——提法不合适但实际存在的问题。我自己因为在福建做宗族研究,一直在追问为什么明代会有大规模的宗族创造?前两年尝试用"文治复兴"的概念来解释,[1]这个概念其实不是什么发明,而是基于余英时、邓小南和包弼德(Peten K. Bol)等人的工作。对于一个学术共同体,持续的理论关注、理论对话和理论脉络十分重要。年鉴学派有三代,第四代的出现尚不明朗。华南学派能有自己的第二代吗?

学术自由是一个学术共同体的重要特征,华南研究曾经秉承了"独立之精神,自由之思想"这一宗旨。或许因为"学科化"的本位倾向,华南历史学派在研究上的落脚点似乎愈加从"回归历史"变成"回归史学"。如果说国内人类学和社会学没有很好与历史人类学接轨,更多原因是国内人类学和社会学在历史研究上的乏力,并不意味着这两个学科本身具有历史研究的缺陷。弗兰克(Andre Gunder

---

[1] 张小军.文治复兴与礼制变革——祠堂之制和祖先之礼的个案研究.清华大学学报,2012(3).

Frank)的《白银资本》、西敏司(Sidney Wilfred Mintz)的《甜与权力》、沃尔夫(Eric Wolf)的《欧洲与没有历史的人民》、萨林斯(Marshall Sahlins)的《历史之岛》和《历史的隐喻与神话的现实》、格尔茨(Clifford Gertz)的《尼加拉：19世纪巴厘剧场国家》、大贯惠美子的《作为自我的稻米：日本人穿越时间的身份认同》、黄树民的《林村的故事》等经典著作，都是人类学和社会学者的历史研究。[1] 看来，勒高夫期望的三者结合的境界对我们尚是一种追求。我们可以期望中国史学能够在理论上与国际学术界对话吗？或者，我们能够期待有更多的学术共同体诞生吗？这个疑问恐怕还会持续多年。

无论如何，华南研究是我曾经的学术历程，对我影响甚大。萧凤霞老师把我引入人类学，在香港中文大学人类学系的读书经历让我系统接受了人类学的训练，华南研究的师友们刘志伟、科大卫、蔡志祥、郑振满、陈春声、梁洪生、程美宝等对我的帮助和启发良多。虽然对于史学我只能是一个门外汉，但是它给了我很多从事人类学研究的灵感。中国社会的研究不可缺少历史的视角，同样也不可缺少人类学和社会学的视角。我十分希望这样跨学科的研究能够继续发扬光大，促进更多的学术共同体的形成。

---

[1] [德]弗兰克. 白银资本. 刘北成，译. 北京：中央编译出版社，2000；[美]西敏司. 甜与权力. 王超，朱健刚，译. 北京：商务印书馆，2010；[美]埃里克·沃尔夫. 欧洲与没有历史的人民. 赵丙祥，等，译. 上海：上海人民出版社，2006；[美]萨林斯. 历史的隐喻与神话的现实——桑威奇群岛王国早期历史中的结构//[美]萨林斯. 历史之岛. 蓝达居，张宏明，黄向春，刘永华，等，译. 上海：上海人民出版社，2003；[美]格尔茨. 尼加拉：十九世纪巴厘剧场国家. 赵丙祥，译. 上海：上海人民出版社，1999；[日]大贯惠美子. 作为自我的稻米：日本人穿越时间的自我认同. 石峰，译. 杭州：浙江大学出版社，2015；黄树民. 林村的故事——1949年后的中国农村变革. 素兰，译. 台北：华艺出版社，1994.

第二部分 历史的能动实践

"能动(agency)"实践的概念来自布迪厄(P. Bourdieu)、吉登斯(Anthony Giddens)等实践理论(practice theory)的学者。实践理论是20世纪70年代以后在欧洲逐步形成、并在后来影响到美国和世界的人类学与社会学理论(社会学通常称之为建构主义理论),这一理论强调消抹主客观的界限,关注人们的能动实践和深层的结构过程。吉登斯曾经提出"结构化(structuration)"来表达人们的"实践",并划分出两对重要的概念:行动者(actor)/行动(action);能动者(agent)/能动(agency)。[1] 在吉登斯看来,行动者的"行动"是人们连续的具体行为。通俗来说,每天人们都在上班、吃饭、睡眠等,每个行动者都在不断地行动,不论衣食住行;而"能动"指的是人们行动背后作为能动者的动机,它是一个人为什么如此行动的后面的原因,其中很重要的是行动者的实践意识。因而,能动者的能动是实践理论的核心概念之一,而传统理论特别是功能理论通常是不问动机的。

这一部分的三章分别尝试通过不同历史研究个案来理解历史现象中的能动实践。虽然这几篇论文写作时并没有特别由上述概念出发,但是都能看到历史的结构过程和人们的能动实践。尽管本书中把这三个个案编排在这一部分或许有些生硬,但笔者的本意是希望强调并理解这些个案中的民众百姓、士大夫和乡绅以及"国家"十分能动的一面。

第四章主要通过福建泉州开元寺在历史上寺、祠之争的个案,探讨唐宋功德

---

[1] Anthony Giddens. The Constitution of Society: Outline of the Theory of Structuration. Cambridge: Polity Press, 1984.

寺院为何在南宋以后遭遇向宗祠演化的历史过程,尝试理解南宋以后华南地方社会的宗族化。简单说,南宋以后特别是明代中期前后开始,华南基层社会有一个大规模的宗族文化创造过程。令人困惑地是,这一宗族的创造为何发生在远离中央政权的华南,又为何在明代中期前后大规模显现?这后面是否有其特殊的地域背景和历史渊源?笔者以为,正是南宋以降在当时理学中心地区(闽、浙、赣等)发生的早期"宗族士大夫化"和"宗法伦理的庶民化",为明代中期华南大规模的"宗族庶民化"铺垫了历史基础。所谓"宗族士大夫化",是指在华南基层社会,"宗族"这一形式在南宋至明前期被一些乡村士大夫首先接受和创造的过程,它先于明代中期以后比较普遍的宗族庶民化的创造。泉州开元寺作为功德寺院(即某位有地位之官宦、士大夫或皇室成员捐建寺院请僧人为自己做功德),在明代发生了建寺祖先的后人试图改寺院为宗祠的演变,为我们提供了一个南宋以来宗族发生和佛教国家化的难得个案,同时,它有助于理解南宋以后华南基层社会之建构,思考在南宋以降儒家渐兴和佛教渐衰的表象下面,佛教和儒家是怎样融合生长的;"国家"又是怎样在其中扮演角色并被百姓再创造的。

  第五章是山西介休源神庙的个案研究。其中原论文中的复合产权研究部分因涉及经济人类学的理论,已经在《让"经济"有灵魂》[1]一书中专节发表,所以本节发表了庙宇和国家两个部分。介休洪山泉(鸳鸯泉)的个案研究资料主要来自洪山村源神庙现存的历史碑铭和其他史料,包括2000年至2001年期间在介休的田野研究。在山西历史上,有大量泉水提供灌溉和饮用,源神庙等水庙也应运而生,并在水管理中起着举足轻重的作用。由于水的流动特点和在农业中的重要性,以及复杂的历史、文化和社会结构,水的产权形态十分复杂。山西本来不缺水,甚至是大禹治水之地,但是大约在宋代,人口增加和气候环境的变化,水资源开始逐渐紧张。面对这一状况,山西有大量水庙形成,并成为人们协商解决用水的神圣空间,包括晋祠和介休的源神庙都是这样的水利庙宇,体现了民间的治水智慧。然而到了明代,国家的税收采取编户齐民的赋役户税制度,使得税收与家庭或者个人紧密地联系起来。国家赋税不仅破坏了水的民间协商机制(因为水权随着赋税而变得无法协商,必须去找制定赋税规则的国家),也阻碍了民间制度的建立(因为民间制度无法绕过国家的赋税政策和规定)。结果,国家的介入逐步使

---

[1] 张小军.让"经济"有灵魂:文化经济学思想之旅.北京:清华大学出版社,2014.

得政府制度取代了民间制度。重要的是,国家赋税和百姓的国家依赖不仅破坏了庶规制定,还导致许多不公平现象,从而最终破坏了集体意识和集体理性,反而导致了经济人经济理性选择的投机行为和"公地悲剧"。

第六章通过山西洪洞大槐树移民传说的部分文本分析,探讨围绕这一传说的集体记忆,进而思考这一集体记忆在民国初期的民族主义建构以及它是如何从民间记忆走向国家记忆的。大槐树移民传说流传甚广,在今天以华北为主的地区,有至少几千万人声称自己的祖先来自洪洞大槐树。这个传说故事在异乡民间传播,带有部分虚构的特征,然而却在民国初期真实地按照民族主义的国家意识形态实化起来。在这一集体记忆"国家化"的过程中,乡绅、士大夫和地方官员扮演了重要的角色,他们主动创造和建构自己的"国族"和"民族",并将"国家"的话语和权力引入民众和基层社会,形成了集体记忆的"文化内卷化",反映出近代社会通过象征资本再生产的"国家化"过程。

第四章 宗族与佛寺：泉州开元寺的个案研究[1]

泉州开元寺建于唐开元年间，是一座功德寺院。功德寺院通常是由施舍人（多为皇室成员和官宦士大夫）请僧人为自己殁后做功德而建，其大规模兴建的风气至少可以上溯到南北朝时期。[2] 宋代以降，随着华南社会"宗族化（creation of lineage）"的过程，一些功德寺院与宗族的冲突发生，功德寺院转变或者被要求转变为宗祠，在这一表面上的寺院与宗族冲突和佛、儒转换的背后，真实的文化逻辑是什么？本文主要通过对泉州开元寺在明代如何受到黄氏宗族追讨的历史考察，理解明代中、后期华南社会的历史变迁以及民间社会和百姓如何借历史资源能动建构自己的文化空间。

第一节 开元寺檀樾祠重修的叙事文本

泉州开元寺坐落于泉州市区，初建于唐，现存寺院为明末崇祯间重修，占地面积七万多平方米，已经有1300余年的历史。按照明代释元贤所撰《开元寺志·建置志》记载："大开元万寿禅寺。唐垂拱二年（686年）乙酉二月州民黄守恭昼梦一僧乞其地为寺。恭曰：须树产白莲乃可。僧喜谢，忽失所在。越二日，桑树果产白莲。有司以瑞闻，乞置道场。制曰可，仍赐莲花名。请僧匡护主之。长寿壬辰，升为兴教寺。神龙乙巳，改额龙兴。玄宗二十六年（738年），诏天下诸州，各建一寺，以纪年为名。有司复以应命，改额开元。历五代十国而至宋，旁创支院，一百廿区，支离不相属。至元乙酉（1285年），僧录刘鉴义，白于福建行省平章伯颜，奏

---

[1] 本文对功德寺院的研究最初来自：张小军. 宗祠的演变与社会意义. 香港：香港中文大学硕士学位论文，1994；张小军. 再造宗族：福建阳村宗族复兴的研究. 香港：香港中文大学博士学位论文，1997. 笔者相关的发表有：文化的经营——福建阳村李氏宗祠"复兴"的个案研究//经营文化：中国社会单元的管理与运作. 香港：香港教育图书公司，1999；宗族化中的功德寺院. 台湾宗教研究，2002，2(1)；Ancestral Hall and Buddhist Gongde Temple. Chinese Sociology and Anthropology，2002，34(3)：28-48.

[2] 张弓. 汉唐佛寺文化史. 北京：中国社会科学出版社，1997.

请合支院为一寺。赐额大开元万寿禅寺。"可见过去的开元寺,从最初的莲花道场,到兴教寺、龙兴寺,经开元二十六年改为开元寺,至元代已经形成为一个庞大的寺院群,相当辉煌。

黄守恭因为白日梦中与僧人"赌"桑树能否产出白莲,而"输"了桑园,于是在现开元寺地建莲花道场,这与黄氏族谱等记载中的慷慨舍田有所不同。不过,黄守恭毕竟是舍了桑园,僧人因此为黄设立了伽蓝(寺院保护神)祠,后来为檀樾(寺院施主)祠。据《开元寺志·建置志》记载:"檀樾祠。旧为伽蓝祠。在法堂之左。至元间,僧妙恩建。至正丁酉灾。洪武间,僧正映重建,岁久倾圮,浸入民间。万历二十四年,郡守程公朝京,究归寺,檀樾宪副黄公文炳,率族建祠,祀黄守恭长者。"从几次僧人建祠,到黄文炳"率族建祠",显示有一个权力转移的痕迹,说明了什么?

黄文炳为黄守恭之后裔,黄氏是泉州大族,称紫云黄,传黄守恭有四子,分居泉州的四个县,俗称"四安",即南安、同安、惠安、安溪。黄文炳时任云南宪副,在明中期的万历二十四年,由他出面召集,对开元寺进行了一次重要的重修。檀樾祠作为开元寺的一部分,其重修是与开元寺同时进行的。关于这次重修的背景,《开元寺志·建置志》说:"……当元之季,饥馑渐臻,盗贼并起,寺因之不振。至洪武三十年,寺僧临难馨殒。有司以闻。次年高祖皇帝命僧正映来住持。映至修举废坠,不数载,寺为之中兴。然才一再传,而禅风不竞矣。至成弘间,遂复云散四方。……至隆万之际,老成凋谢,而佛宇僧舍强半民居。甚至戒坛为火药匠所据,浸及法堂,亦颇画而有之。垂三十年,至万历甲午(1594年),赖檀樾宪副黄公文炳,力白当道,尽驱诸匠,始获青毡旧物,然亦仅存十一于千百之间而已。"黄文炳在《开元寺志·开元寺题壁》中自己也说:"顾寺为嵩祝之所,实西陌奥区,民舍栉比,不啻千家。兵兴以来,硝冶二匠,以寺为肆,挈妻携孥,榴房峰室,与僧杂居,几无寺矣。而硝冶一业,实为火祟。丽寺居民,回禄见梦,讹言朋兴,夕无宁寝。"

制造火药和兵器的硝冶二匠为何进入了寺院,甚至占据了戒坛和法堂?又为何寺院的一半多地方成了民居?郡人李廷机在《开元寺志序》中说:"吾郡开元寺,余稚年尝就傅卒业其中。弱冠又与郡士友,聚而结社。时牢落僧居,强半馆塾矣。而是自军兴铸兵之冶,烹硝之灶,纵横宇下;工匠家室,与僧杂处。弃灰积苴,至不可搔除;殿堂坛廊,剥蚀芜秽,傍后地日折而入于人家。自嘉靖之季,至于今盖三四十年往矣。"嘉靖年间,泉州沿海受倭寇骚扰劫掠,"明王朝为了抗击倭寇,一方面加强海禁,一方面调兵剿捕,泉州成了驻兵之地,随军的火药匠、兵器匠也都聚集在泉州。'兵兴以来,硝冶二匠,以寺为肆……'先是在玄妙观制作火炮兵刃,由于烟火不慎,烧毁玄妙观,死三十四人。再聚月台寺(即承天寺)山门廊下,也火发廊毁,死二十余人。最后迁到开元寺。……万历四年(1576年),又炸药火起,督官林才等四人被焚死,幸而全寺僧众拼力扑救,廊庑殿台才不致全部毁尽。"[1]后来,当地耆老多次告状,但是如黄文炳所说:"父老欲诉当道,惧不能胜,则怂恿不佞曰:而祖德也!足下保而完之,义曷辞?不佞不得已,为言于观察史诸公,业得请移匠。而后父老始遑眠食也。及旗纛火起,众以为妖梦是践,竞神其事,始议修寺。僧困力诎,无所措手,则以父老怂恿不佞曰:而祖德也!抑绵蕝在是,足下继檀樾而葺之,义曷辞?不佞复不得已,聚族而谋"。(《开元寺题壁》)在黄文炳的口中,修寺的契机,开始是硝冶二匠的扰民,后来是因为火灾引起的妖梦灵验之类的说法,并且是父老乡亲的怂恿,似乎与宗族无关。

实际上黄文炳修寺修祠,很怕担上以族人名义重修的名声:"不佞炳初修开元,客有过者曰:盖闻而祖分四子四安也,瓜瓞绵繁,人文之贲,素封之资,腾于四社。夫流长者积必厚。以若祖之遗,夫岂无其大者?而必曰舍宅为寺,抑子孙光扬先德。志继事述,亦岂无其大者?而必曰修寺,切有请也。炳曰:唯唯否否。先祖舍宅为寺,兹也且八百余年,未尝言德,乃吾子孙敢以德诬先人哉?"(《开元寺题壁》)文炳说这番话,虽然引过路人之言,其实代表了当地人的一种观点,就是你们黄家应明白你们祖先是"舍宅为寺",而不是为子孙;因此应该"抑子孙"而"扬先德"。文炳小心翼翼地说我们子孙哪敢有辱先祖的德行呢?修祠不是我要做,而是父老乡亲怂恿的:"凡不佞所为此者,皆出诸父老所怂恿,不佞无意也。虽然,不佞有大惧矣,夫所修者十一于百耳。异日者子姓弟侄,谓吾祖始檀樾是,而修又自吾族也,与僧竞尺寸之地,为私塾别墅,以充都人口实,曰是倚檀樾为奸利,岂惟无所光于前人,且获戾焉?不佞何说之辞?既以语客,因书寺壁,使郡人知不佞修寺之意。且以语吾宗之与修是寺者,不必任以为德也。"从上面的描述口气看,黄文炳也担心族人"与僧竞尺寸之地",不愿担上依仗檀樾身份"假公济私"的名声。

修寺虽然看来不是一个宗族行为,但是修祠在黄氏族谱记载中,完全是宗族所为。《闽书》的作者何乔远在《山珍黄氏族谱》中撰《黄居士檀樾祠记》:"……公

---

[1] 王寒枫. 泉州开元寺兴衰初探. 泉州文史,1985(8):59.

有子四,问匡护求地且卜所以居之者……于是为公择地四安,分四子往居焉。公既有德于寺之中,寺僧以檀樾祀公。岁久倾圮,但奉主于伽蓝之侧,黄之子孙拜望无所,而合族追远之意亦微。公裔孙陕西参政文炳公,文炤公兄也,以万历廿四年请于郡守程公,再为公建祠于戒坛之东。今四安子孙蕃盛簪缨,有人于是见公之舍兹宅也,其意深矣。……"这就是说,修祠的动机是因为"黄之子孙拜望无所,而合族追远之意亦微",这里既没有提硝冶二匠,也没有地方父老的建议,完全是四安子孙企图重修祠堂祭祖的宗族行为。

类似地,黄文炤的朋友,云南曲靖府同知郑维岳的《紫云檀樾祠四安祭祖族食记》说:"万历之甲寅二月十八日,吾友黄君文炤序当会四安族属祭其始祖檀樾公,先期介岳记其事。……嘉靖十九年,大工兴司空议变卖寺产以佐饷,住持僧方丙者由是乾没荡析,无何倭越以寓客兵,兵退,硝户占住煎硝,充茬其中无非硝。僧既贫,祠亦荒,于是檀樾废不祀者若干年。万历廿四年,纶公之裔孙参知文炳公文炤之长兄也,见之怒搗,力请于巡道杨公际会郡守程公朝京,驱出硝户鼎建焉。以书驰报四安子孙,岁以居士二月十八日讳辰会享胙,一以追远,一以合族,甚盛举也。未有祭田,相推四安子孙之有力者输釀钱以户有齐。今文炤……有感于周易萃涣之意也。下以萃子孙精神之焕,皆在于庙记曰,尊祖故敬宗,敬宗故收族,收族故宗庙严,炤意若斯矣!"在郑维岳的笔下,万历二十四年黄文炳率族人重修祠堂,完全是一个宗族行为。不过其中一段话颇费琢磨,如果是子孙一直在祭祀祖先,为什么僧人穷了,祠就荒了,檀樾主黄守恭也无人祭祀了?过去究竟是谁人在祭祀黄守恭?开元寺中的檀樾祠初为元至元间僧妙恩建,至正丁酉(1357年)遇灾而毁,僧正映建于洪武。檀樾祠几度为僧所建,不是黄氏子孙所为。那时,它是不是所谓的"宗祠"?

黄文炳在万历二十四年修祠寺,反复强调这不是他的本意,修祠寺一是来自祖德,二是来自父老的怂恿。黄文炳不愿以檀樾身份介入修寺修祠,显然并不把檀樾祠当宗祠看待,相反,他恐怕族人介入,与僧人争执,有辱祖先舍田建寺之意。在这个过程中,倒是地方父老怂恿文炳以"祖德"名义出面,这样的宗族语言出自外人之口,黄文炳本人却一再回避,可见宗族语言当时对于开元寺的重修并没有合法性。虽然一些人怂恿文炳以"祖德"名义修寺,另一些人却提醒他当年是舍田建寺。

祠堂修好后,有祭祖活动。"……今每岁二月十八日罗而拜祠下者,居士有灵,故可一一数之也。春秋炎子以一国之君而忘其祖。即泉中能知其十世上祖名者几何人？今四安人人尽知我祖檀樾公也,而居士又以舍故能世上尽知其子孙,又令其子孙世世尽知其祖。"(郑维岳《紫云檀樾祠四安祭祖族食记》)不过,黄守恭当年真的是想到子孙？舍田是为"令其子孙世世尽知其祖"？如果这样,为什么当时不直接修建宗祠呢？又如果檀樾祠是宗祠,这"宗祠"的祭祖为什么会"子孙拜望无所","合族追远之意亦微",并由和尚屡次修祠呢？那时的宗祠和宗族究竟在哪里？

第二节　功德寺与佛教的国家化

黄守恭当年舍田建寺,建的无疑是佛寺。黄守恭作为寺院的施主（檀樾）,被寺僧奉为寺院的保护神（伽蓝神）或者檀樾祀奉,这类功德寺的现象其实在唐宋时期是十分流行的。[1] 五代有闽王王审知对佛教的推动,使得功德寺在福建成为更加深厚的历史传统。笔者据《八闽通志》等的记载,仅就泉州和相邻的漳州、莆田,摘举一些记载中明确有"功德寺（院）"字眼或寺中有祠堂的功德寺如下：

泉州府晋江县：

明心寺——在三十六都濯缨堂之西。唐天祐中,观察判官宋骈宰晋江,始建墓庵,名"护安保林明心院"。五代唐同光三年圮于水。骈子起居舍人仁鲁等改卜于旧址之前湾,仍立骈祠堂于其中。

泉州府南安县：

金田南峰院——在二十三都。宋时为丞相曾公亮功德院,后改今名。

弥陀寺——在县西南三十三都。五代周显德中建。宋元丰间丞相蔡确请为功德院。

法华院——在三都葵山中,宋吕埼葬于此山下,因请为功德院。

教忠显庆寺——唐僧行恭创庵居之,寂后建塔于此。宋李文肃郧请为功德寺。

报岩资福院——在二十四都。南唐开山僧见黑蛇投穴中,视穴得古剑,以献王审知,因名龙泉院。宋枢曾公奏请为父太师功德院,今改名。

---

[1] 黄敏枝. 宋代佛教经济史论集. 台北：学生书局,1989.

兴化府莆田县：

万安水陆院——旧为敬善院，唐开元中建，宋天圣五年赐额"万安"，政和中改神霄宫，建炎初仍旧，内有欧阳詹祠堂。

囊山慈寿寺——唐乾符三年诛茅为庵，四年更为延福院，光启二年王审知奏改"慈寿院"。……又有……陈洪进、蔡襄祠堂。

招福院——距府城里许。唐天祐二年建。有黄滔祠堂。

普门庵——在广化寺放生池之左。中有唐御史黄滔祠堂。

中藏庵——有黄滔祠堂。

宝华寺——宋状元吴叔告墓庵，后改今名。

双峰显祖院——唐大顺间建。号"双峰文殊院"。五代梁开平四年圮于水，改建于寺东里许，翁承赞请赐今额。有承赞祠堂。

万松庵——在醴泉里芝山。宋吴世泽建。中有吴氏先祠。国朝景泰元年裔孙国耀重修。

中峰庵——在灵岩上游。为郡人登眺之所。曾开《天宫记》云："南山广化寺有庵百余区，檐楹相摩，轩槛层出。如中峰、瑞泉、天宫曾号为绝景。"有潘承炯祠堂。

妙峰堂——元延祐元年僧隆源建，国朝洪武、正统、景泰间屡尝修葺。成化元年（1465年）吴氏请为祠堂。

大隐堂——元延祐二年僧隆源建。国朝景泰间复为余氏祠堂。

《漳州史迹》说漳州的南山寺，由唐太傅陈邕建。内有太傅祠，祀陈邕。寺中之所以有祠，传说是因陈邕还乡建宅，因为规模宏大，有人密告其想建皇宫造反。皇帝疑惑，想要拿办。陈邕机巧辩称自己建的是寺院，并非住宅，避过人祸。所以南山寺内有陈邕祠堂。[1]

在上述史书的记载中，还不包括泉州的开元寺和承天寺等寺院。因为记载不详，无法准确估计数字，但当时的寺院各类功德寺居多，数量是相当大的。

福建的佛教，由唐至五代达到极盛，延续至北宋，以后渐衰。《福建通志》记载："闽自建安以来，一切建置不详，独佛寺为最古。……王氏入闽，度僧三万，增寺二百六十七，称佛国焉。道观则梁大通二年建霍林洞天、鹤林宫为最先，唐天宝

---

[1] 翁国樑. 福建漳州传说//漳州史迹. 台北：东方文化书局，1974：87.

初诏诸州立紫极宫以奉老子,宋大中祥符间诏天下立天庆观祀老君像"。然而,二教"特其穷土木、侈金碧、以幻惑耗蠹为务,则与禅门戒律道行清修转失其本真耳。我国家经正,民兴煌煌,圣训所以禁左道、黜异端者至为严切,独以二氏之说足为劝善惩恶之助,晨夕香灯皆为圣躬祝厘,并无容其惑众诬民之术以生以养,同陶钧于大化之中,固不必人其人而庐其居也"。[1] 到了明初,国家介入,对寺院进行"关停并转"。"洪惟我太祖高皇帝创制立法,自非古有赐额为国祝厘者悉令并归,郡县并限僧之名数,而复禁其私度私创,使之自废。"[2]

实际上,国家对佛教的治理曾经进行过多次。顾炎武《日知录》记载唐玄宗开元十九年(731年)四月癸未有诏,说僧徒敛财惑众,"无益于人,有蠹于俗。……自今以后,僧尼除讲律之外一律禁断"。并规定"如犯者先断还俗,仍依法律罪所在州县"。如果官吏不尽职守捉拿罪僧或擅自放还,还要遭到降职。从"玄宗二十六年(738年),诏天下诸州,各建一寺,以纪年为名"。而开元寺改额开元的记载,说明开元寺本身就是开元年间国家整治佛教的结果,开元寺作为国家认可的、惟一在当地以纪年"开元"为名的寺院,实属万幸。

明代,僧禁愈加严格,例如:"洪武十六年……并僧道寺观。禁女子不得为尼。""洪武二十八年……诏民二十以上者,不许落发为僧。""正统十一年……有僧四人,私建佛寺于彰义门外……杖充边卫军。"(均见顾炎武《日知录》)在这样的背景之下,开元寺的衰落几乎是必然的了。也因为其衰落,才有可能在后来被民居和硝冶的工匠铺所侵占。

从明前、中期的寺田变卖,也可见开元寺其时不景气的情况之一斑。《万历泉州府志》:"府学田正德丙子……废寺充学租。嘉靖二十年有例变卖寺田。""万历三十八年……入官赃银壹佰肆拾肆两买南安报亲、延福二寺田地陆拾捌亩壹分。每年征租,以六分入府学,四分入县学。"《开元寺志·田赋志》:"晋江县——原额田地山玖拾伍顷八亩二分。奉例变卖,并崩陷迷失,共捌拾肆顷壹亩伍分。存寺壹拾壹顷六亩八分,俱系附山接海,瘦田沙地。"此外,南安县的开元寺田从原额田山九十顷六十五亩二分,奉例变卖后存寺仅八顷八十一亩二分;惠安县从三十六顷十六亩经变卖等仅存寺九顷二亩六分;安溪县从十六顷七十三亩六分变卖后存

---

[1] 陈寿祺,等撰. 福建通志:中国省志汇编之九. 台北:华文书局,1968.
[2] (明)黄仲昭修纂. 八闽通志. 福州:福建人民出版社,1991.

寺八十四亩九分四；永春县从十顷二十九亩五分变卖后存寺三顷二十三亩五分；仙游县从十五顷五十六亩五分变卖后存寺四顷二十七亩四分三厘。莆田、龙溪、长泰几县的田产则变卖殆尽。"紫云寺产，乃唐宋以来，众檀所施，僧赖之以存活。而输官税、供里役，一如民间，非有耗于国也。至于近世谓僧非民且耗国，忍为变卖之议，及请给之谋，非独无以施之，且扼而夺之，产已失之十之五矣。至嘉靖间防倭事起，当道抽其六饷军。巡抚金公且征其八。至于今日，军已撤而饷不减，又有加焉。如之何僧不穷且窜也？"（《开元寺志》）这一番诉苦之言，分明是对国家的不满。特别是"谓僧非民"，说明对开元寺征收的军饷和税赋已经超出了寻常百姓。

这一次国家对佛教的治理，相对于开元年间的治理，对开元寺是又一次的佛教"国家化"，即佛教被纳入国家的管理和控制之下。不过这一次国家整合佛教的后果，却是开元寺的衰落颓败。寺院土地的不断丧失，真正伤了寺院的筋骨。从现有资料看，宗族进入开元寺也是始于这个时期。郑维岳说：综观当地的名刹，只有开元和承天寺能够存在，是因为其他寺庙的檀樾子孙不如二寺吗？回答是肯定的。所以黄氏兄弟是"仁夫"也。不过，"今虽祠犹无田也，四安子孙其图之"。（《紫云檀樾祠四安祭祖族食记》）有祠无田，黄氏子孙要置祠田。进士羌逢元在《黄氏族谱》中也说："不奉先胡孝，不置田胡奉，不为祀田计长久，胡引组泽于弗替。……夫仁人孝子，他物无可以表吾诚，惟此春秋祭祀，而所需惟此田壤，岂其置之而不图？"（《泉州府开元寺檀樾祠祀田记》）后来黄氏与寺僧曾发生土地纠纷，民国时甚至打官司到省政府。这类争执延续至今。

第三节　檀樾祠宗族化中的儒与佛

明初国家对佛教的控制，伤了开元寺的元气。至明代中期，国家对祭祖的规定却有所松动。嘉靖十五年，诏天下臣民始得祀始祖，虽然庶民只能祭于寝，但是却破了过去不能祭祀始祖的戒规，产生了不小的影响。[1] 不过，在此之前就已经存在宗族的士大夫化[2]和"宗法伦理的庶民化"，[3]造成了佛教的衰落和宗族的

---

[1] 冯尔康，等. 中国宗族社会. 杭州：浙江人民出版社，1994.
[2] 张小军，余理民. 村落碑铭与国家//福建杉洋村落碑铭. 香港：华南研究出版社，2003.
[3] 郑振满. 明清福建家族组织与社会变迁. 长沙：湖南教育出版社，1992.

兴盛。开元寺中的檀樾祠向宗祠转变以及黄氏子孙插足开元寺，正是在这样一个背景下发生的，亦佐证了明代中期华南社会宗族作为一种文化创造的事实。

功德寺以及檀樾（或伽蓝）祠转变为宗祠的现象，笔者曾经有过个案的研究。开元寺中的檀樾祠虽然一直由和尚把持，且开元寺也没有因宗族的介入而变成宗族财产，但是檀樾祠的宗祠化是十分明显的。主要表现有三：一是开始有了祭祖；二是有了一个黄氏的祠堂管理组织，在民国时称"开元寺檀樾黄氏董事会"；三是有了自己的祠田。在这样一个转变过程中，我们可以看到一个佛寺和宗祠重叠的现象，而宗祠祭祖常常被视为儒家伦理的象征，它自然引出一个问题：佛与儒的关系是怎样的？

早期的一些观点强调中国社会中儒家的统治地位。梁漱溟在《中国文化要义》中说，历史上从未有任何宗教如佛教、道教、基督教等取代过儒家的中心地位。中国是以道德代宗教的。儒家重理性、重道德、重伦理；宗教是信仰。儒家与宗教并不冲突，大多数宗教都要表示对孔子的尊重。[1] 类似地，杨庆堃认为宗教在中国社会组织中并未占据一般结构上的重要地位。儒家以大部分理性主义的结构原则和道德系统，在中国社会制度中占着支配的地位。儒家与宗教形成了一种主从关系。宗教却对此予以超自然的认可，因而成为儒家的一项工具。[2] 上述观点，至少与华南社会如福建在唐以降的情形不符，更与基层社会的实际情形相去甚远。[3] 福建的佛教在五代至宋时达到极盛，《八闽通志》说佛有寺始于后汉，而东南郡县犹未有也。"自吴孙权始建，建初寺于江东，建洞元观于方山，而后寺观始蔓延诸郡以及于闽。历晋、宋、齐、梁而始盛，又历隋唐以及伪闽而益盛，至于宋极矣！名山胜地多为所占，绀宇琳宫罗布郡邑。自二氏较之，佛氏之居，视老氏又十八九焉。"如此情形下，儒家完全不占有统治的地位，所谓儒家规范的宗族和宗祠，在普遍的意义上当时并不存在。

开元寺建寺之初，不是宗族行为。进士羌逢元在《黄氏族谱》中说黄守恭当年

---

[1] 梁漱溟. 中国文化要义. 香港：三联书店香港分店, 1987.

[2] 杨庆堃. 儒家思想与中国宗教之间的功能关系. 段国昌，等，译//中国思想与制度论集. 台北：联经出版事业公司, 1976：321, 336, 347.

[3] Helen Siu. Where were the Women? Rethinking Marriage Resistance and Regional Culture in South China. *Late Imperial China*, 1990, 11(2)；张小军. 儒家何在？——华南人类学田野考察. 二十一世纪, 1995(6).

舍田,犹如快刀斩乱麻,"何知所谓菩萨?何知所谓因果?而千百年后犹俎豆馨香,贤子孙振振绳绳,如川方至"。黄守恭当年舍田,并不真正知道佛为何物,却种瓜得豆,无意插柳柳成行。他本无意当"祖先",且僧人在檀樾祠也不是把他当"祖先"祭祀,只是后来明代中期黄氏进入了开元寺,黄守恭才成了"祖先"。同样,开元寺最初没有宗祠,檀樾和伽蓝祠都不是宗祠,只是黄文炳"率族重修"之后,在族谱的记载中,才变成了宗祠,但仍然为和尚主持。

北宋时,佛教兴盛至极,熙宁、元丰年间(1068—1085年)全国的佛寺多达三万九千多所。[1] 南宋间,京都南迁到杭州临安,时杭州有大小寺院四百八十余所,仅皇室的功德院就有几十所。福建几乎是佛教最盛之地,据说当时"寺院所在不同,湖南不如江西,江西不如两浙,两浙不如闽中"。[2] 当时,儒家的影响可以说是微乎其微。

正是因为当时佛教的影响之大和国家的萎靡不振,才反而激起了儒家的重振。特别是福建,成为新儒家的理学发源地之一。二程以后儒家的四代传人杨时、罗从彦、李侗和朱熹都是闽北古时的南剑州人。元代以后国家扶持儒教,朱熹的地位抬升,儒家始有振兴。明代中期的抑佛兴儒,也与国家的政策有直接的关系。明太祖朱元璋虽然曾经出家,却偏倚儒家。《八闽通志》所说的寺院并归,限僧数,禁度私创,反映了当时福建社会的情况。王荣国自《八闽通志》整理出数例:福安县明洪武年间尚有寺32所,其中26所归并入资福寺等六寺;福清县明洪武年间尚有一百多所寺院,其中48所并入黄檗寺,77所并入报慈寺,26所并入灵石寺;漳州府明代寺院合为五禅寺。[3] 明代福建的所谓倭寇之乱以及因此向寺院征收军饷,令僧人不堪重负,寺院田产变卖流失。佛教一蹶不振。

佛教不振是否就意味着儒家的取代?从开元寺的转变过程来看不尽如此。开元寺在经过不振后由黄文炳主持重修时,各方面的态度是不一样的,在士大夫和百姓中,有着不同的理解。如前所述,其一,父老在怂恿文炳修寺修祠时,借"祖德"来鼓动,说这是义不容辞的事。其二,过路人却提醒文炳说你祖先是"舍田修寺",而不是修祠。应该"抑子孙"而"扬先德"。其三,文炳一再说明修寺是父老怂恿,他是不得已而为之,并且也担心族人将来"与僧竞尺寸之地"。上面的三种态

---

[1] 丁钢,刘琪.书院与中国文化.上海:上海教育出版社,1992.
[2] 顾吉辰.宋代佛教史稿.郑州:中州古籍出版社,1993.
[3] 王荣国.福建佛教史.厦门:厦门大学出版社,1997.

度,各有自己的心计,第一种是借祖德"欲擒故纵",以达到修祠的目的;第二种则明显担心这种"放纵"会弄假成真,真的让黄氏子孙占了寺院;文炳的策略是"好人策略",不愿授人以柄,要扮演一个无偏倚的绅士角色。这三者的能动(agency)中,几乎没有儒家的痕迹。

黄文炳的顾虑是有道理的,因为开元寺自古都不是宗族所属。它是佛寺,甚至是旅游之地。李廷机在《开元寺志序》中说:"惟是寺处西陌要区,岁三大节,嵩祝之辰,绵蕞设焉。而郡邑常以致民读法,间与乡士大夫燕集,士大夫亦自不时过之。阛阓老幼,日夕嬉游般礴于其间,亦吾郡一别业也。顾相与坐视其荒圮,莫为意者。"这"别业"好似现在的旅游业。李说自己不信浮屠,但是走了天下许多地方的寺院,很壮观,一方面是"备祷祝",另一方面是"时息游",并非只是佛地而已。

在《开元寺志》中,有一篇《重修曾炉寺记》,其中讲了一个朱熹的故事:朱熹在同安任上,曾怜悯梵天寺僧因国家收租而行乞,并诗云,"输尽王租生理微,野僧行乞暮来归"。于是颇关照该寺,使得该寺幸存不废。朱熹早年确曾信佛,后来受李侗教诲而改变。但在《开元寺志》中记载这个故事,似乎有借朱熹而言说的意思——当然不是宣传儒家,而是借朱熹的权威——连朱熹都如此对待佛教,你们呢?

翰林院侗讲、进士羌逢元在《黄氏族谱·泉州府开元寺檀樾祠祀田记》中说了一段十分有趣的话:"嘻佛恶贪,唏孔施仁,其道一也。宗功、祖德、式谷似之一气。"就是说,佛的憎贪和儒的施仁在道理上是一样的。这样的语言出自一个京城的士大夫,如此混淆儒、佛间的界限,是为了什么呢?原来,是要说黄守恭舍田时并不知道佛为何物,"何知所谓菩萨?何知所谓因果?"黄守恭是种瓜得豆,起初无意为佛,这样,他便可与宗族联系起来,由此提供了宗族进入开元寺的合法性。

族人观点在《黄氏族谱》中表现得淋漓尽致。他们因祭祖而修祠,"尊祖故敬宗,敬宗故收族,收族故宗庙严"。问题是他们为何在这个时候才想到要敬祖?嘉靖十五年的诏令允许庶民祭祀始祖,庶民也只能祀于寝。如果说黄氏有为官之人,如主持修祠的黄文炳为云南宪副,可以建家庙,为什么他自己却先担心子孙与僧人争地,一再避让呢?四安子孙难道不可以另外建一座祠堂吗?

无论如何,上述各种观点都很难令我们相信开元寺及檀樾祠的重修真是一个儒家重振的举动,倒像是一个各种利益能动竞争分配的舞台空间——利益场。所谓宗族化中的儒、佛关系或者宗祠与佛寺的关系，是在这个利益场中的关系，离开这个利益场空谈两者关系，是没有意义的。开元寺檀樾祠宗族化中不同人们的各种表现告诉我们，南宋以降的儒佛关系，并不是简单的取代关系，宗祠和佛寺可以共存。具体历史时空中的利益驱动常常将两者协调，也常常令两者发生冲突。儒家不仅从来没有在本书研究的地方早期历史中占据主导地位，就是在明代以降的宗族化中，也是在各种场域之中显示其价值的。

第五章 治水之道
——山西介休源神庙的个案研究[1]

第一节 源神水庙

鸑鷟泉位于山西省介休市洪山村,又称洪山泉,相传泉涌时鸑鷟[2]鸣于此。《国语·周语上》有:"周之兴也,鸑鷟鸣于岐山。"岐山,古人认为是狐岐山的简称。狐岐山又称洪山,为介休东南天峻山北侧山峦。《山海经》有:"狐岐之山无草木,多青碧,胜水出焉。"北魏《水经注》中记载"胜水出狐岐山,东流入汾"。汾为汾河,穿越介休县境。从上述史籍的记载来看,鸑鷟泉水历史悠久,至少已经有两千多年历史。《夏书·禹贡》中记载"禹敷土,随山刊木,奠高山大川。冀州:既载壶口,治梁及岐。既修太原,至于岳阳"。其中"治梁及岐"一句,梁指吕梁山,岐当指狐岐山,虽然没有提到鸑鷟泉水,却说明当地早期历史与水的联系,那时应该水患频繁,不似今日河道干枯,鸑鷟水源流量大大下降的情景。

宋代,鸑鷟泉(即洪山泉)始分东、西、中三河,灌溉四十八村。除了上面三河,还有"洪山河:即三河发源处,俗名架岭水,流至狐村,又名狐村河。一河而两名也。其源发于鸑鷟泉之上,度源神庙前小桥达铁孔,鸑鷟泉亦分入焉。总以铁孔满为度,余则仍退入三河"。[3] 按照这一说法,原来有洪山河即架岭水的源头,流经并汇入洪山泉,但是如今此源头已经不在。

宋大中祥符元年(1008年)的《源神碑记》中,提到鸑鷟池有"灌一川之秀丽",此

---

[1] 本章的内容曾经以论文发表.庙宇·水权·国家——山西介休源神庙的个案研究.//大河上下——十世纪以来的北方城乡与民众生活.太原:山西人民出版社,2011.本书有节选和修改.其中关于复合产权的讨论已经发表,见张小军:复合产权:一个资本体系的视角——以山西历史上的水权为例.社会学研究,2007(4).让"经济"有灵魂:文化经济学思想之旅.北京:清华大学出版社,2014.

[2] 鸑鷟,古书上说的一种水鸟.

[3] 徐品山,陆元鏸修.介休县志:卷二,水利(附).1814(嘉庆十九年).

碑文主要歌颂神之灵、圣之德、水之利，但是看不到任何水利组织的蛛丝马迹。撰文、题铭的多是有佛寺背景的地方官员。主要的立碑人是学究（科第之一）、维那（掌管佛寺之执事）以及地方官等，还有附近寺院的僧人，多是专攻某经的僧人。文人和佛教气息浓重。从排列上来看，不是按照官职大小。退职的押司、庄官都在前面，当职的知县、参军、长史反而在后面，另有一些只有名字。这些人应是至道三年（997年）重修神堂的主要人物（参见表5-1），但其中并没有和水直接有关的官员。

表5-1 《源神庙碑》(北宋大中祥符元年，1008年)立碑人一览表

顺序	立碑人职衔	立碑人姓名	说明
1	学究充副维那	魏朗	学究：唐宋科考之一种，专门研究一经 维那（都维那）：掌管佛寺之执事
2	维那	郭威	
3	前县尉衙押司	武及	押司：县衙里主办案牍的吏
4	前马大卿庄官	任颜	庄官：应为一种乡官或村官
5	前油务	任能	油务：介休产麻油，管油的小县吏
6	学究	任玉	
7	故西头供奉官岚州兵马都监第三传业	任光舜	西头供奉官：宋代地位较低的武官职 兵马都监：州府的武官
8	习学究	郭文政	
9	前押司录事	高绾	
10	前守大通监主簿兼都维那	任密	大通监：宋代以并州交城县铁冶建为监
11	宣补郑州泽县镇将兼知县	王道	
12	磁窑税务	任韬	介休产磁器，故设磁窑税务
13	故汾州录事参军，孙学究	卢化言	录事参军：州吏，知州的佐官
14	侄	卢永昌	化言为录事参军的孙子，永昌为侄
15	洪山寺尚座，讲《上生经》	僧 云秀	尚座即上座，与寺主、都维那谓之三纲
16	讲《百法论》业讲《法华经》	僧 智皓	洪山寺僧
17	见充寺主	僧 智峦	
18	见充寺	僧 智显	
19	见充寺	僧 法敬	

续表

顺序	立碑人职衔	立碑人姓名	说明
20	见充寺	僧 法蕴	
21	见充寺	僧 法言	
22	将仕郎守介休县尉	（未署名）	将仕郎：九品文散官
23	通引官充介休县酒务	侯裕	
24	前磁窑税务	武忠	
25	习学究	田铻	
26	苻大王庄官	郭强	
27	牡员寮	王□	员寮：骑军兵士名
28	禅林院主业《百法论》	僧 惠进	禅林院
29	业《上生经》	僧 惠间	禅林院
30	业《法华经》兼文殊阁主	僧 惠海	禅林院
31	业《法华经》	僧 惠郎	禅林院
32		僧 惠清	禅林院
33	将仕郎守介休县主簿	张文	
34	客司充介休县商税务	査雅	
35	衙长	焦茂	衙长：负责县衙日常事务者
36		李臻	
37		李绪	
38		赵达	
39		温弼	
40		王旻	
41		杨璨	
42		王宗	
43	日照寺主讲《百法论》《上生经》	沙门奉泰	沙门即出家的佛教徒
44	业《法华经》监寺	僧 奉贞	

续表

顺序	立碑人职衔	立碑人姓名	说明
45	讲《上生经》	僧 奉美	
46	讲诵《维摩经》	僧 奉臻	
47	讲《维摩经》《百法论》	僧 奉谭	
48	儒林郎守介休县□	□赞	
49	使院勾覆官	武谦	使院：宋节度使的治事之所
50	押司录事	王刊	
51		梁昊	
52	前行	赵谦	前行：县役职称
53		小张谦	
54		大张谦	
55		□宪	
56		任显	
57		田暹	
58	弓手节级	赵斌	弓手节级：弓手的头目
59		张弁	
60		丘训	
61	司理□节级	任斌	司理节级：狱卒的头目
62	前勾当庄官	任钊	勾当：职衔，有主管之意
63	前随使	郭谦	随使：官名
64	长史	郭演	长史：官名，在州知府之下

* 参考资料：冯俊杰,延保全,王星荣注释.山西介休源神庙水利碑刻.介休市洪山水利管理处供稿.北京：中华书局,2001.

上述碑阳的64个立碑人，特点如下：(1)僧人十七人，维那三人，共二十人与佛教有关；(2)没有官职显赫者，最高的是知县；(3)从上述顺序来看，并不是按照官职大小排列的，其中有未署名的县尉，僧人为主的立碑人，反映了庙宇的归属性质。由碑文可知当时有"洪山寺"，立碑人中有洪山寺的上座和寺僧，说明当时洪山有佛寺。

洪山源神庙的最早兴建时间不详,1983年在洪山古窑遗址出土的《法兴寺碑》,为唐贞观十一年(795年)所立,此碑记载当时有寺僧40多人,并列举土地等寺产,有"源神后水磨一分"。而由此可推测此处"源神"可能是座源神庙,且后有水磨必定有水。

从上述《源神碑记》(北宋大中祥符元年,1008年)来看,这座民间佛教组织祭祀的庙宇中,不只有佛教的神,还有自然的水神、道教的神等等,反映出民间宗教的融合特点。例如,当年供奉的配祀神有南岳天尊、李陵、贺鲁、李世民等;而能够"纵子推于云外,撒雹兴雷;顺栾巴于盏前,□风唤雨"的,"皆因神德若也"。从碑文的行文来看,其中有很大篇幅在讲此神的威力和法力无边,它能够"盘游宇宙,役使风云……知物外之精微,察人间之善恶……深知人事,朗鉴天心,报吉报凶,或瞋或怒",这很像是指一个具体的神。其中有"銮铃杂合,北返龙宫;鼙鼓峥嵘,西归凤阁"之句。"北返龙宫"句似说明了龙王的属性,且当地也有祭祀龙王的风俗,如"六月十五日祀龙王"。〔1〕 上面《源神碑记》提到,至道三年(997年)六月初十重建造神堂,这个建造时间,赶在祭祀龙王的日子之前,不知道是否巧合。〔2〕

笔者推测:源神庙早期可能主要祭祀龙王海神,它不仅是水神、雨神,还是地方祭祀神;东海龙王的祭祀在唐宋十分普遍,并且它是国家认可的神明。宋代去高丽,国家船队从浙江明州(今宁波)出发,就先要祭拜东海龙王;从上述碑文看,眼界、手笔很大,一开始就有"显昆仑之秀气,涌渤澥之波澜"之势。宋代碑文中完全没有后来祭祀的尧舜禹的记载,也没有关于水管理组织的记载。另外,大中祥符碑主要为僧人所立,与水有关,东海龙王是佛教神话中的神,比较符合祭祀神的身份。

然而,《源神碑记》的碑阴展示了与碑阳十分不同的另类画面。碑阴文字原有初步整理,但未收入《洪洞介休水利碑刻辑录》(《陕山地区水资源与民间社会调查资料集》第三集)。原因可能是碑阴文字排列不整和字迹潦草且大小不一,明显出

---

〔1〕 (清)徐品山,陆元镛,修. 介休县志:卷四,节序. 1814(嘉庆十九年).
〔2〕 元至正二十年(1283年)《洪洞水利碑刻汇编·重修明应王庙碑》也提到海神,首句便是"海神播气",此海神与当地的水神"大郎"(水神明应王)应非同一人。《洪洞介休水利碑刻辑录》第11页注一引《宋会要辑稿》记载知:大郎乃霍山神阳侯长子,宋徽宗崇宁五年(1106年)赐庙额"明应"。说明水神来自霍山神,当地还另有海神信仰。

自非工匠的多人、多次刻画,故整理起来确有难度。笔者于 2006 年将整理的碑阴发表于《华南研究资料中心通讯》总第 42 期[1]。

上述碑阴明显是一个署名的空间,顶部刻有"修造都维那住仁密",结合碑阳的落款,可知都维那住仁密本名为任密,住仁密是其法名,曾任铁冶的大通监主簿,并任都维那。他应是至道三年(997 年)重建源神庙神堂的主管。这通碑就是在神堂落成的大中祥符元年(1008 年)刻录的。碑阴上在他名下留出的空间,一般应是给修建的捐款人落款的地方。从落款看,主要是分村落的署名,共有地名 56 处,包括 49 村、3 庄、4 社;人名 520 个,且大多人名为单字。每个村落的人名多以"邑头""邑人"分类,此外还有维那、乡录事、学究、酒务等,部分人名与碑阳有重复。碑阴的部分内容如下:

那　修

住　造

仁　都

密　维

王村　邑头武忠、武全、宋敢、宋臻、侄玘、王伦、王韬、王琼、宋荣、武□、武□、□□、王伦、王德

邑人武贵、王斌、王枚、王斌、武璘、王丰、武琼、宋璘、刘韬、□□、墼珂、宋密

褚同村　邑人庞斌、阴□、□奇、维那王进、史真

邑人张□、庞荣、李□

耿判官□

前守代州繁畤县主簿易明经及第　耿翊

乡事录宋斌

宋珂、杨臻、杨钊、马钊、刘通、任审、胡嗣、任忠

张珣、杨兴、宋营、学究郭彧、王钊、丹青、梁知璨

石同村　邑头田铹、学究田瑧、田岳、张珂

学究田昭、马斌、田显、田均、田顺

---

[1] 张小军,卜永坚,丁荷生.陕山地区水资源与民间社会调查资料集:补遗七则.华南研究资料中心通讯,2006(42).

衙前行首　田斌

　　张斌、刘荣、邑头刘德、梁全

　　李朗、刘琦、侯璘、王琠、杨凝

石涧村　□□

柳林庄　任旻

龙□村　邑头庞□、宋进

　　邑人庞敏、庞祚

武同□庄　武□、张琳

　　郝靖、张朗

洪山北社瓦匠人敬信　姚审、王诚、田荣、曹蕴

　　　石贵、杨超、赵义、苏嵒

大许村　修造副维那魏朗、郭威、庞筇、庞密、□□、庞朗、魏臻、魏元、赵文同

　　维那武因、郭超、武遇、王璘、武荣、□贵、郭贞、王荣、刘谦、王钦

王李村　邑头任超、李忠、李进、古贞、李怀、李□、□翊、李显

　　邑人温德、李□、李裡、郑习、李子、孟莒、李□

马大乡庄　学究任岫

洪山南社　邑人焦遇、张训、李德、李谦、马训、魏饶

　　邑人高超、张荣、张琼、魏朗、李遇、令狐谦、李贵

焦寺村　维那□□□、郭谦、□密、郑超、李琼、田荣、李寘、刘超□

　　维那郭文政、任剑、任斌、任顺、任谦、樊荣、李真、□□、□□

□村　邑人罗晖、韩琠、赵父、王信

　　邑人罗德、任荣、赵宝、王因

县前书手　团头魏臻、郭显、王臻、王宗

神子冀超

磁窑户　杨赟、马美

邢村　邑头□言、任园、李斌、刘兴、侠□、那兴、席璘、邢训、尹海、李荣

　　邑头王荣、卢通、卢□、卢拙、高钦、邢谦、张□、李荣、高海

曹麻村　前酒务武 郭伦、云臻

　　邑人□□ 王琼、李谦

……(略)

第五章 治水之道——山西介休源神庙的个案研究

上面这 50 多个村庄、500 多人的落款,究竟反映出怎样的乡村组织?他们是否为村落的佛教组织?[1] 实际上,这些分村落的落款,很可能是当时散落乡间的村民佛教会社。有关佛教民间社邑的研究,谢和耐在《中国 5—10 世纪的寺院经济》中有很好的归纳。他认为:"邑"一词在 6 世纪的佛教徒中,就相当于"社"的同义词。"邑会"一类的佛教社在 6 世纪时数量很大。在敦煌文书中,已经有"邑人"的说法。[2]

上述民间佛教组织,很可能与寺院经济有关,甚至与水有关,因为上述源神庙碑阴落款的民间佛教邑社与用水的 48 村落高度重合。换句话说,一般的佛教寺院散播的村落可能是更为广泛的,但是不一定按照水流经的村落。而这些用水村落的佛教民间组织与源神庙的密切关系,至少反映了围绕水的组织联系。

表 5-2 列举了明代以后不同时期碑文中的落款人和撰文人,其中反映出源神庙已经从佛教庙宇演变为道士管理的地方水利庙宇。

表 5-2 源神庙明清民国碑立碑人情况一览表

碑号	立碑时间	立碑人(水利)	立碑人(官员、庙宇等)	撰碑人
五	万历十六年	管水老人 2 人,渠长 3 人	知县等官员 6 人	知县王一魁
七	万历十九年	水老人 13 人	县丞等官员 10 人	知县王一魁
八	万历十九年	三河水老人 18 人(与碑七重复 10 人),纠首 30 人	县丞吕师儒等官员 11 人,书碑 1 人	二品,四川按察使梁明翰
九	万历十九年	碑阴:水老人 3,渠长 2,夫头 2,程头 17	碑阳:县丞吕师儒等官员 14 人立	王一魁等 2 人书碑
十	万历廿一年		县丞等官员 2 人立,知县王正已绘图	汾州知州刘衍畴书
十一	康熙二年	三河水老人 21 人	县丞等官员 3、生员 9、贡生 1 立,书碑 1,住持道士 1 及其门徒 2、孙 2、重孙 1	介休县事吕淑胤

---

[1] 2005 年的一次田野考察,现执教于浙江大学的杜正贞曾提示我这些可能是民间佛教组织。
[2] [法]谢和耐. 中国 5—10 世纪的寺院经济. 耿昇,译. 上海:上海古籍出版社,2004:260-265.

续表

碑号	立碑时间	立碑人(水利)	立碑人(官员、庙宇等)	撰碑人
十二	康熙八年	碑阴：施地人62；洪山村18程25程头(其中两名女性程头)施银；狐村26程31程头施银	县事等官员2，起意纠首1，住持道士1及其门徒2、孙2、重孙1	生员张化鹏
十三	康熙八年	四河纠首15人(其中生员6，信士信官3，贡生1，监生1)	县丞等官员4人立，书碑1人，住持道士2及其门徒1、孙1	生员张化鹏
十六	康熙四十九年	碑阴：五河纠首31人(其中生员3人，监生1，贡士1，候选训导1)	碑阳：修庙纠首7人，住持道合司道官1及其徒1、孙1、重孙2	温席珍
十七	乾隆八年	碑阳：洪山、狐村水老人、众渠长、有水土民公立。碑阴：两村水老人3，洪山18程头73人(其中生员1，监生1，州同1)，狐村26程程头79人(其中生员6，贡监1，儒学训导1，监生1，举人1)，经理人4，耆约保7，两河公议经管挑河公举人10	碑阴：住持道士1，门徒2，师弟1，侄1	
十八	乾隆二十七年	碑阳：洪山狐村河与三河水老人9人，纠首19人公立(经历1，监生3，生员2，贡生1，恩荣1，怡园1)。碑阴：洪山狐村河渠长63人，东河渠长30人，中河渠长49人，西河渠长50人(其中东岳庙1)，共有渠长192人。	碑阳：书碑1人，本庙住持9	刘必元
廿一	乾隆五十九年	碑阳：狐村河水老人2，经理账目3。碑阴：洪山18程渠长36人(其中从九3，生员1，监生2)，狐村26程渠长28人。	碑阴：住持1，侄1，徒2	水老人邑庠生郭其洸
廿二	嘉庆九年	总理中河水老人2(吏目1，从九1)，八村经理水利16人(其中从九2，生员1，监生2)。		

续表

碑号	立碑时间	立碑人(水利)	立碑人(官员、庙宇等)	撰碑人
廿三	道光八年	碑阳：董事1(州同),按察知事1,纠首8(千总2,候诠训导1,从九1,东昌卫守备1,生员1,布理2),四河水老人18(其中监生4,武生2,从九1,大宾1,耆宾1)。碑阴：18程72程头(其中箕学生1,介宾2,监生10,守御1,从九5,武生1,耆宾1,附贡1,理问1)	碑阳：丘祖龙门派住持1,徒侄2,侄孙3,曾孙1	邑庠生张鼎五
廿四	道光十年	碑阳：经理三河水老人6(其中监生5,生员1)		邑庠生任维翰
廿五	光绪十八年(民国五年又补)	碑阴：行务18人,行头三班共19人	碑阳：15家碗窑行会公立。碑阴：住持1人	里人田五信
廿六	光绪二十年	三河值年首事6人		
廿七	光绪廿一年	东河值年水老人2,渠长等,培原局经理人5人		
廿八	光绪廿二年	架岭河旧新老人4,东河旧新老人4,架岭河经理人1,东河董事人4		
廿九	光绪二十九年	碑阴：东河14村渠长41人和6个堂共47,东河值年旧新水老人6,经理人2(耆宾1,监生1)	书碑1人。碑阳：介休典使监刊	知县陈摸
三十	光绪三十一年	碑阳：四河值年老人8人。碑阴：经理人8(其中从九1,五品衔1),四河老人8人(从九3,候选训导1,布理问1,五品御1,分部主事1,布政司理问1)	碑阳：住持羽士1,徒1。碑阴：书碑1	从九郭之淦
卅一	光绪三十一年	中河值年水老人2	住持1,徒1,书碑1	前汾西训导郭锦章
卅二	宣统元年	起意人1,纠首经理13,值年乡保1	住持1,徒1	

　　从县志和现存碑文可见明代水管理组织的出现和祭祀尧、舜、禹的记载。例如：嘉靖二十年(1541年),孔天英所撰"复西河水利记"最早提到当时用水的情况："顾民不善疏,官不荒度,则水之用微矣。"于是,"宋文潞公始作三渠,引水分灌",才有百姓深享其利;《介休县志》记载,早在嘉靖二十五年(1546年),就已经

出现知县吴绍增为防止豪家侵夺水资源,而"厘正前法"的干预行为。[1] 这说明当时已经有"法"。有法,则应该有执法的水管理组织。《介休县志》中有知县王一魁撰"重建源神庙记(万历十九年)",首次提到源神庙"正殿五楹,肖尧舜禹三圣人像,盖狐岐为禹治而尧舜命之也"。[2] 从内容上,此文实际上摘编自当时的碑刻,即《新建源神庙记》(万历十九年),也是由进士、知县王一魁撰文的。此碑没有明确提到"尧舜禹",只是说"正殿五楹,塑三神像其中",并说"每岁三月上巳,有司率土人,诣庙修浮沉,盖东作溉田甾也",但其首次说明三月上旬(上巳节)在源神庙已有祭祀,且是在此时开始灌溉。

万历间王一魁重修源神庙,一再论证这不是淫祀,因为"源泉既能以水灌溉,又能蒸发成云雨",所以"其所祭不为非,其所祭则不得谓之淫祀"。由此可见当时是冒了"淫祀"风险的。碑文记载,源神庙原来地址在现在庙址的西侧(大约50米),面向南,前有山如墙,视野不广,王一魁重修时迁庙到现在的地址。新址的特点是背靠南山,面向西北的泉水流下方向,有了源头之势。历史上,源神庙上下还有另外两座庙,分别为庙后山上的上巳庙(已经坍塌)和顺水下方约200米处的下巳庙(曾为陶瓷厂车间)。上巳指三月上旬巳日。《周礼·春官·女巫》:"女巫掌岁时祓除衅浴。"郑玄注:"岁时祓除,如今三月上巳,如水上之类;衅浴谓以香薰草药沐浴。"可见与水有关。上巳节魏晋后普遍改为三月三,三月三是早期当地源神庙会的时间,故与分水灌溉合而为一。[3]

源神庙后来不仅是与水有关的庙宇,清末还是碗窑行会的祭祀场所,可以说,是一个多功能祭祀的地方公共场所。洪山当地陶瓷业历史悠久,碗是陶瓷业的主要产品之一。早在宋碑中,立碑人中就有"磁窑税务"官职。光绪十八年的《公同议阖合盝窑条规碑》,提到碗窑行会也是以源神庙作为祭祀场所,祭祀左配殿即老君殿的太上老君,祭祀时间为正月十五、六月廿一和八月十五,据说每年八月初一是陶瓷行业的庙会,此时也是"周水"闭水之时。

光绪二十一年的《源神庙碑》,主要为东河所立,说东河公所在源神庙,"乐台之右有厅三楹为东河办公之地"。

---

[1] (清)徐品山,陆元锽,修. 介休县志:卷二,水利(附). 1814(嘉庆十九年).
[2] (清)徐品山,陆元锽,修. 介休县志:卷十二,艺文. 1814(嘉庆十九年).
[3] 介休县政协. 介休文史资料:第三辑. 1991:80-81.

光绪二十年碗窑行张光悦、马正玉等竟自强占,任竟践踏,值年老人郝子组向彼剖析,反出恶声,且攘为该行之地,谓非东河公所。

可见当时有一个东河与碗窑行的争执。除了左配殿为老君殿,供奉老君、列子、庄子外,左后配殿还是圣母殿(娘娘殿),供奉女娲和娥皇、女英(尧的两个女儿,舜的两个妻子),右配殿则供奉伏羲、孔子等儒家先贤。源神庙可以说是一个集祭祀国家帝王、民间偶像以及道家和儒家先贤为一体的庙宇,同时还是水管理组织和碗窑行会的活动场所,是一个地方重要的公共祭祀和活动空间。当然,这是一个不断变化的过程,从早期的海神龙王,到明代的尧舜禹,再到后来的老君殿、娘娘殿等,透过庙宇祭祀和权力的关系,反映了地方社会的变迁。

在中、西河分水处的石屯,有一座源神行宫,现在也是县级文物保护单位。[1] 源神行宫为洪山源神的行祠,占地约 1500 平方米,正殿供奉源神,有戏台。在中、西河分水处,有《重修源神行祠碑》待寻。源神庙和源神行宫两座庙宇都在分水处,说明了分水中权力的意义。在源神庙的碑文中,有多处借神力或立碑来保证水利条规的语言,足见庙宇空间的重要性。

第二节 治水之道

介休洪山泉(鸳鸯泉)的个案研究资料主要来自洪山村源神庙现存的历史碑铭[2]和其它史料。山西历史上本来不缺水,甚至是大禹治水之地,大约从宋代开始,人口增加和气候环境的变化,水资源开始逐渐紧张。面对这一状况,需要大量泉水提供灌溉和饮用,遂形成大量水利庙宇,水庙成为人们协商解决用水的神圣空间。这些庙宇有一些是由原来的庙宇增加了水神及其神堂,有些则完全是因水而建。人们熟悉的山西太原的晋祠、洪洞霍泉的明应王庙和介休的源神庙等都是这样的水利庙宇,表明了民间的治水智慧。

由于水的流动特点和在农业中的重要性,以及复杂的历史、文化和社会结构,水的产权形态十分复杂,也因此提供了讨论复合产权的充分可能。对此,笔者曾

---

[1] 参见介休县政协.介休文史资料:第三辑.1991:82-84.
[2] 黄竹三,冯俊杰,等.洪洞介休水利碑刻辑录.北京:中华书局,2003.

以洪山泉为例,讨论了复合产权(广义产权)的理论。[1] 其中,涉及经济产权、社会产权、文化产权、政治产权和象征产权。源神庙等水庙在地方社会的水管理中的重要作用,就是作为每年灌溉中经济水权分配的神圣空间。每年灌溉之前,各村水老人们便聚集庙宇,商讨当年的水源分配,然后分发水牌,按照规则进行灌溉。他们还要举行开水灌溉的仪式,并在水神面前起誓:若有人违反公共规则,会遭到神的诛灭。这样一种文化安排,有效地保证了农业的生产,也体现了文化产权的重要性。[2]

早期的水庙管理和水利的组织比较民间化,没有政府的直接参与。政府虽然曾经参与丈量土地等,但是并没有形成直接管理水的组织。从源神庙的碑文看,民间水管理组织的出现是在明代嘉靖年间,但是从嘉靖二十年(1541年)《复西河水利记》碑的内容看,简单的水利管理应该在宋代文潞公分水散河的时候已经存在,不过并没有管理组织。文潞公庆历时曾任宰相,与司马光交情甚厚,他元丰六年(1083年)从太师之位退休,元丰三年司马光亲自撰写"文潞公家庙碑记"(载《介休县志》252),元祐五年(1090年)文潞公第二次退休。所谓文潞公分三河之举,应该是在其退休之后。

明《复西河水利记》(1541年)记载当年(辛丑)夏天,有参政于公巡视,问民疾苦,得知西渠淤塞废用,于是召集父老(而不是管水老人)讲说疏浚利民之理,并命县尹主持疏浚。这项工程只用十天便完成了。如果当时真的有用水之需,又有水利组织,相信渠道会一直畅通,疏浚也不是费力之举。可见,当时的情形是没有正式的管水组织,但是百姓的疾苦已经涉及用水和管水的需要。最早明确记载有民间水管理组织的是明万历十六年(1588年)的《介休县水利条规碑》,此碑距离文彦博分三河有近500年的时间。撰文者是知县王一魁,碑文落款中第一次出现了"管水老人"和"渠长",且此碑因为水诉讼而立;从与介休相隔的洪洞县《水神庙霍泉水利碑刻汇编》看,其最早的《都总管镇国定两县水碑》(金天眷二年,1139年)也是因为水诉讼;在元延祐六年(1319年)《重修明应王殿碑》中,第一次出现了"渠司"和"水巡"。

上述表5-2的记载中,可以看到一些有趣的现象。

---

[1][2] 张小军.复合产权:一个资本体系的视角——以山西历史上的水权为例.社会学研究,2007(4).

第一,民间水管理组织的"乡绅化"和"官员化"。开始的立碑人中,水老人和官员是清楚分开的两列,但从康熙八年开始,纠首中开始出现生员、监生等乡绅名号;到了乾隆八年,不再有单独的官员参与立碑,而各类水管理人物中的各种官员、退休官员和乡绅的名目却明显增加。这种情况表明:随着水管理的民间组织与官府的不断磨合,形成了水管理组织的乡绅化和官员化,这是一个重要的中国社会的基层民间组织现象,是另一类没有国家直接参与但是与国家关系密切的组织形式。

第二,女性程头(碑12,九程:梁李氏、门李氏)和"堂"(溃润堂、公济堂、思忍堂、纯锡堂、三义堂、毓厚堂)参与的水管理。表明了女性和家庭(族)参与水管理的情况。堂通常是家庭(族)的名号。

第三,"管理"和"经理"的分离,即管理水老人的管理层和经理、纠首的经理层的分离。后者常常为某一具体的目的(如修庙等)组织起来,它重叠在水管理组织之中。

第四,"委员会"的出现。《源泉平讼记》(光绪二十九年)中,两次出现"委员会"——"委员会鞫,未克允服""前日委员会讯"。这说明当时有一个"委员会"参与平息上述纠纷,并且这个"委员会"不是官方的,而是民间的水管理组织。从以水老人为主的民间水管理组织,到"委员会"的出现,说明一种新型"委员制"的管理形态正在被接受。

社会制度(social institution)通常被理解为组织起来以满足一个社会的基本需要的相对稳定的社会结构。制度的产生,是要形成一种大家认同和遵守的规范,以最小的管理成本达到最高的效率。制度具有不同的类型:第一,法律规定的制度是约束性最强的,也是最没有"民主"的。因为它具有很强烈的扩展目的性。扩展目的性指的是强迫人们遵从的目的性。监狱等国家机器就是其中的主要制度工具或者说秩序工具。这是政府的行为。第二,企业组织的管理制度也是约束性很强的,并且带有很强烈的营利的扩展目的性。通常,扩展目的性越强烈,制度的约束性也就越强,并且强迫性越强烈。第三,宗教制度是另一类约束性很强的精神制度,违反了同样要受到惩罚。它同样包含着目的性,但是其目的性属于收敛的目的性——它不强迫人们遵从:如果你不想遵从,可以改变宗教信仰。第四,约束程度最低的是道德规范,其基本的特点是约定俗成;它在目的性方面最不固定,属于松散的目的性或者说无目的性。道德一般不需要制度的保障,只是规范的约束。

介休水管理民间组织的形成,与目的性的性质关联密切,并且有一个变化的过程。首先是目的性,有一个从松散、收敛到强迫的过程,这是随着水资源的日益紧缺和国家田赋制度的建立而形成的现象。随着目的性的强迫性和遵从要求的增强,制度化的要求也随之增强。但是制度的形成又需要水的公平观念,需要约定俗成的道德规范。这就形成了一种既有强烈的扩展目的性,又是约定俗成道德规范的、两者结合的制度要求,即国家和基层社会共同参与的制度建构。

1.《介休县水利条规碑》(万历十六年)

此碑是由当时的介休知县王一魁撰文立碑,缘起在《介休县志》水利(附)中有所介绍:

> 鸑鷟泉:即胜水。出狐岐山,俗谓之源泉。水利所在,民讼罔休。宋文潞公始立石孔,分为三河。……计地立程,次第轮转,设水老人、渠长,给予印信簿籍。开渠始于三月三日,终于八月一日。岁久弊生,豪家往往侵夺。嘉靖二十五年,知县吴绍增修筑堤防,厘正前法。其后又有卖水买水之弊。隆庆元年,知县刘旁将现行水程立为旧管新收,每村造册查报,讼端少息。而又有有地无水、有水无地之病。万历十五年,知县王一魁通计,地之近水者若干,务使以水随地,以粮随水,立法勒碑,甚为详悉。

从上述记载来看,早在嘉靖二十五年(1545年),就已经出现知县吴绍增为防止豪家侵夺,而"厘正前法"的干预行为。隆庆元年(1567年),又有知县刘旁"将现行水程立为旧管新收,每村造册查报"。万历十五年(1587年)订立水利条规,不过是其延续。不过这个案子,因为介休县民温恕等人联名具状,惊动了山西地方都察院,最后由钦差冀南道左参政候世卿审案,钦差提督雁门等关兼巡抚山西地方都察院右副都御史沈子木批文,可见受到了相当的重视。国家之所以重视此案,是因为它涉及国家的粮赋。

诉讼的主要内容,是状告如下弊端:

> 国家粮赋,依水地、旱地而有所不同。本来应该水地有水浇灌,水粮也多;旱地无水额,靠天吃饭,地粮少交。但是因为水、地的产权分离,造成了有人在土地买卖中卖地不卖水,卖水不卖地。"富者雨积沟浍,而止纳平地之粮,贫者赤地相望,而尚共水地之赋。……久之富益富,贫益贫。"富人控制水

程,只缴纳旱地的粮赋,而旱地有水可用;穷人的水地粮赋高,却无水可用,叫苦不迭。

明代以前的赋役制度,对户收税,重户(人)不重地,不管占有水还是占有地,一律按照人头缴税。明代的里甲户籍并不是单纯的户口登记,而是编户于土地,以便纳粮税。[1] 这样才使得水、地关系尖锐化。因为税在地,不在人。甚至发生人无地但控制水,既不用交税,还可以赚钱的情况。

王一魁所做的主要事情,就是将水、地的产权合而为一。让水地有水,厘正有水(屯水)而无地,以及将本来的旱地改为水地的现象。具体做法是:(1)重新丈量土地,并确定粮赋,(2)划分土地等级,(3)重新分配水程,造水册每家一本,(4)规定今后卖水和卖地要同时进行,卖地则连同水一起卖。"务使以水随地,以粮随水"。

2.《复鸑鷟泉水利记》(康熙廿九年)

此碑由介休知县王埴撰文,其中提到位于中西河分水处的石屯村与中西河之间的水纠纷。纠纷的发生不是因为过去没有规则,而是因为"今夏雨泽愆期,农民急资灌溉"。一旦老天不降雨,用水的需求增加,水变成更加短缺的产品,产权问题便凸显出来。当时主要的纠纷在于:两河之民谓石屯人用"疙瘩水"相混。所谓疙瘩水,指的是粗糙的水,没有经过细算。本来石屯应该用西河水六分,中河水四分,但是实际上没有很清楚,结果有西河侵犯中河或者相反的情形出现。即产权不清。

解决的办法,是重新算计水程,"并召石屯士庶暨各渠长共酌可否,咸以为公。余曰:众既称公,则情可平,法可久"。这里,将新的制度依据建立在大家认为的公允之上,并认为这样的法规才可能长久。

3.《源神庙碑》(光绪廿一年)

此碑主要是东河十八村与碗窑行会争夺源神庙的三楹厅堂做办公之用。最后东河赢了官司。

> 荷蒙郡司马朱老仁宪判断,令斯地永作东河公所,于他人无与,勒石为记,以垂久远。此后非向东河值年渠长老人同许,不得私自开占,倘本庙住持

---

[1] 刘志伟. 在国家与社会之间——明清广东里甲赋役制度研究. 广州:中山大学出版社,1997.

徇情私假,察觉议罚。披读判词,覃感仁政焉。嗟乎!近圣逆旅,何惜盈尺,居停有属,看竹难言。维召父欣逢,民歌乐只,念先之人创始甚难,愿后之人守成勿替。则宪天德泽恩膏,与狐岐圣水并传,而感兴善举,东河十八村人士守先待后,亦□代有人焉。

此碑本无碑名,作者应为"东河十八村"。这批村庄约有一百多公顷农田得到洪山泉的灌溉,他们在源神庙"乐台之右"设有公所,是为东河十八村的水利组织所用。东河十八村在光绪十年(1884年)重修该公所,该公所至迟于嘉庆十八年(1813年)已经开始运作,至光绪二十年(1894年)被"碗窑行张光悦、马正玉"等人"强占"。前述光绪十八年(1892年)的《公同议阖盘窑条规碑》于民国五年增补,碑文提到碗窑行的历史可以上溯到唐末宋初,当时已经有政府机关向碗窑行征税。碗窑行的组织及其酬神、游神的活动比东河十八村要早。其后,碗窑行会于光绪十一年(1885年)重修老君殿,光绪十八年(1892年)订立行规18条;同年被控强占东河公所。东河公所"老人""渠长"等的兴讼控告,最后得汾州府府级衙门支持而胜诉,"令斯地永作东河公所"。源神庙作为地方的公共庙宇,碗窑行会和水利组织在此争执,且不论历史谁更久远,如果考虑到碗窑和水利在国家税收利益和地方民生中的影响,孰轻孰重便一目了然。因此,历史久远的碗窑业及其组织输给水利组织,则是在情理之中了。

4.《源泉平讼记》(光绪二十九年)

此碑由进士介休知县陈摸撰文。主要的争执是位于源头的洪山村与三河的纠纷。本来历史上,洪山与狐村使用架岭水,其源头不是鸳鸯泉,而是在其上的河道水,汇入鸳鸯泉。过去洪山架岭水的引水铁孔总是以水满为度,剩下的才进入三河,在洪山先有东河分水,在石屯中西两河再分水。这次争讼,是因为洪山擅自修鸳鸯泉池,毁坏碑匾。本来鸳鸯泉不属于洪山,而是属于三河。三河渠长也受到洪山人的殴伤。从碑文看,当时有一个"委员会",应该是管理水的组织,它没能制止洪山村修泉池,因此三河告官。修池本来是一件好事,但是三河不让洪山参与,实际是因为涉及到泉水的归属,即涉及产权。

解决的结果,是订立了四条规矩:修复毁坏的碑匾,不得增减字句;按照旧的规章分水;修泉池要经过大家协商,不准堵塞池外漏水;源神庙殿旁有房屋三间,原来是三河之沙堡村修盖,光绪二十年被碗行借用,后来有争讼。以后无论谁人使用,都应该向东河水老人暂时借用,不准久占。若非庙内公事,一概禁止。

明代,国家的税收采取编户齐民的赋役户税制度,使得税收与家庭或者个人紧密地联系起来。这一赋税政策在私有产权方面产生了几个后果:一方面编户强化了户、人的私产权,但是另一方面这一私产权却被纳入了国家的控制之中,并因此造成了私产权的更加不充分。此外,这种国家化的私产权破坏了原来的公产权与私产权的和谐并存,并引起诸多不公平现象,从而破坏了产权的公平土壤和充分私产权的可能。

前述所谓"设水老人、渠长,给予印信簿籍","隆庆元年,知县刘旁将现行水程立为旧管新收,每村造册查报,讼端少息",说明政府对于水权管理的直接参与。特别是水簿,是水权登记的文本,每村造册查报,等于在登记私有的水权。王一魁订立水条规和造水册,说明国家已经介入了私人产权的界定,而不仅仅是三河分水那样的水公产界定。国家对产权分配的参与,有一个从村落以上的水公产到私人产权的介入过程,从中可以看到国家从大到小、从上到下的介入过程。[1]

国家对粮赋的重视,促进了水的私人产权的明确化和制度化,这是一种国家没有直接参与但是间接介入的过程。明代以后对产权界定之需要,不仅因为资源的短缺,还涉及资源的属性。当水仅仅用于灌溉和饮用,产权的界定主要表现为乡村集体之间"水公产"的界定,对国家的需要不那么强烈;而当水不仅用于灌溉和饮用,且附加了田赋的属性时,其私人产权就有了随土地、田赋进行界定的需要。因为对产权确定之需要,国家或者政府会参与制度的建构。按照新制度经济学的观点,国家的主要功能是供给制度。一般来说,国家在建立和维护产权方面的介入程度有三种可能的情况:(1)产权安排完全是私人之间的合约,国家权力的介入仅仅在于承认这种合约的合法性和有效性,保护依据这种合约进行的产权交易。(2)产权由国家强制做出安排,例如随着政权更迭,剥夺旧政权下的私有产权为国有产权,或者把国有产权私有化等。(3)国家的作用居于两者之中。国家不强制剥夺产权,但是干预产权的交易,如限制产权的交易范围、价格甚至国家出面强买或者强卖。国家介入产权安排程度的深浅,与产权的有效性并无直接的关系。但是按照经济学原理,由国家强制做出的产权安排必定是无效率的。不过,从象征产权的角度看,国家强制的安排还是可能有效的,因为当资源过少时,人们

---

[1] 张小军.阳村土改中的象征资本再生产//黄宗智主编.中国乡村研究(第二辑).北京:商务印书馆,2003.

很难达成一致同意，常常需要国家出面进行安排。

国家在推行赋税制度中一方面会破坏传统的公有，另一方面也在破坏尚不充分的私有。因为国家的进入，使得本来的水权的集体制度和"庶规制定"的传统被赋税引起的私人产权观念打破。政府因为税收而强化水权的私有化，将水权与地权合并，但同时却使得传统权威受到挑战，诉讼越来越依赖国家仲裁，"庶规制定"结果转变为越来越依靠国家的制度规定，丧失了集体的思维，瓦解了真正的民主基础——本来的集体协商性民主。国家赋税不仅破坏了水的民间协商机制（因为水权随着赋税而变得无法协商，必须去找制定赋税规则的国家），也削弱了民间制度的建立（因为民间制度无法绕过国家的赋税政策和规定）。结果，国家的介入逐步使得政府制度取代了民间制度。

清代中晚期，特别是乾隆以来，从参与立碑的名单来看，直接的官员参与越来越少，同时民间水管理组织的"乡绅化"和"官员化"的情形却十分明显。其间，水的纠纷并没有减少，但是碑文表明了民间解决纠纷的能力增强，这恐怕与水管理的乡绅化和制度化有关，乡绅化搭建了政府与民间社会的桥梁，形成了所谓的在国家与民间社会之间的"第三领域"，[1]且有助于政府和民间社会的共同治理。不过，这一制度最终在政府一统的治理中完结了。

第三节 尾　　声

1949年中华人民共和国成立以后，洪山泉交由政府水利部门管理，结束了民间治水的历史。政府治水模式是计划经济的产物，其效果究竟如何呢？下面是一个当代的新"传说"故事：

> 历史上的洪山泉只有一个天然出水口，灌溉着介休十几万亩土地和提供着半个介休县城人口的饮用水。在政府管理的20世纪50—90年代，计划经济的模式决定了灌溉和饮用水的配给制度。然而在21世纪初期，洪山泉却开始了厄运：介休的一个临县请某高校进行地下水利勘测，借助科学手段发现洪山泉的地下水库也在该县域脚下，于是破坏传统规矩，不顾原本只有一个天然出水口的洪山泉，另外开采了一个出水井口。这导致两县诉讼到省

---

[1] [美]黄宗智. 华北的经济与社会变迁. 北京：中华书局，1986.

里，省里的回答是水由国家水利部门管，你们争水要到水利部门。于是两县打官司到北京的水利部，答复是：水的确归我们管，但是你们现在争水的是人，而人之争不归我们管，归省里管，因此你们还是回省里解决。结果，这个政府部门之间相互推脱的无解案件，导致介休不得不打井抢水，形成了今天洪山泉自然出水口干枯的局面。

上面这个当代传说的故事，令我们思考国家治水和民间社会在治水管水中的区别。当年，国家赋税和百姓的国家依赖不仅破坏了庶规制定，还导致了许多不公平现象，从而最终破坏了集体意识和集体理性，进而导致了经济人的经济理性选择的投机行为和"公地悲剧"。一旦民间制度（庶规制定）被国家制度简单化地改变，不仅会失去制度的公众合法性基础，还会带来巨大的制度成本，并造成因不合理制度带来的"相对资源短缺"，形成抢水、绝水的结局。今天政府河流治理汲取的历史教训和经验，其中或许就包括洪山泉历史上的"渠长制"。国家正在推广的"河长制"，将地方自治与政府治理相结合，已经取得一些效果，不过，真的要以史为鉴，明了中国传统文化中的治水之道，对于今人依然是一个漫长的话题。

第六章 为何他乡成故乡？
——大槐树传说之集体记忆的民族主义建构[1]

明代初期,洪武皇帝开始实行大规模的军屯生产和人口迁移,致使大量山西移民迁往邻近的河北、河南以及山东等省。[2] 所谓洪洞"大槐树"的传说,是广泛流传于中国北方的一个民间集体记忆:当年的屯田移民有一个共同的出发地——山西洪洞县的大槐树下。然而,这一看似重要的史实,在民国以前的当地府志和县志中均无记载。直到民国六年的《洪洞县志》才有所记述:

> 大槐树在城北广济寺左,按《续文献通考》,明洪武、永乐年,屡徙山西民于滁、和、北平、山东、河南、保安等处。树下为荟萃之所。传闻广济寺设局驻员、发给凭照。

许多学者探讨了这一传说的虚构性,有学者认为:"究竟是因为那以前的文献记录者认为这些传说荒诞不经而不加采录呢,还是由于那以后的知识精英因某种原因刻意弘扬这些象征(包括在文献中对其加以记录),而造就了这些传说呢? 其次,无论是地方志、碑刻还是谱牒,文献中对洪洞移民、大槐树等象征的记载是比较简单的,而在民间传说中总是比较丰富的。从我们对这些传说即将做出的分析来看,它的情节是随着时间的流逝不断丰富添加起来的,许多内容是不断黏附上去的,那么,这个丰富、添加、黏附的过程究竟是在知识精英的弘扬之前发生的,还是在其后?"[3]本书无意去辨别和追寻大槐树传说的"历史真实",而是希望借助洪洞大槐树传说的部分历史传说之文本分析,尝试理解洪洞大槐树传说集体记

---

[1] 本文最初以《大槐树下:洪洞作为移民源地的象征建构》为题发表于 2001 年 7 月 15—26 日在香港科技大学召开的"塑造故乡:中国移民与乡土社会"国际学术研讨会。后曾以《为何他乡成故乡?——大槐树传说之集体记忆的民族主义建构》发表于《人类学研究》2012 年第一期。

[2] 张青主编.洪洞大槐树移民志.太原:山西古籍出版社,2000.其中搜集了 100 多份族谱的相关资料.郑守来,黄泽岭主编.大槐树迁民.北京:中国档案出版社,2000.其中搜集了 40 余县市地方志书中关于移民的记载。

[3] 赵世瑜.祖先记忆、家园象征与族群历史.历史研究,2006(1).

忆的建构特征,特别关注这一集体记忆在民国初期围绕"民族主义"的建构以及它从民间记忆走向国家记忆的过程。虽然大槐树传说初在异乡民间传播,并带有部分虚构的特征,然而其国家的集体记忆却在民国初期真实地按照民族主义的意识形态建构起来,直到今天。

第一节 小脚趾的身体集体记忆:从民间到国家的象征建构

洪洞大槐树作为历史移民地的象征记忆,大约在清代逐渐形成。作为一个历史的建构,其真实出处已经无法详尽追溯。然而,其对"根"的文化认同却已经散布于北方诸省,流传地涉及上千万人口,几百个姓氏。

在这个象征建构过程中,"吸附"和"卷"入了很多有趣的传说。其中复形小脚趾的传说,与流传在珠江三角洲的小脚趾故事如出一辙,[1]反映出人们的集体身体记忆。人们声称复形小脚趾(即小脚趾指甲呈现两瓣)是鉴别自己出生地在北方或在洪洞的标志,是区别是否是大槐树移民的身体证据。这一证据意在通过小脚趾的"标准化"来证明自己曾经归属于国家的正统。虽然从体质人类学的角度,目前尚无法证明复形小脚趾有科学的依据,但无论如何,以此来划分人群的主要含义是求得文化认同,而不是真的要证明身体的特征。

下面不同的传说文本,显示了围绕小脚趾的身体集体记忆及其文本的不断再创造,其中包括将"羌"传为大槐树移民的先人,显示出移民之"根"的非汉族含义;有的传说版本还向我们显示了国家强制移民的"殖民"色彩。这些,都与今天大槐树的"民族根"之含义相去甚远。

传说文本一:[2]相传洪洞县这块地盘,在晋国兴起之前,是杨侯国,京畿在范村与安乐村之间。那时广胜寺还没有寺院,只有到处涌水的霍泉,从霍

---

[1] 珠江三角洲的移民声称他们来自中原,翻越大庾岭后,先在大庾岭脚下的南雄县珠玑巷停留,再南迁到的珠江三角洲。有趣的是,当地移民中也盛传两瓣小脚趾的传说。而刘志伟认为珠玑巷传说的虚构与明初的里甲户籍制度有关。参见:刘志伟. 附会、传说与历史真实//上海图书馆编. 中国谱牒研究. 上海:上海古籍出版社,1999.

[2] 尉致中. 复形脚趾甲的传说//政协洪洞文史资料研究委员会编. 洪洞文史资料:第三辑. 1989:137-139.

泉山麓到汾河岸是一片草原。禹王治水成功后,跟随禹王开山凿洞、疏通河道的姜戎族,在霍泉下游落居下来,从事牧放生活。

杨侯国的土地东北自沁县,西南到达平阳,都是炎黄子孙,俗称汉人。当时汉人从事耕作,姜戎从事牧放,后来发展到生活杂居,两族和睦,互不干扰。讵料,商纣王屡次从河南兴兵讨伐黎侯国和杨侯国(黎侯国国土即今之晋东南,京畿即黎城)。当时杨侯国势弱,屡次败于商纣,死伤无数,被掳去为奴。

姜戎氏为帮助汉人,率领全部姜戎,手持棍棒与商纣对阵。正在两军对阵酣战之际,姜戎氏忽然顿觉满腹疼痛,在忍痛闪眼之间,商纣一剑朝她斩去,姜戎氏眼捷手快,转身急躲,随之趁商纣扑空,抬脚踢出,不料脚尖被剑抹着,立刻火光自地喷出,一股火舌朝纣王扑去。纣王知是凶多吉少,慌忙逃奔。直到火光熄灭,姜戎氏见产下一双男女婴儿,向逃跑的纣王大笑三声,再看男女婴儿的小脚趾面上一丝鲜红的血迹,一片趾甲被剑刺破两瓣。从此以后,在杨侯国出生的男女脚趾上都有复形趾甲。

上述传说,首先肯定了两瓣小脚趾来自姜戎的后代,即非汉人之后。其次说明洪洞地方在历史上属于杨侯国。其三,姜戎人曾经帮助炎黄子孙的"汉人"伐纣。如此说来,当地的两瓣小脚趾的身体特征本来不是汉人所有,且当时还没有"汉人"之说。传说亦说明在姜戎人帮助伐纣之前,他们并无此身体特征。两瓣小脚趾是一个他们帮助中央国家的政治记忆。按照一般说法,"羌"是古代中国西北部的一个族群,早年在中国的西北地区,后来也有一些散布迁移到西南地区。"姜戎"一般认为是羌人中的姜姓一支,也有人认为是周族的族源之一,或是周族的姻亲。[1] 无论如何,上述传说极力强调姜戎与汉人的渊源,意在如何?

按照雍正八年(1730年)的《洪洞县志》:[2]

春秋,杨姬姓爵,未具国在河东(今晋州洪洞县通考),时尚未为县。杨之先出自有周伯侨者,以支庶初食采于周之杨,因氏焉。周衰,杨氏僭称侯,号曰杨侯,会晋六卿争权。韩、赵、魏兴而范中行智伯獒,当是时,偪杨侯逃于楚

---

[1] 有关姜戎为羌的讨论,参见:王明珂. 华夏边缘——历史记忆与族群认同. 北京:社会科学文献出版社,2006:122-139。"姜戎"这个名称,也很容易让人想到与这一名字有某种巧合的姜戎的《狼图腾》,其中亦包含着强烈的对北方草原游牧族群的特殊情结。

[2] (清)余世棠. 洪洞县志:卷一·舆地志. 1730(雍正八年).

第六章 为何他乡成故乡？——大槐树传说之集体记忆的民族主义建构

巫山。春秋时为杨侯国，属晋，其后晋灭之，以赐大夫羊舌肸为采邑。张衡云：晋大夫食采于杨。杨食我有罪而杨氏灭。

由以上传说资料和史料，可知这个地区在历史上曾是一个封地小国，食采邑于周。后来周衰，杨氏乘机称侯，有了"杨侯"的说法。再后来六卿争权，杨侯被逼出逃。杨侯国在春秋时属于晋国，晋国灭亡后，成为赐给士大夫的封地。因此，当地既是一个所谓的"汉"、羌民族交融、农牧交织的地区，也是一个古代晋国与之吞并的小国间的"殖民"区域。[1] 至于杨侯国与羌人的关系，一种说法是"羌"为"羊人"字形，羊、杨姓多见于羌，羊舌亦为羌人姓氏。

另有一个类似的传说如下：

> 传说文本二：[2] 同大槐树隔汾河相望，有一个古老的村庄叫公孙堡。相传这里是轩辕黄帝的故乡。与公孙堡相对汾河东岸的羊獬村，是羊生獬的地方。此獬能辨忠奸识善恶，被住在平阳的尧称为灵地生灵物，而迁住羊獬村。因此，汾河两岸居住着黄帝的子孙，他们以耕稼为生。离这里不远的明姜一带[3]，居住着跟随夏禹治水有功的羌人，羌人以游牧为业。后来他们也向黄帝子孙学习耕种。黄帝子孙和羌人互相学习，互相通婚，天长日久，代代相传，耕牧发达，安居乐业。
>
> 有一天，殷王从河南过来狩猎，在路上遇到一个美貌的羌女。殷王淫心大动，便指令随从要将她掳走。羌女执意不从，破口大骂殷王荒淫无耻。这个残暴无道的殷王听了，哪里容得，他勃然大怒，喝开随从，举剑朝羌女劈头砍来。那羌女胆大镇定，从容闪身躲过。殷王一剑落空，更加恼怒，又举剑朝羌女腹部恶狠狠地刺去。这里只听"呲啦"一声巨响，羌女身上闪出道道红光，把殷王及众随从惊得目瞪口呆。只见红光闪过之后，羌女倒卧在地，从刺破的肚子里跳出一男一女两个孩子。……只见他们的小脚趾上鲜血如注。

---

[1] 据陈昌远，王琳．"从'杨姞壶'谈古杨国问题"一文，1993年全国十大考古新发现之一，山西曲沃曲村63号墓出土的"杨姞壶"是姞姓杨（扬）国女子嫁给晋国国君的自作之器。从"杨姞壶"的出土及相关史料来看，古杨国的地望在山西洪洞县东南15里的范村。今杨姓源于姬姓杨国受封于杨，后食采邑于杨，为晋灭后以杨为氏。参见：陈昌远，王琳．从"杨姞壶"谈古杨国问题．河南大学学报：社会科学版，2001（1）．

[2] 刘郁瑞．洪洞三胜．香港：天马图书有限公司，2000：94-96．

[3] 明姜原名昏羌，后改称明羌，最后才改为明姜。见：张青．山西洪洞大槐树移民概述//增广山西洪洞古大槐树志．香港：天马图书有限公司，2000：121．

顷刻间,流血化成斑痕。殷王一见,觉得这是不祥之兆,要将两个孩子腰斩三截。正巧,这时文王的好友散宜生赶到,救下孩子将其收养起来。两个孩子的确生得不凡,长到十来岁时,聪明过人,智勇双全。武王伐纣时,兄妹俩一起投到姜尚麾下,屡建战功。推翻纣王以后,他们回到家里,同黄帝子孙结了婚,男耕女织,过着幸福的生活。他们的子孙后代小脚趾就成了复形。

首先,上面的传说讲述了两瓣小脚趾是羌人之后;其次,传说强调羌人与炎黄子孙联姻;第三,也是说羌人帮助武王伐纣。上面两个传说文本,都显示了羌人和炎黄子孙的和睦相处与相互帮助。问题是,传说中都在讲羌人是两瓣小脚趾的身体承载者,那么,非汉人的羌人之后代如何在后来乃至今天成为洪洞大槐树诸多汉人之"根"的象征所在?如今所谓的"少数民族"又如何成为了炎黄子孙的始祖表征?无论如何,从上述文本中,都可以看到上述传说极力要把洪洞所处的杨侯之国纳入国家正统的努力。然而,下面的两个同样带有小脚趾身体记忆的传说却具有对抗国家的倾向。

传说文本三:[1]明朝建立以后,政府采取了移民垦田的政策,政府欺骗百姓说:不愿迁移者,到洪洞大槐树下集合,须在三天内赶到。愿意迁移者,可在家等待。人们听到这个消息后,纷纷赶往大槐树下,晋北的人来了,晋南、晋东南的人也来了。第三天,大槐树下集中了十几万人。突然,一大队官兵包围了手无寸铁的百姓,一个官员宣布:大明皇帝敕命,凡来大槐树之下者,一律迁走。人们知道受骗了,有哭爹喊娘的、有破口大骂的、有呼儿唤女的,但一切都无济于事。官兵强迫人们登记,发凭照,每登记一个,就让被迁的人脱掉鞋子,用刀子在每只小脚趾上砍一刀作为记号,以防逃跑,人们的哭声惊天动地。至今,移民后裔的小脚趾甲都是两瓣儿,据说就是砍了一刀的缘故。

在大槐树移民地的象征建构中,"家乡"和"移民"这两个基本概念是特别值得检讨的。因为"移民"而离开"家乡",就有了寻找故乡之根、寻找某种同构型的理由。对不同的人,这种"寻找"是不一样的。在以小脚趾为标准的认同中,究竟是否汉人并不重要,重要的是地方族群在地方生存之合法性权力。按照人类学的族

---

[1] 张青,林中园编著. 寻根在洪洞——洪洞古大槐树处移民志. 太原:山西人民出版社,1999:275-276;张帆编. 洪洞名胜与传说. 洪洞县县志资料丛书. 1997:22-23.

第六章 为何他乡成故乡？——大槐树传说之集体记忆的民族主义建构

群理论,族群是被建构的,在中国历史上,这种建构离不开国家的参与。不过,上述传说将国家置于反面的位置,似乎在让身体的记忆永远蕴藏着对这个"国家的仇恨"。类似的传说如下:

  传说文本四:[1]明洪武年间,洪洞闹饥荒,可是竟没有一个人饿死,这全托一棵老槐树的福。老槐树有七八搂粗,枝叶繁茂,一到秋天,人们每天成群结队来树下拾槐豆角吃。说来也怪,每人只能拾那么一碗。人们传说老槐树为拯救洪洞人,总是公平分配。因此感动了人们,每天总有许多善男信女向老槐树烧香跪拜。

  洪洞知县张久江为了完成朝廷移民旨意,想了一条计:买通当地神汉巫婆,到各地游说槐仙显灵了,后天恩赐每人槐豆一斗,永不再赐。人们果然相信了。那天,洪洞各村乡民都倾家出动,一时间槐树下人群熙熙攘攘、热闹非凡。正当午时,成千上万的人跪了一地,这时,正南跑来一队骑兵,把大家围了个水泄不通,之后从中选出一千多户,五千多人,登记造册,被官兵押送,往东走去。走啊走啊,翻山越岭,过沟蹚河,跌跌撞撞,磕磕绊绊,许多人将小脚趾碰伤了,指甲成了两瓣。这种特征传给了后代。

还有相似的脚趾受到伤害的传说记载:儿子要被移民外地,留在家里的老母亲心疼孩子,在生离死别之际,匆忙把孩子的小脚趾甲咬成两瓣,留作记号,以备将来查找。后来就代代遗传。[2] 以上传说文本与传说一和二不同,都涉及明初的国家移民垦荒的行为。因为百姓不愿离开家乡,政府采取了欺骗百姓的说法,复形小脚趾则是被国家压迫致残的象征,隐含了:(1)原来不是两瓣小脚趾指甲,是国家伤害的;(2)复形小脚趾甲与"民族"的根无关,只是大槐树移民的特征。这与下面的"民族"附会形成了对照;(3)两瓣小脚趾只是移民的特征,并不是洪洞大槐树当地人的特征。这意味着复形小脚趾的判断并不适用于洪洞当地人。此外,在文本四中,大槐树是一棵神树,大槐树所在地原来是广济寺,是一个地方的公共祭祀场所,后来被附会到移民传说中。[3]

---

[1] 郑守来,黄泽岭主编. 大槐树迁民. 北京:中国档案出版社,2000:165-166.
[2] 叶涛. 移民·山东人·山东民俗//潘永修,郑玉琢编著. 根在洪洞,北京:中国档案出版社,1998:143-156.
[3] 有关广济寺与大槐树关系的讨论,可参见:赵世瑜. 祖先记忆、家园象征与族群历史. 历史研究,2006(1).

从身体的角度,上面关于杨侯国羌人和明代移民的两类传说有一个共同的地方:复形小脚趾都是外力作用的结果。并且,这种外力均来自国家:前者是来自昏庸无道的商纣王,后者是来自明朝的政府及其移民政策。不过,两者关于小脚趾受伤的"国家记忆"完全不同:前者无论是羌人孕妇在讨伐商纣王的战争中胎儿受伤后的结果,还是羌人妇女的儿女参与讨伐商纣,都是参与到所谓国家正义和正统的行为之中,是归附国家的集体记忆;而后者则是因为国家移民中政府迫害的结果,是一个国家伤害的集体记忆。

如果非要从体质人类学的角度看,两瓣小脚趾甲并不是当地原居民在生物学意义上本来带有的身体特征,而是外力伤害带来的所谓遗传结果。对于前两个传说(文本一、二),两瓣小脚趾区分了商纣王前的羌人和商纣王之后并入周朝的羌人——游牧的"自然羌"与政治附属的"国家羌"。对于后两个传说(文本三、四),两瓣小脚趾则区别了非移民与移民——只有移民才具有此特征,意味着对国家的仇恨。后文将会讨论,这种国家伤害的身体集体记忆的"负面记忆"是如何在民国初转变为民族主义意识形态下国家凝聚之"正面记忆"的。

前两个传说中还隐含着一个性别的含义,即女性身体的意义表达。两者都是羌人妇女腹中胎儿的小脚趾被殷王砍伤,而两位妇女中一位是帮助所谓"汉人"伐纣的英雄在战斗中受伤,一位是美貌的羌女遇到淫恶的殷王而反抗受伤。两位"异族"女性在这里生产出两瓣小脚趾的胎儿,而让两位女性"怀孕"此胎的,恰恰是"国家"这位"父亲"——因为讨纣、伐纣的国家战事,孕生出复形小脚趾这样一个"文化胎儿"。

斯特拉桑(Andrew Strathern)认为:"事实上身体被当作编码记忆的源头,文化的基本原则通过被体现而被自然化(我们可以认为,这是'词语制造肉身'这样一个跨文化的例证),它们以帮助记忆的形式被托付给了身体"。[1] 身体的记忆具有某些特殊的持久性,因为其具象和日常的特点,更能够被反复强调和传递。在这个意义上,身体是一种文化工具。沃茨(James Wertsch)认为:"比起不用语言还可能说话来,对于记忆不调动文化工具去反映一种社会继承几乎是不可能的。"[2] 复形小脚趾传说就是这样一种不用语言而是用身体进行的集体记忆。这

---

[1] [美]斯特拉桑.身体思想.王业伟,赵国新,译.沈阳:春风文艺出版社,1999:37.
[2] James V Wertsch. Voices of Collective Remembering. Cambridge:Cambridge University Press, 2002:172.

第六章 为何他乡成故乡？——大槐树传说之集体记忆的民族主义建构

种集体记忆的直接功能是文化认同，背后则是国家秩序中的族群于国家的正统性。换句话说，在国家的族群版图中，有没有某群人的位置，这群人的位置在哪里，这些都是至关重要的。借用布迪厄(Pierre Bourdieu)的观点："一个人的自信来自某些他自己的价值知识，尤其是来自他的身体和言语，事实上这非常紧密地联系到其在社会空间中占据的位置。""每个人都可以着手绘制一份等级身体的系图，其(生物学造化的部分)倾向于以其特殊的逻辑再生产这个社会结构的系图。"[1]复形小脚趾的传说，作为一种人造的生物学特征，也以一种身体的特殊逻辑进行着象征资本再生产，这种再生产的产品，则是社会认同和国家正统的丰富意义。

第二节 社会转型与民族主义的集体记忆建构

殖民有地扩民族，例如南洋诸华侨。
华侨居外历年久，爱我祖国情何厚。
洪民迁徙不一方，须记本籍在山右。
……
莽莽神州廿世纪，大同主义方倡始。
谁非黄帝之子孙，四海兄弟成一体。
……
愿得遍种灵槐千万株，使人广庇福荫大欢喜。
——摘自(邑人)史书言·古大槐树歌[2]

前述大槐树诸传说中，无论是羌人的后代说，还是国家的迫害说，都无法联系到大槐树传说之意义在后来乃至今天的蕴涵。有学者认为："在民国之前，对于洪洞移民和大槐树，地方志的编者是不会不知道的，但却似乎是有意把它们忘却了。关于它们的记忆似乎只在洪洞以外的地区通过传说、族谱留存着，直到民国六年为止。难道本地人对此事全不介意，或者竟有什么难言之隐？"[3]从目前史

---

[1] Pierre Bourdieu. Distinction: A Social Critique of the Judgement of Taste. London: Routledge, 1984.
[2] 柳蓉,柴汝桢编. 增广山西洪洞古大槐树志. 张青点校. 香港：天马图书有限公司,2000：33-34.
[3] 赵世瑜. 祖先记忆、家园象征与族群历史. 历史研究,2006(1).

料看,最早有相关记载的是《重修大槐树古迹碑记》,为民国三年(1914年)所记。关于之前地方史书对大槐树传说完全没有记载,地方志编者是否真的知而不载,或者知而不值得记载,目前无考。由此可见,这个传说当时在当地至多只是小的"事件",后来才被历史的进程所放大。

这个被历史进程放大的事件可以追溯到晚清到民国的社会转型时期,当时有一个对大槐树传说的民族主义重构。上面古大槐树歌中的"殖民""民族""爱国""祖国""大同主义""谁非黄帝子孙"等语言,显示出从晚清到民国早期的大槐树传说,有一个空前一致的文化重构背景,即强调汉人的国家民族主义。大槐树传说在这个时期被整合为一个民族主义的集体记忆。

初修于民国十年(1921年)的《洪洞古大槐树志》,于民国二十年(1931年)被增补为《增广山西洪洞古大槐树志》(以下简称《增广志》),"两志"是体现清末民初新的文化思想和民族主义思想的重要文本,它有一个从"移民"到"民族"和"种族"的建构逻辑,反映了人们的"家乡"观念内涵以及"移民"的意义创造。曾广钦曾题《增广志》的汇辑者柴汝桢:"名作如林手自编,群贤荟萃集成篇,此翁种族关怀切,槐志于今海内传。"在当时,"种族""民族"等观念都被特别地强调。

上述"两志"中,主要的参与编撰者是一批地方的官吏、士绅和商人(参见表6-1)。他们建构的"民族主义"和种族的文化认同,也与上节的传说故事形成了有趣的比照。

表6-1 增广槐树志名衔职务一览表[1]

职别	姓名	次篆	籍贯	履　历
判定	柳蓉	镜塘	代县	前署洪洞县长历任房山离石等县知县
汇辑	柴汝桢	干宸	本县	清甲午科举人选授文水县教谕历充县公署一科科长农业学校校长
参订	刘大升	仲棠	本县	前河南延津知县署理阳武县知事
	景宝敬	廉臣	本县	前充河北省军用电话局局长
	李培棠	召卿	本县	清己酉科拔贡
	孙丕康	锡侯	本县	江苏任用县知事河北省政府记名县长

[1] 柳蓉,柴汝桢编.增广山西洪洞古大槐树志.张青点校.香港:天马图书有限公司,2000:12.

第六章　为何他乡成故乡？——大槐树传说之集体记忆的民族主义建构

续表

职别	姓名	次篆	籍贯	履　　历
	梁培芝	紫阶	襄陵	洪洞商会执行委员
	董轩	海明	本县	历充洪洞商会正副会长现任主席
	王丕承	绍先	襄陵	历任洪洞商会副会长现充常务委员
	景大魁	梅占	本县	前清监生
	柴鸿谟	子嘉	本县	山西政法专门学校校法本科毕业,前陵川县承判员
校对	景钟麟	华封	本县	山西省议会议员前壶关县县长
缮书	孙燕翼	安轩	本县	现任洪洞伯多禄学校教授

《增广志》中还记录了118名承印大槐树志的捐钱者,包括了军、政、商等各界人士99人(其中本县人士69人),以及山西省银行、德裕恒盐店等驻洪洞的工商业19家。这些人中,有山西陆军测量局长等军界人士、多位县长或知县、多位经理、多位公安局长、电话总局局长、财政局长、商会会长、多位校长和教师、多位县党部委员、多位村长等。其中的捐款包括了"大洋""票洋""银洋"等不同种类的钱币(参见表6-2)。从其各界的参与程度,足可见大槐树的号召力所在。

表6-2　承认石印槐树志洋款名街商号一览表[1]

姓名	次篆	籍贯	履　　历	认款数目
李冠军	武扬	晋城	陆军第五军第六师第三旅第六团团长	大洋壹拾元
刘大观	宾于	本县	清花翎四品衔江苏补用知县孝廉方正	票洋壹拾元
柴汝桢	干宸	本县	清甲午科举人选授文水县教谕	银洋壹拾元
陈新明	省身	河北获鹿	榆次万丰厚经理	银洋壹拾元
……	……	……	……	……

下面是从三个文本——民国三年的碑记、民国十年的《洪洞古大槐树志》和民国二十年的《增广山西洪洞古大槐树志》中摘录的一些相关内容。

---

[1] 柳蓉,柴汝桢编.增广山西洪洞古大槐树志.张青点校.香港:天马图书有限公司,2000:90-96.

碑志文本一：[1]《重修大槐树古迹碑记》，贺柏寿[2]，民国三年五月

> 若吾洪溯陶唐分封而后降及春秋，师旷、羊舌古墟指不胜胪，迨秦汉唐宋，代有遗徽，地以人传，胥志邑乘，然此为续文献之证，而非民族之系也。方今民国肇造，社会主义播腾寰区，凡有关民族发达之源者，宜及时表彰，藉识人群进化之由，俾免数典忘祖之诮。

上面的碑记说得明白：本来大槐树古迹"非民族之系也"，但是因为民国建立，社会主义传播，凡有关民族发达的事情都应该及时表彰，这既符合人类进化，又避免数典忘祖。

碑志文本二：[3]《洪洞县古大槐树志·序二》，韩垌作于民国六年

> 古大槐树者，相传为迁民遗迹，在邑之北郭外……悦其古迹，欲托诸文字，以薪传之无穷。何所见之不广乎，不知此正民族思想之所系也。……然则此树之关系于民族思想者，为何如耶，宜乎景君为之募赀建坊、树碑，并遍征题咏汇为一册，以永吾人乡土之思于无极也。余与景君为旧姻，而君为尊行谊不可辞。因备述民族关系之重，以见古今风尚，容有不同，而桑梓敬恭之谊则未尝不同也。

按照上书记载，韩垌当时任职于平定阳泉保晋矿物公司，为《洪洞县古大槐树志》的汇辑者景大启的姻亲，受托作序。在他看来：迁民之说的流传，正是因为民族思想所在。由于大槐树关乎民族思想，所以当永久敬恭。问题是：从复形小脚趾甲的传说看，大槐树本来并非民族思想所在，因为早年曾是羌、汉不分，明代移民又遭百姓抱怨。大槐树的"民族思想"之附会，不过是韩垌这类文人的文化创造罢了。

下面是《增广山西洪洞古大槐树志》中的相关言论：

碑志文本三：[4]《增广山西洪洞古大槐树志》（卷首·序二），曾广钦，民国十九年八月

---

[1] 张青主编. 洪洞大槐树移民志. 太原：山西古籍出版社，2000：17-18；柳蓉，柴汝桢编. 增广山西洪洞古大槐树志. 张青点校. 香港：天马图书有限公司，2000：21-22.

[2] 贺柏寿，洪洞塾堡人，光绪己酉科朝考一等知县，分发河南登封、确山、息县、杞县知县。

[3] 柳蓉，柴汝桢编. 增广山西洪洞古大槐树志. 张青点校. 香港：天马图书有限公司，2000：85-86.

[4] 柳蓉，柴汝桢编. 增广山西洪洞古大槐树志. 张青点校. 香港：天马图书有限公司，2000：2-4.

第六章 为何他乡成故乡？——大槐树传说之集体记忆的民族主义建构

予籍隶豫许，客侨洪洞，回忆幼居石固，滨颖川，饱家族之思，长游大梁，客燕代，输种族之想。其民族变迁，故老传述，尤所愿闻。每耳乡曲父老及十数省仕商友人谈曰：木有本，水有源，人有祖。昆仑山脉，黄河流域，固我黄族太始发源地。而数百年来，我辈近祖盖自洪洞大槐树下迁出也。

上面将大槐树移民联系到黄族的族源，令我们想起小脚趾甲传说中的羌人之后说。民国初期，是大汉族主义和国家民族主义的兴盛时期。与早期杨侯国或者明代移民传说的矛盾是：零散的早期传说和话语中包含了对汉民族的某种消抹（如洪洞为羌人之地，当地人为羌人之后）和对国家强制移民（国家殖民）的控诉，而清末和民初的大槐树传说却成为国家和汉民族主义文化认同的象征。

碑志文本四：[1]《增广山西洪洞古大槐树志》（卷首·序），柳蓉，民国二十年荷月

……明洪武永乐间，有迁民遗事。余先祖碑碣，年代符合，木本水源，信而有征……现值大同世界，一本散为万殊，四海皆是同胞，民族合群，共同奋斗，异族罔敢侵略，同种日跻富强。逖迩交称曰：古大槐树关系种族，杨国争光，晋乘生色，……与天地而同流也矣。是为序。

碑志文本五：[2]《增广山西洪洞古大槐树志》（卷首·序六），刘大升、仲棠甫撰

每与南北仕商接谈，闻余籍隶洪洞，咸欣然色喜曰："我祖生于斯，聚于斯，族于斯，自明洪永间迁徙遐方，越数百年，世世相传，皆以古大槐树为纪念，俨若甘棠遗爱，永怀不忘"。于此见故乡，思想种族观念，逖迩皆同数典不忘祖，古今有同情焉。

碑志文本六：[3]《增广山西洪洞古大槐树志》（卷首·增广山西洪洞古大槐树志序），王丕承，民国壬申仲春

旷观古今中外历史，国势之强弱视乎民族之盛衰，尤赖具远识者为提倡，有以感动乡心，联络团体，贯彻爱国爱群之宗旨，以角雄于地球之上，乃不受列强侵略，是知种族之关系大矣哉！余籍隶扎壁，先君尊三公服贾洪崖，忆童

---

[1] 柳蓉,柴汝桢编.增广山西洪洞古大槐树志.张青点校.香港：天马图书有限公司,2000：1-2.
[2] 柳蓉,柴汝桢编.增广山西洪洞古大槐树志.张青点校.香港：天马图书有限公司,2000：6.
[3] 柳蓉,柴汝桢编.增广山西洪洞古大槐树志.张青点校.香港：天马图书有限公司,2000：10.

手趋教鲤庭,早间迁民名迹,阙后缵承父志,在洪经商有年,忝任商会常务委员,虽异乡宛若同乡焉。兹此柴干宸先生增广槐志,余闻之奋袂而起曰:"美哉! 此举俾当日迁徙四方者快观,此编莫不追溯木本,惓怀故国合群卫国之心,渤然而兴焉"。而是民族富强,民国巩固,余指引领望之矣。

上面四个文本,已经将民族扩展为种族,强调民族合群,共同抵御异族侵略,同种人群争取富强。文本四中甚至提到"杨国争光",可见其间的种族关系和国家关系混为一体。文本六更在民族盛衰、爱国爱群、雄踞地球、不受外辱、民族富强等言语下强调种族主义的必要性。

碑志文本七:[1]《增广山西洪洞古大槐树志》(卷首·增广洪洞古大槐树志序),天主公教司铎晋城成玉堂、捷三甫序,民国二十年十一月

先大父号为章,前清诸生每于夜课灯阑下,与幼辈道及国家掌故,曾言有洪洞大槐树迁民之事,时予束发就傅,方六七岁,不甚了了。……乃至,见丰碑竖立于亭中,读其文方知古大槐树处为迁民荟萃之地,遗迹犹存,时在明代洪永间也。……盖地客当南北通衢,凡燕赵鲁豫秦陇等省人士路经此者,皆有敬恭桑梓之思,于此见我国人民种族思想,与乡土观念之浓厚也。年来,每与此邦间缙绅先生谈及迁民往事,信而有证。……而先大父特为余等幼辈提及此事,或有饮思之遗训欤……

文本七由洪洞天主教的司铎所撰写,忆及小时候祖父所谈的"国家掌故",于是借奉命来洪洞任教会司铎的机会,暑期中到大槐树地观看,有了一番感想,并追思可能是祖父思念故乡之遗训,写序以表遐思。文中可见种族观念的影响力和号召力之所在。

碑志文本八:[2]《增广山西洪洞古大槐树志》(卷首·增广山西洪洞古大槐树志序),海鹏、运静、波甫,民国二十一年二月

今之识时务俊杰相聚而谈曰:"民为邦立,立国首在卫民。卫民必先合群,合群之道安在? 须知人本乎祖,木本水源,家族合成宗族,宗族合成国族,今兹增广槐志,盖联络种族之义也。"……当日移民之策,原为殖民,而版图日

---

[1] 柳蓉,柴汝桢编.增广山西洪洞古大槐树志.张青点校.香港:天马图书有限公司,2000:10-11.
[2] 柳蓉,柴汝桢编.增广山西洪洞古大槐树志.张青点校.香港:天马图书有限公司,2000:8-9.

第六章 为何他乡成故乡?——大槐树传说之集体记忆的民族主义建构

广,树木之计,因树人而嘉名益彰。然古今乡心皆同,中外时势各异,余于此不能无感焉。慨自海禁宏开,我华人侨居他邦,非我族类其心必异,初则利用,继则厌制,欧风美雨逼迫太甚,不得已屈服于列强权势之下,弗获自由平等,赋黄鸟以兴欢言,旋言归附我邦族,是华人远适异国所在,皆为危境。洪民迁徙中邦,到处尽属乐郊,何大相悬殊如斯也?

文本八中,海鹏以华侨身份的一番比较和"控诉"十分有趣。他首先批评明代政府的"当日移民之策,原为殖民",这当是一种"国家殖民"——国家对民众的殖民。清代开海禁后,华人侨居他邦,在"非我族类其心必异"的欧风美雨逼迫下,不得已屈服于列强权势之下,难有自由平等。这是一种列强殖民或者"外国殖民"。于是很想回归我邦族。华人远在异国,皆为危境。比不上洪洞移民都是迁徙中邦,到处尽属乐郊。这里似在说:无论明代的国家殖民,还是清代的列强殖民,都是背井离乡,而大槐树才是故乡,并且是国家殖民和列强殖民下的移民和侨民两类人民的故乡。所以,他们的民族主义和国族主义后面,有一种朴素的"民本"思想:"民为邦立,立国首在卫民",然后才是"卫民必先合群,合群之道安在?须知人本乎祖,木本水源,家族合成宗族,宗族合成国族"的说法,清楚表达了"民—族—国"以及"家族—宗族—国族"的逻辑。这些语言与孙中山极为相似。1924年,孙中山在《三民主义》中谈到民族主义与国家的关系,强调民族主义和国族主义两者的一致:

> 什么是民族主义呢?按中国历史上社会习惯诸情形讲,我可以用一句简单话说:民族主义就是国族主义。中国人最崇拜的是家族主义和宗族主义,所以中国只有家族主义和宗族主义,没有国族主义。外国旁观的人说中国人是一片散沙……至于说对于国家,从没有一次具极大精神去牺牲的。所以中国人的团结力,只能及于宗族而止,还没有扩张到国族。[1]

《增广山西洪洞大槐树志》的汇辑者柴汝桢在其序中也说得明白:"孙总理实行三民主义,注重民族,殆谓积族以成国,卫国在合群。欲团结种族,必先感动乡心,此增广槐树志之所以不容已也。"[2]就这样,洪洞大槐树的传说被重新建构,

---

[1] 孙中山. 孙中山选集. 香港:中华书局香港分局,1978:590.
[2] 柳蓉,柴汝桢编. 增广山西洪洞古大槐树志:卷首·序五. 张青点校. 香港:天马图书有限公司,2000:5-6.

民族主义和国族主义尽显其中。

孙中山在"民族主义"中还说：外国人常说中国人是一片散沙，其实中国人有很坚固的家族和宗族团体，"由这种好观念推广出来，便可由宗族主义推广到国族主义"：

> 依我看起来，中国国民和国家结构的关系，先有家族，再推到宗族，再然后才是国族。这种组织，一级一级的放大，有条不紊，大小结构的关系当中是很实在的。如果用宗族为单位，改良当中的组织，再联合成国族，比较外国用个人为单位，当然容易联络的多。……闽粤两省向多各姓械斗的事，起因多是为这一姓对于那一姓，名分上或私人上小有凌辱侵占，便不惜牺牲无数金钱生命，求为族中吐气。事虽野蛮，义至可取。若是给他知道外国目前种种压迫，民族不久就要亡，民族亡了，家族便无从存在……用宗族的小基础，来做扩充国族的工夫。譬如中国现有四百族，好像对于四百人做工夫一样，在每一姓中，用其原来宗族的组织，拿同宗的名义，先从一乡一县联络起，再扩充到一省一国，各姓便可以成一个很大的团体。譬如姓陈的人，因为原有组织，在一乡一县一省中，专向姓陈的人去联络，我想不过两三年，姓陈的人便有很大的团体。到了各姓有很大的团体之后，再由有关系的各姓互相联合起来，成许多极大的团体。更令各姓的团体都知道大祸临头，死期将至，都结合起来，便可以成一个极大的中华民国的国族团体。有了国族团体，还怕什么外患，还怕不能兴邦吗？[1]

孙中山上面一番陈词中所提出的从家族到宗族再到国族一级一级放大的社会结构，早于费孝通的"差序格局"之说。"差序格局"是费孝通提出的概念，认为中国社会像水波纹一样，是以亲属伦常沿差序格局向外扩展的。中国的"家并没有严格的团体界限，这社群里的分子可以依需要，沿亲属差序向外扩大"。[2] 然而，孙中山不仅早就深谙此道，还依此设计出从家族到国族"一级一级的放大"的一体化系统，将宗族之命运系于国族和民族之上。而孙氏的思想，则来自晚清和民初一批知识分子对中国社会的认知。

清末民初的新思想文化，当是大槐树移民地建构形成高潮期的主要动力，其

---

[1] 孙中山. 孙中山选集. 香港：中华书局香港分局,1978：644-646.
[2] 费孝通. 乡土中国. 香港：三联书店(香港)有限公司,1991：43-45.

第六章 为何他乡成故乡？——大槐树传说之集体记忆的民族主义建构

间有不同人、不同意识形态的象征附会参与其中。特别有趣的,是用反对国家的语言(复形小脚趾传说)强调自己的根的国家合法性。用反对明代国家殖民百姓的语言,反对外国的殖民。

孙中山民族主义的另一个要点是汉人的民族主义：

> 要提倡民族主义,必要先把这种主义完全了解,然后才能发挥光大,去救国家。就中国的民族说,总数是四万万人……外来的总数不过一千万人。所以就大多数说,四万万中国人,可以说完全是汉人。同一血统、同一言语文字、同一宗教、同一风俗习惯,完全是一个民族。……但是中国的人,只有家族和宗族的团体,没有民族的精神,所以难有四万万人结合成一个中国,实在是一片散沙,弄到今日,是世界上最贫弱的国家,处国际中最低下的地位。人为刀俎,我为鱼肉,我们的地位在此时最为危险。如果再不留心提倡民族主义,结合四万万人成一个坚固的民族,中国便有亡国亡种之忧,我们要挽救这种危亡,便要提倡民族主义,用民族精神来救国。[1]

杜赞奇曾评价道:"民族主义作为一种关系最显而易见的表达便是世界各地的反帝国主义运动。孙中山等中国民族主义者抱着人多力量大的信念,认为在战乱时期少数民族与汉族同心协力抵抗帝国主义是符合其自身利益的。"[2]

有人群不一定有民族,有民族不一定有民族主义。一个人群被"民族",或者被"民族主义",后面一定有着文化的创造过程。大槐树传说中的人群——无论是杨侯国的羌人,还是明初的移民群体,都还不曾被"民族"化。然而到了民初,在反对帝国主义、反省自身落后的大环境下,"民族"进而是"民族主义"被赋予了生命。"民族被赋予的生命色彩并不只是无用的外壳,对接受这一论述的人来说,这些色彩比其他东西更重要。有了民族,历史叙事就会更生动,更有个性。……民族的概念在群体的过去和将来之间建立一种具体、形象的联系。源于一种集体时代的特殊、偶然的经历,这种联系还不可避免地具有不明确性。这就是为什么从意识形态角度视为当然的民族现象却必须具有集体意志才能延续下去。"[3]大槐树的

---

[1] 孙中山.孙中山选集.香港:中华书局香港分局,1978:593.
[2] [美]杜赞奇.从民族国家拯救历史——民族主义话语与中国现代史研究.王宪明,等,译.南京:江苏人民出版社,2008:13.
[3] [法]德拉诺瓦.民族与民族主义.郑文彬,洪晖,译.北京:生活·读书·新知三联书店,2005:200.

传说,提供了建构"民族"和"民族主义"的象征文本。

在这个意义上,羌人的大槐树传说记忆在《增广山西洪洞古大槐树志》中民族主义的记忆下已经褪色。孙江认为:"建构公共记忆的行为同时也伴随着忘却,忘却构成了记忆的一部分"。[1]大槐树传说在被重新建构的过程中,早期的记忆,无论是羌人、杨侯国还是明初的移民垦荒,都已经逐渐淡出,而民族主义的慷慨激昂已经尽显于大槐树的话语建构之中。

盖尔纳(Ernest Gellner)曾经论述理解民族的两种对立的观点:"原生主义"和"现代主义",前者主张民族一直存在,后者则认为是现代的创造物。他举例说:"爱沙尼亚人就是一个例子。在19世纪初,他们甚至没有自己的名字。与邻居德意志、瑞典公民和贵族以及俄国统治者不同,他们被简单地归为生活在陆地上的人。他们属于没有自我民族意识的那一类。但也是从那时,他们创造了一种可以在塔图博物馆见到的、鲜活儿生动的文化。每一个爱沙尼亚人都有一个牌位——爱沙尼亚有100万人。"[2]联想到大槐树寻根博物馆,虽然没有百万人牌位,却至少有着代表着几千万人的上百个姓氏的祖先神龛。我们是否可以接受现代主义的创造论呢?盖纳尔就持此一观点,他批评原生论者的进化论,提问"亚当有没有肚脐"?意思是:在上帝的创造下,亚当没有肚脐。有"肚脐"的民族是孕生的,而没有"肚脐"的民族是所谓的"上帝"创生的。那么,大槐树是有"肚脐"的孕生,还是没有"肚脐"的创生?看起来两者都有:既有古代的杨侯国和羌人与汉人的融合"孕生",又有民国开始的文化创生。在上述意义上,民族主义和民族历史都是一个建构的过程,有如一些学者所言:"随着民族主义作为政治和社会改革的一种动力,人们发现了用民族历史来说明人类进步的进程,由此引起了现代民族的存在。"[3]不论是历史造民族,还是民族造历史,两者相互的借用恐怕还有着更深层的目的:在国家秩序中定位自己。

---

[1] 孙江. 太阳的记忆——关于太阳三月十九日诞辰话语的知识考古. 南京大学学报(哲学·人文科学·社会科学),2005(4).

[2] [英]莫迪默,[英]法恩主编. 人民·民族·国家——族性与民族主义的含义. 刘泓,黄海慧,译. 北京:中央民族大学出版社,2009:53.

[3] Joyce Appleby, Lynn Hunt, Margaret Jacob. History Makes a Nation, In *Telling the Truth about History*. New York: W. W. Norton & Company, 1995: 92.

第三节　从民间到国家：集体记忆的文化内卷化

大槐树传说的集体记忆,有一个从民间记忆到国家记忆的转变。这一转变的动力学机制,是围绕"国家"的文化内卷化。

大槐树传说最初主要在民间传播,并且传播地不在洪洞——这是一个来自异乡民间的传说,主要见于各地族谱的记载。而北方的民间族谱、家谱多为清代和民国所修,在有限的家谱和族谱查阅中,[1]可以看到几个特点:

第一,以洪洞作为移民迁出地的记载。如张之洞的门人胡均所编《张文襄公年谱卷一》(民国铅印本)记载:"道光十七年丁酉、西历1837年八月初三日公生于贵州兴义府官舍。公讳之洞,字孝达,号香涛。……先世山西洪洞县人,明永乐二年迁山右民实畿辅,始祖本自洪洞徙滏县……"。这类由洪洞迁出的说法一般十分简单。清王道隆撰《王氏家谱》(重修王氏家谱序)为道光刻本,有"吾家系出洪洞,洪洞之王自昔为右姓,而吾迁祖自洪洞而来,已莫识其所自出。……而宗支未始不可按籍而稽也。故兹谱之作,自迁祖以上则概从其略,自迁祖以下则必纪其详"。这里说洪洞始迁祖已经无从细考,自始迁祖之前的先祖只好在修谱时省略,从洪洞的始迁祖开始,才有了详细的记载。那么,洪洞的明代始迁祖为何到清代才开始有说法,而过去一直没有追究?这是否与华北较华南稍晚的宗族创造中"寻找"祖先的行为有关?

关于山西移民的官方记载,散见于《明史》等,如《明史·食货一》记载了明太祖朱元璋和明成祖朱棣两次较大徙山西民的情况。《明太祖实录》(卷193)也有洪武和永乐年间相似的移民记载,不过都没有具体到洪洞及其大槐树的记载。《大槐树迁民》中搜集了洪洞迁民在各省的记载,[2]其中明确从洪洞迁出的记载有限,特别是与明初移民时间相近的相关县志记载更为少见。明代顾炎武的《天下郡国利病书》(卷五)中引述有"国家洪武初,承金、元之后,户口凋耗,闾里数空,诸州县颇徙山西泽、潞民填之"。这类与移民时间相近的记载,也未提到洪洞。

第二,上述族谱资料中明确与洪洞"大槐树"有关的迁出记载不多。除去民国

---

[1] 主要检索了"中国家谱网""中华寻根网"的部分资料以及《洪洞大槐树移民志》所列的近百份族谱摘要。

[2] 郑守来,黄泽岭主编. 大槐树迁民. 北京:中国档案出版社,2000:165-166.

的寥寥几篇,清代的记载也为数不多,如(1)祁文汪《山西寿阳祁氏世谱》,祁氏世系考,清咸丰二年刻本:"祁氏始祖河东公于元之季自洪洞县大槐树迁居寿阳县北平舒村"。(2)祁寯藻《□□亭集》卷二十,古今体诗五十一首,清咸丰刻本,《送六弟之馆洪洞四首》之一:"姑射神仙宅,王官吏隐居。莲花好城郭,槐树旧村墟(吾家明初自大槐树迁寿阳)。忧患能伤性,清闲且读书。向来离别意,只为望门闾。"(3)《王氏族谱》(清同治年间纂修),由山东平阴县训导张毓兰、平阴县知县张旭曦、平阴县知县邓开运以及王氏十五世孙王兴麟等修,十六世孙王家修、王家魁等撰:"吾家原籍山西平阳府洪洞县大槐树东茄子王庄人氏。自前明洪武年间迁于山东泰安府平阴县城北三十五里亦名茄子王庄。"这类记载中,大槐树的象征符号意义并不明显。

其中一篇《滑氏族谱》为清道光年间纂修,记载如下:[1]

> 明洪武年间相传始祖母,携其三子自洪洞县迁移偃师县游店村西头。……滑氏之式微甚矣。……或问迁民之说端何时?熙曰有据。尝考《明史》,洪武朝户部郎中刘九皋上疏,言古狭乡之民,听迁之宽乡,欲地无余利,人无失业也。上从其言,迁山西泽、潞民于河北,屡徙浙西及山西民于滁、和、河北、北平,则滑氏来偃,其在明初无疑也。或有问未迁之先,祖居山西何地,故乡尚有何人?熙曰无据。老人相传,自洪洞大槐树下迁来。一说山西迁民不迁洪洞,故人多逃聚此邑。骤然行文,独迁洪洞。所以传至今日,凡属迁徙者,各族皆有此说。

这一记载道出了一类实情:早期的祖先不详,问何时移民,回答有据。根据是国家的《明史》记载。若再问移民的迁出地何在?回答无据。只有老人相传来自洪洞大槐树下,流传至今,并且"凡属迁徙者,各族皆有此说"。该族谱中还有一个说法,"山西迁民不迁洪洞,故人多逃聚此邑。骤然行文,独迁洪洞。"就是说,为避明初的移民垦荒,许多人逃到没有移民"指标"的洪洞,结果政府骤然行文,独迁洪洞之民。族谱资料中也有零星这样先迁入再迁出洪洞的记载,如民国张祖佑撰《张惠肃公年谱》卷一(民国印本):

> 公讳亮基,字采臣,号石卿,晚号退思。老人张姓,系出宋越国公张世杰

---

[1] 张青主编.洪洞大槐树移民志.太原:山西古籍出版社,2000:120.

第六章　为何他乡成故乡？——大槐树传说之集体记忆的民族主义建构

之后,世居范阳,迁山西洪洞县大槐树下,为邑望族。明季迁居皖之桐城。传至六世祖讳某公,复迁居徐州府城北关管仪门,遂占籍为江苏铜山县人。公生二子早卒,室某太夫人苦节抚孤。康熙初,次子讳某公因事被罪,长子讳某公为公五世祖,体母氏怜爱幼子意,遂代弟引罪,遣戍辽东。……洪是为公之高祖,考云山公,家经月末兵燹,复幼遭家难,先世谱籍湮佚莫可考。

上面的记述便是先迁入洪洞大槐树下,然后又在明代迁出洪洞。不过后面的文字说明:祖先的情况并不清楚。例如自明初迁居安徽后的这段历史几乎中断,早期的祖先不断使用"某公"来称谓,并说明"先世谱籍湮佚莫可考"。其中有一段文字涉及从安徽迁徐州后,"占籍为江苏铜山县人",十分有趣。如果此处"占籍"是指里甲户籍制度中的情形,说明他们有过从移民的客籍变为主籍(主户)的过程。对移民来说,能够进入主籍是一个拥有国家正统身份的标志。他们在族谱中特别将这一点表达出来。而洪洞大槐树的表述,则是他们从另一个角度在寻求一种国家正统的表达。

另一个与户籍有关的例子体现在丰县《刘氏族谱》(明万历十四年修)中:[1]

吾家世居山西洪洞县野鸰窝。世远代更,未易追数。元末大乱,我始祖考讳顺,偕世祖妣尹氏去山西洪洞,至丰壤。见其土沃俗美,于城北三十里许相其地,随止舍焉。名其村曰:刘家营。迨至大明隆兴,新命定邦国。国籍编户永安里一甲民籍人户,遂创业垂统。垦田积善,生三男一女,女居长焉。择配不轻许字,偶于谷亭镇,侍伍广众中,遇一壮士,倜傥不群,心甚奇之,遂纳为婿,乃今高氏始祖友谅公也。男婿同居共爨三十余年,析居分地二十余顷,友谅入名官册,加刘姓于高姓之上,同宗一体,共户当差,永传世代,愈衍愈繁。高氏之族,姑不暇详。……至万历十三年清明节,立始祖四时祀典,大会族人,和气蒸蒸,幽明无闲。使祖考之茔,虽分而不分,皆知始祖之为本源也。

上面的记述也涉及里甲户籍制度。刘氏从洪洞移民丰县后,在编户齐民中入籍永安里一甲民籍。民籍相对军籍(军户)更加"国家正统"。这里的有趣之处是"共户当差"有两个姓氏:刘氏和高氏。高姓作为女婿进入刘氏宗族,但中间很显

---

[1] 张青主编. 洪洞大槐树移民志. 太原:山西古籍出版社,2000:106-107.

然有过"析居分地二十余顷"的分立。"高氏始祖"和"高氏之族"之谓,以及"友谅入名官册",说明双方各有权利。然而,"加刘姓于高姓之上,同宗一体,共户当差"的说法,又似乎意味着要强调高氏处于附属刘氏的地位。无论如何,里甲户籍制度使得人们的国家正统观念得到了强化。至于"吾家世居山西洪洞县野鹳窝"的说法,[1]无疑也是一种附会国家话语的努力。

无论如何,大槐树传说起自民间,多见于族谱家谱,后来在民国建构为国家民族主义的集体记忆。然而,大槐树传说一开始就没有离开过"国家"。按照记忆内容的年代,不难看到国家记忆的四种表达:(1)纳入的国家记忆。包括杨侯国羌人随汉、两瓣小脚趾的故事,都是一类进入国家正统的表达。(2)仇恨的国家记忆。主要来自明初洪武和永乐年间大槐树移民的传说。这一类传说中,民众与国家的对抗十分尖锐。甚至在胡大海的传说中,[2]国家成为罪大恶极的暴徒。(3)依附的国家记忆。主要表现在清代及以后的族谱记载中,联系到户籍和寻求正统的国家依附,将洪洞大槐树作为祖籍地以正身份。(4)凝聚的国家记忆。主要体现在晚清民国的民族主义之重构中。无论何种表达,都是"国家"的记忆,都是围绕着"国家",都是"国家在场"的。景军曾在《神堂记忆》中,分析了百姓的"政治记忆"。[3]国家在人们记忆中十分重要。正因为"国家"的存在,才使得从民间传说到国家记忆的转变能够顺利完成,因为看起来没有丝毫民族主义的大槐树故事,其中却句句渗透着国家的影子,体现着人们焦虑并关注于他们在国家中的位置。

蔡志祥在《开山宿老与英雄》一文中,讨论了香港新界的移民传说与历史记忆。他认为:"在集体记忆的建构过程中,何者应该被记忆下来,何者应该被忘记,是有时间和地域上的意义的。""为什么有些乡村选择抗英这一标签,把乡村的辉煌过去与抗英、抗日的民族大义紧扣一起?为什么有些社群选择把抗英、抗日作为一个社区过去整体的一部分,这部分或以实在的神位、庙廊显示出来,或藏于仪式之中,甚至将之完全忘却?前者也许是倾向于地域界线的取消,而后者则强

---

[1] "祖先故居叫什么,大槐树下老鹳窝。"老鹳窝与大槐树紧密相连。至于人们流传的"老鸹窝"的说法,曾有地方学者进行过辨识。参见:刘郁瑞. 洪洞三胜. 香港:天马图书有限公司,2000:86-93.

[2] 张青主编. 洪洞大槐树移民志. 太原:山西古籍出版社,2000:343-344.

[3] Jing Jun. The Temple of Memories: History, Power, and Morality in a Chinese Village. Stanford: Stanford University Press,1998.

第六章 为何他乡成故乡？——大槐树传说之集体记忆的民族主义建构

调地域群体的团结。故此，历史记忆的选取与地域社会本身的结构有密切的关系。"[1]大槐树传说无论对移民群体还是民族主义建构，都表达着文化的认同，而文化认同是一种重要的文化权力。寻根的合法性在于寻找国家的合法性，国家的观念已经深深嵌入人们的历史集体记忆。

大槐树传说，尽管是一个部分虚构的有关明初洪武、永乐两朝山西历史移民的故事，却在晚清至民国的社会转型中作为民族主义的集体记忆而发生，并在后来成为至今仍然广泛传颂于北方地区的民间集体记忆。大槐树传说从虚构到变成一种集体记忆，其动力学的机制何在？这种民族主义和国族主义的集体记忆为什么能够持久地维持，并且至今还在不断被赋予新的意义？

沃茨(James Wertsch)指出："用于集体记忆的文本资源总是属于并因此反映出一个社会的脉络和历史。""文本资源会带着社会立场和观点被用于集体记忆"。他认为：集体记忆是一种天然的分布现象。它被定义为一种主动的能动者和他们所使用的文本资源(叙事文本)之间的必不可少的张力。[2]记忆不同于历史事件本身(有虚构)，它有自己的形成机制，即做信息最大化的选择。然而，这一最大化的选择为什么会是"国家"？沃茨曾经归纳集体记忆的三个基本主题：第一，集体记忆是主动的；第二，集体记忆本质上是社会的；第三，集体记忆是动力学的。[3]本文从大槐树的个案研究，补充提出三个相应的主题：(1)集体记忆是象征实践的；(2)集体记忆是文化创造的；(3)集体记忆是信息动力学的。就大槐树的集体记忆而言，这种信息动力学的机制之一就是围绕"国家"的文化内卷化。

人类学家曾经使用内卷化(involution)的概念。1963年，美国人类学家格尔兹(Clifford Geertz)在《农业内卷化》[4]一书中系统地运用"内卷化"这个概念，借以描述印度尼西亚爪哇地区一种具有生态稳定性、内向性、人口快速增长、高密度的耕作过程；这种社会允许调整、吸收、采纳，但不支持真正的变迁。这种韧性的后哥特式农业的基本模式，由于内部的不断精致化，使每一个人和每一个细节被

---

[1] 蔡志祥.开山宿老与英雄//赖泽涵,傅宝玉主编.义民信仰与客家社会.台北:南天书局,2006.

[2] James V Wertsch. Voices of Collective Remembering. Cambridge:Cambridge University Press, 2002:172 174-175.

[3] James V Wertsch. Voices of Collective Remembering. Cambridge:Cambridge University Press, 2002:172-173.

[4] Clifford Geertz. Agricultural Involution. Berkeley:University of California Press,1963.

安排得十分精细和复杂。在文化进化论者塞维斯（Elman Rogers Service）看来，内卷化也是一种革新的形式，不过这种革新试图保存现存的结构，通过"修补"来解决新问题。Involution一词源于拉丁语的involutum，原义是"转或卷起来"，表达了"一种盘绕起来的、复杂的、纷繁混乱的事物——一种特化的产物"。[1] 黄宗智用满铁资料分析华北的小农经济，指出了内卷的经营——在劳力报酬少于劳力生存所需的情况下，仍旧投入劳力的经营。它可能为生存而把劳动力投入边际报酬低于市场工资的地步，一直到边际报酬趋向于零。黄宗智指出：中国的悖论现象是商品市场经济与小农生产的共存；19世纪没有乡村发展的城市工业化；以及过密型（involution）的商品化（以区别前资本主义的商品化），结果是没有发展的增长。[2]

上述内卷化研究已经涉及"国家"，杜赞奇（Prasenjit Duara）则直接用国家内卷化（state involution）描述了民国前期国家权力向地方社会的扩张，其所造成的两个影响便是税收增加和乡村政治制度架构的改变。内卷的含义是国家—社会关系的继传模式之复制、延伸和精致化。[3] 与杜赞奇的角度不同，萧凤霞（Helen Siu）在《一个中国市镇中的社会主义小贩和王子》一文中，用"国家内卷化"这一概念去看国家和地方社会之间的相互渗透和互锁——特别是80年代以来，地方怎样仍旧用原有的"国家"去整合地方。她认为，如果地方社会依然不自觉地衍续这一政治文化，可能会歪曲经济改革的本来目标。[4] 这一观点强调国家的内卷化不仅是国家的参与，也有地方社会乃至普通百姓的参与，是一种"共卷"。

笔者曾经讨论了政治文化的内卷。强调"文化内卷化"。文化内卷化（cultural involution）主要是指"文化"参与的社会复制（不是简单的复旧）与精致地格定各种秩序。这一"文化"的参与不是固定的，文化内卷化也是文化的实践。[5] 在民国初期，围绕"民族""国族"的文化内卷十分广泛，主要表现之一是围绕"民族"和"国家"的文化创造。不过，潘光旦对此提出了质疑，他强调较为"实

---

[1] [美]塞维斯. 文化进化论. 黄宝玮，等，译. 北京：华夏出版社，1991：9-12.

[2] [美]黄宗智. 华北的小农经济与社会变迁. 北京：中华书局，1986.

[3] Prasenjit Duara. State Involution: A Study of Local Finances in North China, 1911-1935. *Comparative Study of Society and History*, 1987, 29(1): 132-161.

[4] Helen F. Siu. Socialist Peddlers and Princes in a Chinese Market Town. *American Ethnology*, 1989, 16(2): 195-212.

[5] 上述有关内卷化的讨论参见：张小军. 理解乡村内卷化的机制. 二十一世纪，1998(2).

第六章 为何他乡成故乡?——大槐树传说之集体记忆的民族主义建构

在"的民族,如血缘和生物基础上的民族,反对超越"事实"的滥用:

> 最初讲五族共和的人,和讲民族主义的孙中山先生一样,都还算是好的,他们在讲的时候,心目中都存着一个或多个血缘的团体。……后来的作家论家就不如是了。他们讲民族复兴,而所探讨者无非是各种建设,如心理建设或经济建设;他们讲民族出路,而一心所期待者是国际局势的剧变与重新支配;他们讲民族革新,而所认为应努力者是文化的再振旗鼓。四五年前,我看这一类的议论看得实在不耐烦了,还作过一篇稿子,叫做:《不踏实地的"民族"议论》,所谓实地,就是血缘与生物的立场了。……明明不提或不了解一种努力到底和民族血缘和生物的前途有何种因食果的关系,而滥用民族这名词,足见大家也不过是追逐着民族主义的波流人云亦云的说说罢了。[1]

遗憾的是,这种"不踏实地"的"民族"滥用,特别是虚构和编造已经充斥华夏,而这并非国人的发明。西方早就在创造着"想象的共同体"。安德森(Benedict Anderson)在批评盖尔纳的"民族主义发明了原本并不存在的民族"的创生观点下,认为"他太热切地想指出民族主义其实是伪装在假面具之下,以致他把发明等同于'捏造'和'虚假',而不是'想象'与'创造'"。于是他定义了可称之为"想象的创生说":"遵循着人类学的精神,我主张对民族作如下的界定:它是一种想象的政治共同体——并且,它是被想象为本质上有限的,同时也享有主权的共同体"。[2] 安德森认为之所以民族是想象的,乃因为一个人接触的人群其实很有限,超越了可以直接接触的人群之外的一切共同体都是想象的。而如果这个逻辑成立,那么所谓的国家、民族、工人阶级、氏族等,便都是想象的。当然,安德森还有更进一步的孕生说的文化理解:"我们应该将民族主义和一些大的文化体系,而不是被有意识信奉的各种政治意识形态,联系在一起加以理解,这些先于民族主义出现的文化体系,在日后孕育了民族主义,同时也变成民族主义形成的背景。"[3] 的确,在中国文化中家族主义和宗族主义背景下,围绕大槐树的民族主义很快就与之结合,并创造出从家族主义、宗族主义到民族主义和国族主义的连续

---

[1] 潘光旦. 中国之民族问题//潘光旦民族研究文集. 北京:民族出版社,1985.
[2] [美]安德森. 想象的共同体——民族主义的起源与散布. 吴叡人,译. 上海:世纪出版集团,2003:5-6.
[3] [美]安德森. 想象的共同体——民族主义的起源与散布. 吴叡人,译. 上海:世纪出版集团,2003:13.

的想象共同体。

安德森还特别提到借语言来建构想象的共同体,他试图举例说明"民族就是用语言——而非血缘——构想出来的,而且人们可以被'请进'想象的共同体之中"。[1] 其实,陈寅恪早就提出过类似的"文化重要于血缘"的观点。[2] 不过,孙江在《想象的血》一文中有不同的列举,描述了异姓结拜与记忆共同体的创造。他特别分析了血缘关系和歃血为盟两种"血"的区别和联系。[3] 前者是亲缘之人血,后者是结盟之鸡血,却在异姓结拜的秘密会社的记忆共同体创造中结合起来。"血"在这里同样可以作为一种带有意义的象征语言,进入想象共同体的建构之中。无论如何,围绕大槐树传说的同根同族,就是使用传说这种语言,并且带着强烈的"文化血缘"的意义来进行民族共同体之想象的。

内卷化总是试图维持和精致既存的秩序,在秩序变化时力图将秩序拉回原地。集体记忆是一种共识模式,一种文化秩序,甚至是一种社会结构(如社会化和教育过程)。集体记忆作为一种文化秩序,通常有自维持的内卷倾向。破坏集体记忆,意味着社会结构、文化秩序的某种破坏。大槐树传说十分类似:一方面,伴随着社会转型,大槐树的集体记忆发生重构,"民族主义"成为关键词语;另一方面,在叙事文本的转变中,国家的控制力始终存在,国家政治文化作为慢变、稳定的序参量,起着无处不在的基本作用。文化内卷回答了为什么这类集体记忆具有更加稳定和持久的特性。

大槐树的传说中,围绕"国家"的文化内卷化始终存在。这种内卷化体现在国家意识形态、百姓的集体记忆等很多方面。如果说,小脚趾的传说是在强调移民的国家正统身份,那么民族主义强调的则是全民族的国家文化认同。在两者的集体记忆后面,都有一个国家的"根隐喻(root metaphor)"——深藏于国家的文化内卷之中。大槐树传说反映的国家内卷,是一种集体记忆的文化内卷,是百姓和国家共同参与的内卷。并非简单的国家控制模式。换句话说,广泛的集体记忆的动力学,是不能简单地用国家单向的控制来说明的。内卷化的集体记忆包含了国家与百姓、现代与传统、权力与利益、资源与实践者、教育与文化创造等之间的复杂

---

[1] [美]安德森. 想象的共同体——民族主义的起源与散布. 吴睿人,译. 上海:世纪出版集团,2003:171-172.

[2] 陈寅恪. 唐代政治史述论稿. 上海:上海古籍出版社,1982.

[3] 孙江. 想象的血//孙江主编. 事件·记忆·叙述. 杭州:浙江人民出版社,2004:190-213.

第六章 为何他乡成故乡？——大槐树传说之集体记忆的民族主义建构

联系。

内卷化带有一种相对长时续的结构特征。萨林斯(M. Sahlins)曾用库克船长的故事说明了一种机制："变化越大,越是一成不变。……这种人所共知的结构主义观,已经成为一种历史性理念了。它声称,过去就存在于我们中间"。[1] 大槐树的传说在变,从小脚趾到民族主义,但是深层的逻辑结构没有变。今天,这种形式上的重构还在进行,洪洞的"大槐树历史寻根博物馆"游客盈门,祭祖的香火旺盛;透过大门影壁上巨大的"根"字,展现了一幅万民同根、百族同源的景象。总书记的题字变成民族统一战线的手段和空间、改革开放的文化旅游胜地。人们也在寻找着姓氏之间的关联。其背后的国家的文化认同仍在,国家的文化内卷依旧。

然而,更为重要的,是大槐树传说对"国家"之超越。早期的大槐树传说,已然跨越了杨侯国和晋国、汉人和羌人等界限;明初的移民传说中民众和国家的对抗,到后来已然被民初民族主义的浪潮淹没,而形成了同祖、同族、同根的国族一体。程美宝在晚清"广东文化"观的形成的研究中,曾经反思"以国家为历史过程的单位,显然已不能满足人们对自身历史的自我认知的要求"。并批评一种简单的二元对立的方法论："二元对立的'基层/民间/地方 VS. 国家/官方/中央'的分析框架,若用于讨论中国社会或讨论传统中国的知识群体,其适用限度是很值得我们质疑的,有理由相信,这个分析框架并不适合于国家和地方社会已经达到的相当程度的整合的明清时期的中国。传统中国的士大夫,对于某朝代或某皇帝可能不满,但在意识形态和价值追求方面,却罕有与官方抗衡者;无论他和中央距离有多远,他从不把自己视作'基层'或'边缘',从不把自己视作仅仅是属于某'地域'的群体,因为他们总是执意相信自己是属于'天下'的。"[2] 从民间传说到国家集体记忆的过程,是一个国家意识形态进入民间的过程,这个双向的过程,使得国家与民众更加融为一体——这是一个国家内卷化的真实过程。这一集体记忆的国家内卷化已经超越了国家制度和国家意识形态层面,而是一种更为广泛的"文化内卷化"。

---

[1] [美]萨林斯. 历史的隐喻与神话的现实//蓝达居,张宏明,黄向春,刘永华,译. 历史之岛. 上海：上海人民出版社,2003：229-333.

[2] 程美宝. 地域文化与国家认同：晚清以来"广东文化"观的形成. 北京：生活·读书·新知三联书店,2006：316-317.

结论　为何他乡成故乡？

追溯大槐树传说的起源时间和地点，或许是史学家们的追求。大槐树传说的主要地域无疑是在大槐树的异乡，对于这些传播地区来说，大槐树作为故乡的证据显然不足，然而，为何他乡成故乡？

洪洞大槐树传说作为一种象征的建构，特别是在"民族主义"和"国族主义"的话语下，提供给民众广泛地认知他乡成为故乡的充分理由。本章则通过大槐树移民传说的部分文本分析，探讨围绕这一传说的集体记忆，探讨这一集体记忆在民国初期的民族主义建构以及它是如何从民间记忆走向国家记忆的。大槐树传说初在异乡民间传播，带有部分虚构的特征，然而却在民国初期真实地按照民族主义的意识形态，建构起国家的集体记忆。在这一集体记忆"国家化"的过程中，乡绅、士大夫和地方官员扮演了重要的角色，他们主动创造和建构自己的"国族"，并将"国家"的话语和权力引入民众和基层，形成了集体记忆的"文化内卷化"。反映出近代中国社会通过象征资本再生产的"国家化"过程。

第三部分　资本与象征实践

本部分的资本与象征实践，重点在于探讨文化资本和象征资本生产与再生产的象征文化实践。布迪厄曾经提出经济资本、政治资本、社会资本、文化资本和象征资本的资本体系，这些资本的生产与再生产本身也是象征意义的生产，即文化秩序的生产。象征资本作为一种认知的资本，具有意义生产和转换的重要作用。林·亨特（L. Hunt）认为，新文化史"探讨方向的焦点是人类的心智，把它看作是社会传统的贮藏地，是认同形成的地方，是以语言处理事实的地方。文化就驻在心智之中，而文化被定义为解释机制与价值系统的社会贮藏地。文化史研究者的任务就是往法律、文学、科学、艺术的底下挖掘，以寻找人们借以传达自己的价值和真理的密码、线索、暗示、手势、姿态。最重要的是，研究者开始明白文化会使意义具体化，因为文化象征始终不断地在日常的社会接触中被重新塑造"。[1] 文化作为象征意义的编码体系，影响着社会制度的运行。上文介休洪山泉的治水之道，就是用水神的文化权威和庙宇的文化资本来安排水资源和水权的经济运行。同理，本部分中的漕运经济一章，探讨了依赖天后信仰的文化资本和以天后庙为社会资本空间的地方会馆，如何成为漕运经济的重要支撑；阳村宗族一章则探讨了民国时期的新制度变革，又是如何因无法建立起新的文化象征秩序而失败。

第七章《天后北传与漕运贸易》（发表于《南京大学学报》2016 年第 4 期），是北方天后信仰的个案研究，将天后信仰放在文化资本的视角下展开讨论，理解一种围绕信仰的文化资本经济。元代开始的贡粮漕运伴随着天后信仰大规模地北

---

[1] [美]阿普尔比，[美]亨特，[美]雅各布. 历史的真相. 刘北成，薛绚，译. 北京：中央编译出版社，1999：198.

传。天后信仰不仅是贡粮经济的重要组成部分,还进入国家的祀典,成为国家管理漕运的文化表征。北传的天后信仰通过天后宫庙和地方会馆连接的贸易网络,直接促进了长达数百年的沿海经济带之形成,推动中国取得了世界贸易的优势地位,并促使中国成为亚洲地域经济圈的中坚。文中简要探讨了漕运贸易中天后信仰及其民教伦理于贸易发展的作用,尝试从"文化资本"的视角,理解这样一种"共主体经济"的内在文化逻辑。

第八章《象征资本的再生产——从阳村宗族论民国基层社会》(发表于《社会学研究》2001年第3期),通过象征资本生产和再生产视角,对民国时期的阳村宗族和乡绅进行了分析,并运用"象征资本再生产"的解释框架,探讨了阳村宗族在晚清到民国时期的衰落,以此理解民国基层社会的演变,指出在轰轰烈烈的制度更替和变迁中,应更加关注深层的文化逻辑。任何社会变革或者改革的失败,通常不是败于新制度,而是败于"文化"。例如法国大革命,托克维尔(Alexis de Tocqueville)评价说革命并没有带来自由和民主,反而是专制。"一个比大革命推翻的政府更加强大、更加专制的政府,如何重新夺得并集中全部权力,取消了以如此高昂代价换来的一切自由,只留下空洞无物的自由表象;这个政府如何把选举人的普选权标榜为人民主权,而选举人既不明真相,又不能共同商议,又不能进行选择;……它还取消了国民的自治权,取消了权利的种种保障,取消了思想、言论、写作自由——这些正是1798年取得的最珍贵、最崇高的成果——而它居然还以这个伟大的名字自诩。"[1]傅勒(Francois Furet)认同托克维尔的观点,他发现大革命与专制的形影相随,"大革命并没有缔造一个新的民族,没有打造一个新的法兰西:'革命只是规范了、调整了一桩大事业的效果并使之合法化,并非革命就是这事业本身'。"[2]法国大革命的失败就在于没有足够的新秩序的文化储备,结果在失序中导致了专制的复现。民国的失败也并不在于表面的制度如何变革,而在于人们对新文化、新制度、新国家在象征资本再生产中理解的失败,在于没有解决深层的文化秩序,是象征"意义"生产的失败。

---

[1] [法]托克维尔. 旧制度与大革命. 冯棠,译. 北京:商务印书馆,2013:32-33.
[2] [法]傅勒. 思考法国大革命. 孟明,译. 北京:生活·读书·新知三联书店,2015:197.

第七章 天后北传与漕运贸易
——一个文化资本的视角

天后(妈祖)的研究,历来集中在以天后诞生地闽南为中心的华南地区。对于天后在北方地区的传播和演变的情况研究偏少。[1] 按照各地地方志和有限的史料记载,天后崇拜在宋元时期已有北传,与漕运有关的大规模北传始于元代,其主要原因是国家漕运的贡粮(税粮和军粮)北运,并由此带动了沿途的地方贸易。然漕运研究和相关的朝贡贸易研究几乎忽略了祭祀和信仰,明清贸易研究也多对信仰于经济的重要作用略而不谈。

韦伯(M. Weber)曾将新教伦理和资本主义(商品)经济联系起来,[2]并在《儒教与道教》中以此思维模式,认为中国的儒教、道教或宗法伦理不适应资本主义的发展,致使中国早已经出现的资本主义萌芽在后来没有发展为资本主义。[3] 金耀基曾对韦伯的观点提出质疑,认为儒教伦理对于中国经济和亚洲经济圈的发展具有重要的作用。[4] 亚洲四小龙的发展已经印证了"第二现代化之路"。宗教于经济的作用至少有两个层面:伦理和信仰。前者偏价值功能,后者偏秩序功能。格尔兹(C. Geertz)在《尼加拉:十九世纪巴厘剧场国家》中曾研究灌溉中的

---

[1] 宋玉娥. 烟台天后行宫与我国南北近海贸易//肖一平,林云森,杨德金编. 妈祖研究资料汇编. 福州:福建人民出版社,1987;李玉昆. 妈祖信仰在北方港的传播. 海交史研究,1994(2);张小军. 天后北传与历史再造——北方天后庙的田野考察. 香港:香港中文大学博士后研究论文,1998;李海强. 青岛地区妈祖信仰与港口发展的互动. 闽台文化交流,2003(3);闫化川. 妈祖信仰与社群关系——以莆田湄洲岛之妈祖信仰研究为例. 济南:山东大学博士学位论文,2006;陶道强. 南神北上的境遇——论明清时期的妈祖信仰. 康定民族师范高等专科学校学报,2008(6);韩安顺. 青岛天后宫与妈祖文化. 青岛大学师范学院学报,2010(2);张晓莹. 辽南妈祖信仰的形成. 福建论坛,2011(6);孙晓天. 辽宁地区妈祖文化调查研究——以东港市孤山镇为例. 北京:中央民族大学出版社,2011;河北省妈祖信仰调查研究. 莆田学院学报,2014(3);项婧,刘晨. 青岛天后宫及其信仰境遇评析. 内蒙古师范大学学报,2014(3);李凡. 山东地区妈祖信仰研究. 济南:山东大学博士学位论文,2015.
[2] [德]韦伯. 新教伦理与资本主义精神. 阎克文,译. 上海:上海人民出版社,2010.
[3] [德]韦伯. 儒教与道教. 王容芬,译. 北京:商务印书馆,1995:138,288-289.
[4] 金耀基. 儒家伦理与经济发展:韦伯学说的重探//中国社会与文化. 香港:牛津大学出版社,1992:137-141.

祭祀体系，认为上层王权仪式和基层自治生产单位的农业仪式在巴厘岛的农业灌溉中发挥着重要作用。包括自上而下的全巴厘庙的全塔巴南放水仪式，灌溉会社庙、村庙、众水神庙的庙会，灌溉会社内部祭坛的定期献祭，直到稻田庆祝仪式。王权在"开水"仪式中的作用是象征性的，剧场国家是指国家上层的政体表现为象征性表演的管理。[1] 兰辛(John Lansing)则认为国家的象征权力并非仅仅是表演性的，它与上述各种灌溉仪式一道，真实地参与着生产和产权的一整套文化安排。[2] 笔者在山西介休源神庙的研究中，探讨了历史上庙宇和源神信仰在灌溉中的重要作用。为防止灌溉争水而形成冲突，当地围绕水利庙宇，形成了一套水管理的祭祀体系，每年三月三开始灌溉，各村水老人要在源神庙商议分配当年的用水，发放水牌，举行开水仪式，用神威约束灌溉行为并勒文于碑："若有违者，唯神殛之。"[3] 上述宗教信仰对于经济活动的深层影响还来自与信仰相关的文化认同、价值观念、伦理道德、思想符号、民风习俗等"民教伦理"。它们对经济的作用，可以延伸理解为文化资本的作用。

文化资本的概念曾经由布迪厄(P. Bourdieu)提出，按照布迪厄的资本体系，文化资本是一种信息资本，涉及文化知识、能力和秉性(disposition)的形式。[4] 莫斯(M. Mauss)曾经指出："在前人的法律和经济体系中……交换的不尽是物品和财富、动产和不动产等有经济价值的东西，更主要的还有礼仪、宴请、军事、女人、孩子、舞蹈、节日、仪式及聚会等。在这些交易中，财富的流通只不过是契约关系持续的一种方式罢了。"[5] 莫斯虽然没有使用"文化资本"的概念，但是礼仪、宴请、舞蹈、节日、仪式及聚会的交换实为文化资本的交换，在初民社会十分重要。萨林斯(M. Sahlins)则在对话莫斯的礼物之灵"hau"时，指出在礼物循环中，灵力

---

[1] [美]格尔茨. 尼加拉：十九世纪巴厘剧场国家. 赵丙祥, 译. 上海：上海人民出版社,1999：45-60,80-101.

[2] J. Stephen Lansing. Priests and Programmers: Technologies of Power in the Engineered Landscape of Bali. New Jersey: Princeton University Press,1991：37-72.

[3] 张小军. 庙宇、水权、国家——山西介休源神庙的个案研究//赵世瑜主编. 大河上下：20世纪以来的北方城乡与民众生活. 太原：山西人民出版社,2010：117-118. 所引碑文出自《新城南上堡水神庙记》（万历八年）.

[4] Pierre Bourdieu. The Field of Cultural Production: Essays on Art and Literature (Randal Johnson edited and introduce). Cambridge: Polity Press,1993：7.

[5] [法]莫斯. 论馈赠——传统社会的交换形式及其功能. 卢汇, 译. 北京：中央民族大学出版社,2002：40-41.

"hau"是具有生产力或者增值力的"资本",它创造礼物的利润。[1] 这样一种带有灵力的资本也可以理解为一种文化资本。在上述源神庙的研究中,笔者曾指出,"围绕水利庙宇,形成了一套水管理的祭祀仪式和水权见证的权威体系这样一类文化资本"。[2] 实际上,文化资本是一种表征性资本(representative capital),主要包括价值观念、信仰宗教、伦理道德、文学艺术、思想符号、教育素养、品味风格、民风习俗等的资本形态。它对经济资本的运行具有增值、转换和调节等功能。

漕运的祭祀制度和仪式很大程度上联系到诸如天后信仰一类的文化资本,具有重要的文化安排作用。首先,作为贸易过程中的文化安排,国家祭祀和民间祭祀形成了一套制度体系。依赖这一祭祀和信仰制度,国与商、官与民紧密结合,民间组织得以建立认同,贸易网络也由此增强。第二,天后祭祀作为国家的祀典,从仪式上强化了漕运的国家权威,使国家权力和神威融为一体。第三,它以信仰强化了地缘等文化认同并以此信任伦理建立了信仰圈,保证了贸易网络的畅通。信仰圈的文化凝聚力和文化安排在漕运贸易中是十分重要的。第四,它促进了会馆体系和贸易网络的社会资本形成,进而促进经济资本的运行。在一定程度上,围绕宫庙的会馆体系成为贡粮贸易的基础网络,形成了延伸到北方,几乎遍及大半个中国的贸易组织和民间贸易制度,并与周边国家的朝贡贸易相伴随,成为亚洲"地域经济圈"[3]的一个重要组成部分。由以上,本研究尝试从"文化资本"的视角,探讨漕运贸易中天后信仰及其民教伦理如何作为一种文化安排,支持和促进了漕运贸易之发展。

第一节 漕运与天后信仰的国家化

元代定都北京,国家于是开海运以满足京都粮食之需。而海漕粮运的南方粮船和闽浙粤船民在海运中供奉天后乞求海神护佑,这一传统亦被国家吸纳,遂有

---

[1] [美]萨林斯.石器时代经济学.张经纬,郑少雄,张帆,译.北京:生活·读书·新知三联书店,2009:185-186.

[2] 张小军.复合产权:一个实质论和资本体系的视角——山西介休洪山泉的历史水权个案研究.社会学研究,2007(4).

[3] 地域经济圈的概念参见:[日]滨下武志.近代中国的国际契机——朝贡贸易体系与亚洲经济圈.朱荫贵,欧阳菲,译.北京:中国社会科学出版社,1999:4-7.

了国家的天后祀典。《元史》记载元代天津大沽已经有天妃祭祀:至治元年(1321年)"五月……海运粮至直沽,遣使祀海神天妃"[1]。又据元代郑东撰《海道都漕万户府达鲁噶齐托音公政迹碑》有:

> 历代无海漕,海漕自国朝始。岁漕东南之粟三百余万石,出昆山海行走直沽而达京师。事重以大,置漕府长佐宾属凡若干人,俾专厥职,必简拔长材,通习海事者。又虑其旷官弛事,皇帝岁遣江浙行省重臣使纪纲焉。至正四年右丞岳实珠公实奉上命,恪虔勿怠。……祀事天妃,择日斋祓,宿于庙下,躬视祭器、牛马充腯,百礼备好,牲酒既陈,正冠以入,进退兴俯,诚敬殚尽。[2]

上述,京师每年需要从江南运粮最多时达三百多万石,约占元朝每年粮食总数的十分之三左右,主要通过海运。《元史》记载:至元十九年(1282年),丞相伯颜献海运之言,"于是请于朝廷,命上海总管罗璧、朱清、张瑄等,造平底海船六十艘,运粮四万六千余石,从海道至京师"[3]。朱清曾是海盗,亡命于沙门岛一带海域,"私稔南北海道"。沙门岛即山东长岛群岛中的庙岛,当时海运航线都经过庙岛。蒙元平江南时,他们投元并受丞相伯颜所重用,开始了粮运。福建在宋元时期已处于中国造船业的前列,福建船商也加入了造船和运粮的行列。[4] 在这个时期有了因"舟师漕运,恃神为命"而敕封的"护国明著天妃"诏(至元十八年):

> 制曰:惟昔有国,祀为大事。自有虞望秩而下,海岳之祀,日致崇极。朕恭承天休,奄有四海,粤若稽古,咸秩絷文。惟尔有神,保护海道,舟师漕运,恃神为命,威灵赫濯,应验昭彰。自混一以来,未遑封爵,有司奏请,礼亦宜之。今遣正奉大夫宣慰使左副都元帅兼福建道市舶提举蒲师文,册尔为"护国明著天妃"。[5]

随着漕运贸易,天后崇拜很快遍及北方沿海,从山东半岛沿渤海湾直到辽东

---

[1] 宋濂.元史,卷二十七,英宗本纪.北京:中华书局,1976;612.
[2] 名迹录.卷一.1344(元至正四年).引自"莆田学院图书馆妈祖文化资料库".
[3] 宋濂.元史,卷九十三,食货志一.北京:中华书局,1976;2364.
[4] 陈希育.中国帆船与海外贸易.厦门:厦门大学出版社,1991;35-37;登州古港史编委会.登州古港史.北京:人民交通出版社,1994;152.
[5] 天妃显圣录·历朝褒封致祭诏诰;台湾文献丛刊第77种.台北:台湾银行经济研究室编印,1960;3.

半岛,均可见天后庙的踪迹。山东境内历史最久和规模最大的天后宫当属长岛县庙岛天后宫和蓬莱阁内的天后宫,此外,还有牟平县天妃宫、象岛海神庙、青岛天后宫、威海天后宫、刘公岛海神庙、烟台天后宫(俗称大庙)和天后行宫(福建会馆)、荣城石岛天后宫、墨县金口天后宫、日照天后宫、德州天妃庙等。辽宁有沈阳天后宫、锦州天后宫(天后行宫)、本溪桓仁天后宫、金州天后宫(山东会馆,俗称会馆庙)、旅顺天后宫等。江苏有南京天妃宫、苏州府长洲县天妃宫、苏州江口天妃庙、镇江京口灵惠妃庙、昆山路漕天妃庙、盐城天妃庙、连云港新浦天后宫等。河北有天津天妃庙、通州天后宫、河东大直沽天妃宫、抚宁临榆天妃庙等。

元代开始的漕运大致上经历了元代海漕与明代大运河等内陆河漕两个阶段。之所以海运停止,与明初的海禁有关。至永乐年间,有所弛禁,郑和下西洋成为壮举,天后亦伴随左右。郑和曾撰《天妃之神灵应记》,提到下西洋的目的乃"宣德化而柔远人也"。[1]海禁带来的后果,则是促进了内陆漕运的兴起。

国家敕封带来的神明合法性,导致地方政府纷纷建庙。元代黄向撰《天妃庙迎送神曲》碑文资料备注说:"苏州在元代为平江路,海道都万户府设此。城内原有一座宋代建造之庙。迨元初行海运之后,刘家港和昆山州相继建庙。而作为万户府所在之苏州尚无相应规模之庙。泰定三年(1326年),朝廷在直沽海津镇敕建天妃庙,故万户府亦随之奏请在苏州敕建新庙。《古今图书集成》《江南通志》均把此庙记作'元泰定四年敕建'。由于此庙是万户府直管之庙,故祭祀仪式特别隆重:'每春夏起运,皇帝函香降祭,自执政大臣以下,盛服将事,合乐曲、列舞队,牲号祝币,视岳渎有加焉。'这是对元代天妃祭典开始配备乐舞和'牲号祝币',规格超过祭岳渎的明确记载。"[2]元代柳贯所撰《敕赐天妃庙新祭器记》,主要记载元至顺二年(1331年)浙江行省平章政事易释董阿奏请更造苏州万户府天妃庙祭器,皇帝赐交趾所贡黄金器皿及更发内帑、官帑计300两打造之事,可见国家参与到天后祭祀之中:

> 海神之贵祀曰天妃,天妃有事于海者之司命也。其别庙在吴城西北陬,盖漕运都府治吴,专领海漕,岁运东南之粟三百万石实京师,常以春三月、夏五月上旬之吉,开樯刘家港,乘便风,不兼旬达直沽口。舟将发临,遣省臣率

---

[1] 郑和.天妃之神灵应记.1431(宣德六年).引自"莆田学院图书馆妈祖文化资料库"。
[2] 李诩.续吴都文萃.1327(泰定四年).引自"莆田学院图书馆妈祖文化资料库"。

> 漕府官僚，以一元大武，致天子慾祀之命，荐于天妃，得吉卜而后行，精神胗璽，如父母之顾复其子，无少爽也。至顺二年，岁在辛未，行省左丞买住公实董漕事，将祀之夕，会平章政事易释董阿公入觐，道吴，因请公莅荐祼。翌日，公斋沐入庙，跪奠惟寅。顾见尊罍笾豆，践列参差，喟然叹曰："国家敬恭明神，洁蠲器币之意岂若是耶！"乃五月某甲子，上御兴圣宫，公奏事次，请更造天妃庙祭器如式，以昭神贶。[1]

苏州的天妃庙早在元代就已经建立，与后来所谓因郑和下西洋而建的说法无关。南京天妃庙也非因郑和下西洋而建。依上文所述"泰定三年（1326年），朝廷在直沽海津镇敕建天妃庙"，可知天津直沽天妃庙更是漕运的直接产物。

天后北传与之护佑之灵有关。天后每每因此而得到敕封。据元代程端学撰《灵济庙事迹记》有：

> 惟天阴骘下民，凡涉大险，必有神物效灵以济之，若海之有护国庇民广济福惠明著天妃是已。我朝疆宇极天所覆，地大人众，仰东南之粟以给京师，视汉、唐、宋为尤重。神谟睿算，肇创海运，较循贡赋古道功相万也。……大德三年，以漕运效灵封"护国庇民明著天妃"。延祐元年，封"护国庇民广济明著天妃"。天历二年，漕运副万户八十监运，舟至三沙，飓风七日，遥呼于神，夜见神火四明，风恬浪静，运舟悉济，事闻，加庙号曰"灵慈"。纳臣公言："至顺三年，予押运至莱州洋，风大作，祷之，夜半见神像，转逆以顺，是岁运舟无虞；其随感而应类此。"神之庙始莆，遍闽浙。……皇庆元年，海运千户范忠暨漕户倪天泽等，复建后殿、廊庑、斋宿所、造祭器。[2]

上文清楚说明了天妃神庙始于莆田，遍及闽浙。将天妃与福建莆田的妈祖联系起来。国家的漕运体系，为天后北传做出了直接的贡献，天后祭祀也因此成为国家的表征。元代朱德润撰《江浙行省右丞岳石木公提调海漕政绩碑铭》，清楚表达了漕运、天妃祭祀和国家兴衰的关联：

> 东南漕运，岁集海邦。官赏其直，力役其氓。府长有属，惟时俊庞，国有

---

[1] 柳贯.柳待制文集：卷十四.1331（至顺二年）.引自"莆田学院图书馆妈祖文化资料库"。

[2] 程端学.积斋集：卷四；元至正王元恭修.四明续志：卷九《祠庙》.1333—1334（元至顺四年至元统二年）.引自"莆田学院图书馆妈祖文化资料库"。

第七章 天后北传与漕运贸易——一个文化资本的视角

常度,孰总其章?……漕夫既来,仰给相望。公则先期,付币葺航。江左列郡,廪贮其粮。漕舟往载,官吏兴张。俾各投钧,毋辞远方。铢斛之较,俾平其量。……公曰漕官,勉尔是行。国有大顺,毋悍海洋。南风送帆,海波不扬。天妃效灵,百示助祥。相此漕役,既达于京。京有储积,民以乂康。怀来之思,歌矢不忘。刻诸坚珉,以示久长。[1]

元代宋褧《平江天妃庙题名记》也有载,至顺四年七月二十四日,皇帝在上都御大洪禧殿,丞相臣奏:"海道都漕运万户府岁以舟若干艘,转输东南民租三百万石有奇,由海不旬日达京师者几数十年,飓风不作,斥冥顽不灵之物以避,皆护国庇民广济福惠明著天妃之力。"[2]可见元代海运中,天后祭祀已经是国家的祀典,且在北方各级漕运管理机构多有实行,如元代郑元祐撰《重建路漕天妃宫碑》有:

粤有天妃,肇迹前宋,著灵于我邦家,巫扬神光,出于星雾,其光瞳煜,谓之天灯,飞泊高桅,不令垫覆。舟人稽颡,咸称再生,舟遂顺济。其灵显尤章章如此。于是列圣相承,累加封号,爰即江海之要,建祠妥灵。若夫澛漕灵济宫,则尤典礼尊崇者也。盖海舟岁当春夏运,毕集刘家港,而澛漕实当港之冲,故天妃宫之在澛漕者,显敞华丽,实甲它祠。国家致重漕镶,既开漕府于吴,岁每分江浙省宰臣一人督运。当转漕之际,宰臣必躬率漕臣、守臣,咸集祠下,卜吉于妃,既得吉卜,然后敢于港次发舟。[3]

刘家港是漕运重要的中间站,在此开漕府,有江浙省宰臣一人督运,转运发船之前,必有天妃祭祀。天后信仰本来是一种民间信仰,因为国家直接或间接的参与而成为重要的神明崇拜。自宋代开始,历代皇帝对天后的敕封达十余次,奠定了天后的合法性地位。与国家有关的元代漕运,导致国家开始建立相应的祭祀制度,推动地方政府或漕运管理部门直接参与建庙,使天后信仰从普通商人、百姓之中凝练为一种国家语言,这是一个国家化的过程。直到明代海禁,天后敕封才转向琉球、台湾事务。

在上面国家文本所称呼的"天妃"或"天后"的诸多宫庙中,"天妃""天后"是否是福建的"妈祖"?她们是否本来就是当地的海神,只是在国家"天妃"的敕封之

---

[1] 朱德润. 存复斋文集:卷一. 1344(至正四年). 引自"莆田学院图书馆妈祖文化资料库".
[2] 宋褧. 燕石集:卷十二. 1333(至顺四年). 引自"莆田学院图书馆妈祖文化资料库".
[3] 钱谷. 吴都文粹续集:卷二十八. 1342(至正二年). 引自"莆田学院图书馆妈祖文化资料库".

后,民间称谓的"妈祖"才逐渐附会到"天妃"的概念并演变为北方的"天后"？闫化川曾经有过细致讨论,认为天妃信仰不等于妈祖信仰,将"天妃"称为"妈祖"当在清代,例如蓬莱天妃庙是在雍正间明确了"妈祖"身份：

> 天妃庙：一在府城北丹崖山之阳,一在北海中沙门岛上。按：天妃福建莆田人,……濒海郡县建祠祀之。宋崇宁间赐额灵祥。元天历中改额灵应,加封辅国护政庇民广济福惠明著天妃。皇清康熙十九年淮江闽广各府镇奏请,诏封为护国庇民妙灵昭应宏仁普济天妃。[1]

早期海神、天妃的含义应不止于妈祖,下文会有论及。不过,据前述《灵济庙事迹记》,元代已有天妃庙始于莆田之说。但是否由福建商船带来则不一定。在这个意义上,早期的"天后北传"或可以理解为在国家"天妃""天后"敕封下带来的"北传",是一种藉国家"天妃"观念的北传,而不一定是"妈祖"信仰简单由福建商贾的直接北传。

华琛(J. Watson)对天后信仰有过神的标准化[2]的研究,却没有对北方天后庙的描述。天后北传的漕运信仰既是标准化,也是正统化[3],还是宗教化(religionalization)。"宗教化"的概念由魏乐博(Robert Weller)提出,指原来非宗教的、弥散的民间信仰或巫觋之风如何演变成"宗教"的过程。[4] 天后过去只是闽南的地方海神,初有巫的传说。类似的是流传于福州、闽北、闽东和浙南的女神陈靖姑,也是由巫转变而来。天后北传的过程,亦是一个走向国家宗教的过程。天后崇拜因而成为与漕运经济资本共同运行的重要的文化资本。

按照布迪厄(P. Bourdieu)对文化资本具体的、客观化的、体制的三种状态的界定,[5]信仰(类同修养、教育程度等)可以视为"具体的文化资本";天后庙宇(类同纪念碑、文学绘画等)可以视为由具体文化资本"客观化"的文化资本;国家建立

---

[1] 岳濬,乾隆元年,《山东通志》,卷21,《秩祀志·登州府·蓬莱县》第23页。转引自闫化川. 妈祖信仰与社群关系——以莆田湄洲岛之妈祖信仰研究为例. 济南：山东大学博士学位论文,2006：57,135.

[2] Watson J.. Standardizing the Gods：The Promotion of Tien Hou Along the South China Coast, 960-1960//D. Johnson, A. Nathan, E. Rawski eds. *Popular Culture in Late Imperial China*. California：University of California Press,1985：292-324.

[3] 科大卫,刘志伟. "标准化"还是"正统化"？从民间信仰与礼仪看中国文化的大一统. 历史人类学学刊,2008,6(1-2)：1-21.

[4] 魏乐博在2014年4月26日南京大学"宗教与文化"国际学术交流研讨会上的发言。

[5] [法]布迪厄. 文化资本与社会炼金术. 包亚明,译. 上海：上海人民出版社,1997：192-201.

的漕运祭祀制度和相应的天后宫庙的管理制度,则是"体制的文化资本"。当文化资本被经济资本家所运用时,会增值经济资本;而当国家集经济资本家与文化资本家于一身时,双重的资本会带来更大的相互增值——漕运的文化资本经济由此可见一斑。

第二节 作为文化资本再生产的天后崇拜

国家的天后祭祀制度之建立有一个过程,一些地方的海神祭祀逐渐被纳入天后祭祀体系中,如福建的演屿神和蓬莱的海神。有学者使用"标准化"的概念分析过北方天后庙,探讨了辽宁大孤山天后信仰的"再标准化",天后信仰如何在地方化中与三宵娘娘信仰相混淆。[1] 在元代漕运之前,原来的北方沿海之海神都有地方性,但是围绕天后北传的正统化和宗教化,导致了一种国家和民间社会共谋的文化资本再生产。

蓬莱天后宫位于蓬莱水城[2]内,是水城中面积最大的建筑。天后宫正殿前廊的东西墙壁上各嵌有一块石刻,东边的是道光十七年菊月的《重修天后宫记》,为登州府事英文所记,这篇宫记的正文曾载入道光十九年的《蓬莱县志》,其中有"宋徽宗朝敕立天后圣母庙,乃于阁之西营建焉。殿宇巍然,神灵丕着,居贾行商,有祷辄应;水旱偏灾,有祷辄应"。另有一段补记,"记曰:庙之建始于宋宣和四年,统计四十八间,历加整茸,故数百年丹垩常新"。所谓蓬莱在宋宣和四年(1122年)建天后庙的说法,多有学者引用[3],其实疑点颇多。一般的逻辑是把宣和五年八月徽宗赐额"顺济"于莆田神女祠[4],与同年路允迪出使高丽联系起来,进而与高丽海上交通紧密的登州港联系起来。最早的说法出自廖鹏飞绍兴二十年(1150年)的《圣墩祖庙重建顺济庙记》:"……路公允迪使高丽,道东海,值风浪震

---

[1] 孙晓天,李晓非. 民间文化的标准化与再标准化. 云南民族大学学报,2011(3).
[2] 据《旧唐书·地理志》载:"神龙三年(707),改黄县为蓬莱县,移州治于蓬莱。"后来蓬莱长期是登州府所在地。水城建于登州港,始建于宋庆历二年(1042),当时称刀鱼寨,因为兵船呈刀鱼状,并驻有三百水兵。明洪武九年(1370)改建备倭城。
[3] 李露露. 妈祖信仰. 台北:汉扬出版股份有限公司,1995:116-207;李玉昆. 妈祖信仰在北方港的传播. 海交史研究,1994(2);泉州海外交通史博物馆调查组. 天后史迹的初步调查. 海交史研究,1987(1).
[4] (清)徐松. 宋会要辑稿:礼二十之六十一,神女祠. 北京:中华书局,1957:795.

荡,舳舻相冲者八,而覆溺者七,独公所乘舟,有女神等樯杆为旋舞状,俄获安济。因诘于众,时同事者保义郎李振,素奉圣墩之神,具道其祥,还奏诸朝,诏以'顺济'为庙额。"[1]李俊甫嘉定二年(1209年)纂的《莆阳比事》(神女护使)记:"宣和五年路允迪出使高丽,中流震风,八舟溺七,独路所乘,神降于樯,安流以济。使还奏闻,特赐庙号顺济。"[2]明代丘浚的《天妃宫碑》也有:"宋宣和中,朝遣使于高丽,挟闽商以往,中流适有风涛之变,因商言之,赖神以免,使者路允迪以闻,于是中朝始知莆之湄洲屿之神之着灵验于海也。"[3]不过,上述说法忽略了两点:

首先,宣和五年的敕封与路允迪出使高丽没有关系。宣和六年的《宣和奉使高丽图经》,是此次出使最完整的记载,由随行提辖徐兢所撰,当是第一手数据,其中完全未提及妈祖或者天后。对此,蒋维锬曾经提出质疑。蒋维锬从一份族谱中发现的廖鹏飞所作《圣墩祖庙重建顺济庙记》,论证了因路允迪出使高丽而徽宗敕封"顺济"的说法有误,这个"顺济"其实是莆田圣墩的女神,后来转变为莆田湄洲岛的顺济祖庙。[4]所谓从高丽返途中路允迪所乘第二舟在黄水洋遇危险,"三柂并折,而臣适在其中,与同舟之人,断发哀恳,祥光示现,然福州演屿神,亦前期显异"(卷39,礼成港),这里说的演屿在福州海口,徐兢是福州人,演屿神是唐宋时期福州人祭祀的海神,并非妈祖。蔡相辉明确分析了演屿神庙在福州连江,演屿神原为唐观察使陈巖长子,因黄巢陷闽而殁。宣和五年因保佑路允迪出使而诏赐昭利。[5]可见演屿神与妈祖无关。《宋会要辑稿》中所记"莆田县有神女祠,徽宗宣和五年八月赐额顺济",也未说明是因为出使高丽而敕封。更何况徐兢出使的出发时间是宣和五年五月,八月二十七日才归返明州,皇帝何以迅速在只剩最后的两天的八月之内知晓演屿女神事并据此敕封莆田女神?

其次,路允迪出使高丽与登州也没有关系。按照《宣和奉使高丽图经》,宣和四年三月诏路允迪出使高丽,次年二月造舟,五月十六日从明州出发(卷34,招宝

---

[1] 蒋维锬编校. 妈祖文献资料. 福州:福建人民出版社,1990:1-3.
[2] 蒋维锬编校. 妈祖文献资料. 福州:福建人民出版社,1990:9.
[3] (明)丘浚. 天妃宫碑. 丘文庄公集:卷五. 集藏·四库别集:572部;李献璋. 妈祖信仰研究:妈祖文献数据目录. 东京:泰山文物社,1979;(明)黄仲昭. 八闽通志·祠庙. 1490.
[4] 蒋维锬. 一篇最早的妈祖文献资料的发现及其意义//朱天顺主编. 妈祖研究论文集. 厦门:鹭江出版社,1989:32-33.
[5] 蔡相辉. 以妈祖信仰为例论政府与民间信仰的关系. 民间信仰与中国文化国际研讨会论文集,1993(4):437-454.

山)。不从离高丽较近的登州港(即蓬莱)出发而是选择较远的明州(今宁波)出发,乃因为北宋末年的北方军事。"自元丰(1078—1085年)以后,每朝廷遣使,皆由明州定海放洋"(卷三,封境)。元祐五年(1090年),刑部甚至不准商贾往登州,规定"商贾……兴贩……乘船自海道入界河,及往高丽、新罗、登、莱州界者,徒两年"。[1] 另外,说蓬莱宣和四年建天后庙,尚在宣和五年出使高丽和皇帝敕封"顺济"之前。此时已经因军事而禁商贾到登州地方,且第二年去高丽的出发地又在明州,怎么会有商贾在蓬莱水城中立天妃庙?《图经》记宣和五年五月十六日从明州出发,十九日达定海,"先期遣中使武功大夫容彭年建道场于总持院七昼夜,仍降御香,宣祝于显仁助顺渊圣广德王祠,神物出现,状如蜥蜴,实东海龙君也"(卷34,招宝山)。可见当时的官方佑航海神也不是天后,而是东海龙王。

天后宫正殿前廊西墙上,嵌有另一块同样是道光十七年九月的《重修天后宫碑记》,记载了不同的说法:"登郡备倭,城北蓬莱阁迤西旧建有天后宫庙,创始未详于何代。明涇聿重于此邦碣石宫前,望榱题之,特耸丹崖山上,绚黝垩而常新盖。"这块碑记,是17个任修庙董事的地方绅士所撰,比起州府英文所撰的碑,少了些官气,位置显然也在其次。该碑文没有载入县志,但是说得明白:天后庙"创始未详于何代"。

为什么同时的两块碑文对天后庙的创始年代有不同说法?道光十九年的《蓬莱县志》里有一幅水城图,它原本是清初顺治年间的《登州府志》所附木版图。除了注明哪些庙"今移"或"今圮"之外,基本与原图无变。按照图上的标示,天后庙的位置原为海神庙,南边有苏文忠祠(即纪念苏轼的苏公祠)和卫宣城伯祠,均注明"今移"。因为道光十九年正是在道光十七年重修天后宫之后不久。苏公祠已移至三清殿后。重修后的天后宫,规模明显增大,与现在的布局相近,名称也从海神庙改为天后宫。海神即天后,这在当地人现今的观念中似乎是没有疑问的,其实中间有一个从海神庙到天后庙的演变过程,后人不知,常有混淆。光绪十年(1885年),钦加同知衔直隶、知望都县事的司铭三撰写的《重修天后宫记》,有"宋崇宁间于蓬莱阁西偏敕建灵祥宫祀海神,历元暨明,屡敕碑额,越至今崇封尤渥,递加护国庇民,妙灵显应,宏仁普济,福佑群生"。竟又把天后宫的历史从宋宣和四年(1122年)提前到了崇宁间(1102—1106年),混淆了当初天后与海神的区别。

---

[1] 登州古港史编委会.登州古港史.北京:人民交通出版社,1994:256.

传说在宋崇宁年间,已经有海神庙,当时只有草庐三间。从现有史料看,蓬莱天后庙出现的有明确记载的时间是在明代,当不早于元代。明崇祯九年(1636年)任登州太守的陈钟盛也有一篇《蓬莱阁记》,在一番歌舞升平之后,描述眼前的残垣断瓦,正是崇祯四年登州参将孔有德叛明投辽后水城燹于兵祸的遗存。于是"茸治城垣,修建海神、天妃诸庙,以为国祝禧,为民祈祷"。按照这一说法,当时海神庙和天后庙共存。从崇祯九年(1636年)到清世祖顺治十七年(1660年),只有短短的24年。在顺治的《登州府志》中,已经有龙王宫出现。这个龙王宫,主要的祭祀神就是东海龙王敖广,但是附图上不见天后宫在何处,只有海神庙。推测陈钟盛所说的"海神、天妃诸庙",就是海神龙王宫和天妃海神庙。现天后宫二进院中,有一康熙二十五年(1686年)的《捐俸重修白云宫海神庙龙王宫蓬莱阁碑记》,也说明海神庙和龙王宫是并列的,此时的海神已经不是东海龙王。在这块碑的背面,有一《重修海庙碑记》,时间为万历七年,题目为"重修天妃海庙记"。由于碑文损毁严重,无法辨认详细,只能知道万历七年(1579年)已经有天妃海庙供奉天后。大致上,明代中晚期是确知蓬莱水城内开始天妃和龙王共同祭祀的时间。至于"天后宫"的称呼,直到道光十七年(1837年)重修时,还是叫海神庙和龙王宫,光绪七年(1881年)的水城图上,海神庙才更名为天后宫(见表7-1)。

表7-1 天后庙的变迁

年　　代	宫　庙　演　变	
万历七年(1579)	天妃庙	
崇祯九年(1636)	天妃庙	海神庙
顺治十七年(1660)	海神庙	龙王宫(敖广)
康熙二十五(1686)	海神庙	龙王宫
道光十七年(1837)	海神庙	龙王宫
光绪七年(1881)	天后宫	龙王宫

由上表可知,天妃在历史上有一个演变为海神的过程,而原来的海神东海龙王演变为专祠龙王宫。

从祭祀形态看,完全封闭祭祀不对外开放的天后庙和天妃祭祀很少,蓬莱水城天后宫是一例。因为水城是兵家之地,完全由国家控制。直到1861年开埠港口从蓬莱转到烟台之后,水城开禁,使得天后庙开放民间,庙会也进入了水城。蓬莱天后宫的庙会是正月十六,可能移植了当地传统元宵庙会的日子。因此,蓬莱的天后宫,不像烟台的天后行宫(即福建会馆)由福建商人兴建和控制,是一个地方化的产物。从海神到天后的祭祀神的演变,反映出国家祭祀体系的某些变化,即漕运带来的国家祭祀体系。一些学者误将这一变化上延到宋代,并无可靠的证据。庙岛天后庙的历史也是如此。

庙岛一说沙门岛,今属山东省长岛县管辖,在蓬莱北八海里,据说清代才改称庙岛。宋代以前,庙岛已称沙门岛,有沙门砦。"沙门(梵文 sramana)"一词指依照戒律出家修道的佛徒,沙门岛因岛上有沙门寺而得名。从徐福东渡、汉武帝时用兵高丽,直到隋唐运粮辽东助征伐高丽和与日本交往,沙门岛都在航线之上。五代间,战乱纷纷,沙门岛先属后汉,后汉灭即归属后周,当时均为流放之地。《旧五代史》载"沙门岛"有九段,均记流配之事。如乾祐三年(950年),"前永兴军节度副史安友规除名,流登州沙门岛"。[1] 广顺三年(953年),时任内衣库使的齐藏珍"奉命滑州界巡护河堤,以弛慢致河决,除名,配沙门岛"。[2] 沙门岛除流放人口外,当有少量土居人口,宋初的建隆四年,宋太宗因"女直国遣史献名马,蠲登州沙门岛民税,令专制船渡马"。[3] 颁布《矜蠲沙门岛人户赋租诏》:"登州沙门岛土居人户等,深居客峤,皆出王租。比闻自备舟舡,般载女直鞍马,眷言劳役,宜示矜蠲。"[4]

到北宋末期,因北方战乱频繁,登州贡道被关闭。据《登州府志·山川》记载:宋庆历二年(1042年),登州水城设置刀鱼巡检,驻水兵三百,戍守沙门岛以防契丹南侵。说明庙岛在当时已经是兵家之地。福建商船到此建天后庙的机会甚微。北宋,沙门岛依旧为流放之地,《登州府志》载:"宋太宗本纪建隆三年,索内外军不律者,配沙门岛。"查《宋史》,载"沙门岛"二十二段,其中二十一段记流放事,当时被流放的多为遭谪贬的贪官罪臣,也有杀人强奸的强盗。其中一例时在所谓沙门岛建天后庙的宣和四年(1122年)之后的建炎元年(1127年),"洪刍等坐围城日括金银自盗及私纳宫人,刍及余大均、陈冲贷死,流沙门岛……"。[5] 建炎元年即

---

[1] (北宋)薛居正等.旧五代史·汉书:卷一百三.北京:中华书局,1976:1365.
[2] (北宋)薛居正等.旧五代史·周书:卷一百二十九.北京:中华书局,1976:1705.
[3] (元)脱脱.宋史·本纪:卷一.北京:中华书局,1985:15.
[4] (北宋)司义祖整理.宋大诏令集:卷第一百八十五,政事三十八.北京:中华书局,1962:673.
[5] (元)脱脱.宋史·本纪:卷二十四.447-448;宋史·志:卷二百.5001.

1127年,已经是宣和四年后的五年,福建海商如何在宣和间能到官府的流放之地去建天后庙?

建炎元年,还曾"放逐便沙门岛罪人不以年岁远近,并移近乡五百里州军"。绍兴四年(1134年),"刑部言乞应诸路人犯配沙门岛权配海外州军……"[1]南宋初年,移沙门岛罪人于它处,原因可能有二:一是人满为患。嘉祐三年(1058年),就曾有"京东转运使王举元言登州沙门岛每年约收罪人二三百人,并无衣粮,只在岛户八十余家佣作,若不逐旋去除,即岛户难为赡养"。[2]另一个更可能的原因是当时的局势。北方濒临失守,沙门岛不再是"久留之地"。实际上,南宋的流放地均有南移。无论如何,沙门岛在宣和四年几无建天后庙的可能。至于南宋期间,沙门岛并非大宋属地,福建海商去建庙的机会更是微乎其微。

沙门岛当时的流放规模以"审刑院言:'登州沙门砦配隶,以二百人为额,余则移植海外,非禁奸之意。'诏以三百人为额"。后来,马默知登州,看到"官给粮者三百人,每益数,则投诸海。砦主李庆以二年杀七百人,默责之……欲按其罪,庆惧,自缢死。默为奏请,更定配岛法凡二十条,溢数而年深无过者移登州,自是多全活者。其后苏轼知登州,父老迎于路曰:'公为政爱民,得如马使君乎?'"[3]后来在沙门岛,流传着一个与蓬莱和其他地方不同的八仙过海的故事:当年岛上的犯人越来越多,而朝廷一年只拨给三百人的口粮。于是,看守头目李庆便想了一个狠毒的办法,当犯人超过三百时,便把老弱病残者捆住手脚,扔进大海,这样两年间竟有七百人被杀。一个月黑星高之夜,十几个犯人避开看守,各自抱着葫芦、木板、竹竿、驴皮、木盆之类跳入大海,往蓬莱丹崖山游去。这十五公里的水路,浪大流急,有的体力不支,被风浪卷没,最后只有八个人抵达丹崖山。人们听说他们是从沙门岛逃生的,惊奇万分,于是传为美谈,演变成八仙过海的故事,沙门岛也成为八仙的故乡。[4]

庙岛是海运中重要的避风港和海上驿站,庙岛塘作为避风良港,在当时是重要的商船停泊之所。《元史》记载:至元二十九年,朱清等言其路险恶,复开生道。……"明年,千户殷明略又开新道。从刘家港入海,至崇明洲三沙放洋,向东

---

[1] (清)徐松. 宋会要辑稿:刑法四之四一至四二.6642.
[2] (清)徐松. 宋会要辑稿:刑法四之二十四.6633.
[3] (元)脱脱. 宋史·志:卷二百一. 5018;宋史·列传:卷三百四十四. 10948.
[4] 刘文权. 人间海市——长岛. 北京:海洋出版社,1997:31-32.

北行,入黑水大洋,取成山转西至刘家岛,又至登州沙门岛,于莱州大洋入界河。当舟行风信有时,自浙西至京师,不过旬日而已,视前两道为最便云"。[1]

有学者论证《元史》等史书所言"沙门岛"并非后来的庙岛,[2]如果所论属实,可以推断当年沙门岛作为海运重要停泊地的地位后来让位于庙岛。但是无论如何,所谓宋宣和间庙岛建天后庙的说法都不能成立。

庙岛天后宫大致上有一个逐渐"天后化"的演变过程。最早是万历间刘遵鲁《漠岛记》记载:"登州,青州之鱼盐地也。县治蓬莱,民濒海者多奉海神尤切。海之半有山曰漠岛,庙曰灵祥,神曰显应神妃者,民相传为东海广德王第七女。"[3]雍正《山东通志》记载:"沙门岛,在海中,去县北约60里,上有龙女庙,曰庙岛。"[4]光绪《蓬莱县志》有:"庙岛,古名沙门岛。在县治西北,距城六十里。……居民二百数十户,山上有天后宫,……"[5]可见早期有显应神妃即东海龙王之女,到龙女庙依然供奉东海龙王之女,直到光绪年间才有确定记载的天后宫。[6]根据当地金先生的叙述,庙岛天后庙原来有碑记,可惜在"文革"中失毁。他家的家谱也被烧掉。他听父亲讲,过去他家祖籍福建莆田,即妈祖的故乡。在清康熙年间,他的先祖金国玺作为道士,被"调动"迁到庙岛天后庙,任主持道士。他的一家世代相传,道号在北京白云观可查,到他已经十一世了。金先生说,当时天后庙也是福建会馆,村里过去还有一个潮州会馆,他小时候的民国年间,潮州会馆还遗留有旧的房址,叫"破大厅"。庙岛在民国时有两个小村,一个叫山前村,王姓为主,有一座很大的龙王庙,嘉庆、道光年间,这里曾是蓬莱水师营的操练场。另一个是天后庙旁边的庙岛村,以金姓为主,世代管理天后庙,当时人口已经达一千多人,现在大部分外迁,只剩下三百多人。庙岛天后庙过去每年七月七日有娘娘庙会,这个时间不再是娘娘神诞日,是个地方化的节日。

---

[1] (明)宋濂.元史·志:卷二十九·食货一·海运.2366.黑水大洋即太平洋东海岸因海气作用而形成的由南向北的黑潮暖洋流.

[2] 闫化川.妈祖信仰与社群关系——以莆田湄洲岛之妈祖信仰研究为例.济南:山东大学博士学位论文,2006.

[3] (清)王文焘等修纂.道光十九年.蓬莱县志卷12.(艺文志上·记)17.漠岛一说即庙岛.

[4] (清)岳濬.乾隆元年.山东通志.雍正七年奉诏重修,乾隆元年告成.

[5] (清)王尔植等修纂.光绪八年.蓬莱县志(地理志·疆域).

[6] 引文参见闫化川.妈祖信仰与社群关系——以莆田湄洲岛之妈祖信仰研究为例.济南:山东大学博士学位论文,2006.

天后的文化资本再生产不仅体现于上述海神的标准化,如许多原来的地方海神被天后取代,还在于国家是文化资本再生产的最大"文化资本家"。同时,民间社会也积极参与到这一生产过程,通过这一生产,天后崇拜的文化资本被运行于漕运经济和与之相伴随的民间贸易中。

第三节 漕运贸易:文化资本的转换

关于明清漕运的研究,以黄仁宇的《明代的漕运》、李文治的《清代漕运》等研究为代表。两著完全没有谈及漕运中的祭祀制度。这一忽略反映出当时此类研究重经济制度而忽视象征制度的作用。不过,黄氏认为:"漕河占有突出地位并一直是惟一向北京运输的干线,主要原因是什么?在漕河上运输的物品数量及品种如何?如何管理漕河?决定这一系列问题的,并不是自然环境,而是国家,是思想观念。"[1]国家的思想观念开辟了一个漕运贸易体系,这亦是一个由思想观念形成文化资本,继而文化资本转变为经济资本的过程。

漕运的通道除了贡粮,还是朝贡贸易的通道。朝贡使团通常带有贸易使团,或者说朝贡使团也兼具贸易使团的功能。因此,东南亚和东亚的朝贡使团的通道,相当程度上与贡粮贸易通道是重合的。黄仁宇指出:"漕河还是许多藩属使者到北京所走的官道。在这些藩属使者中,最著名的是日本幕府时代所派的使团。"他列举了当时日本使团几次事端,如1453年日本使团在山东临清抢劫;1469年企图贩卖汉人到日本;1495年在山东济宁进行谋杀活动等。于是在1512年明政府拒绝向日本使团提供劳力和食物。[2]这些在《明史》中都有记载。关于漕运的商业,黄仁宇有比较详细的论述,丝织品、瓷器、棉布、布料、盐巴都是主要的商品。如明代渤海湾、淮河河口湾、长江三角湾的食盐占到全国的三分之二多,绝大部分先要经过漕河运输。[3]活跃的漕运贸易,培养了徽商、闽商、粤商和浙商等商人集团。

明代,海禁不断,以备倭寇。嘉靖年间,蓬莱人戚继光便是在蓬莱水城和长岛一带,操练出戚家水军。崇祯年间,是登州驻军的高峰,当时蓬莱驻军共设十个陆

---

[1] [美]黄仁宇. 明代的漕运. 张皓,张升,译. 北京:新星出版社,2005:232-233.
[2] [美]黄仁宇. 明代的漕运. 张皓,张升,译. 北京:新星出版社,2005:202.
[3] [美]黄仁宇. 明代的漕运. 张皓,张升,译. 北京:新星出版社,2005:194.

营,六个水营,每营人数均在五百人以上,总计有八千余人。因为在明末,辽东的清兵兴起,崇祯四年登州参将孔有德哗变,后占登州,最后叛明投辽,直到崇祯六年才被平息。在当时的情况下,海运早已衰落,为大运河等内陆河漕运所取代。但是明代以后的南北海上民间贸易仍然络绎不绝,因为经济上的利益巨大。不过,庙岛天后庙的扩修,主要已经不是船商的行为,而是地方官员的意愿。崇祯元年,由杨国栋主修,然后请皇上题名,庙岛天后庙始有皇帝敕的匾额。

清初曾经有大规模的海禁,顺治十八年颁布"迁界令",强令沿海居民内迁三十里。康熙十九年,最先"开山东海禁",次年废除实行四十年的海禁令。[1]清初,运河漕运因海禁而不衰。"清代前期河运兴盛之时,每年承运漕粮的运船六七千只。按规定,凡漕船出运,除装载正耗粮米外,还可附带已定数量的免税土产货物。如果每年出运漕船以6000只计,每船出运时平均携带'土宜'150石,回空附载60石,则嘉道年间漕船每年所带的免税商货有126万石之多。"[2]晚清特别是鸦片战争之后,一些不平等条约迫使许多地方开埠通商,形成了新的港口布局。咸丰八年(1858年),清政府与英、法签订了《天津条约》,开牛庄、登州、台湾、潮州、琼州为商埠。后因登州(蓬莱)港水浅,转辟芝罘(即烟台,属登州福山县)。登州开始衰落,庙岛亦随之。到庙岛的人,除了船商,还有各地慕名而来的进香者。而那时的烟台,"其始不过一渔寮而已,时商号仅二三十家,继而帆船渐多。逮道光之末,商号已千余家矣。维时帆船有广帮、潮帮、建帮、宁波帮、关里帮、锦帮之目……商号虽多,亦多在天后宫左右"。[3]

上面所谓漕帮,是漕船的组织,在粮道下设卫,卫下有若干船帮,每帮一般有船几十只。如雍正二年(1724年)部分省的漕帮数:山东(7)、河南(10)、江南省(59)、浙江(19)、江西(14)、湖广省(5),共计114个。共有漕船6406只,平均每帮56.2只。[4]"漕帮"在漕运中的作用,户部的《清代漕运全书》中有比较详细的记载。[5]除了国家正式的漕军体系,民间的漕帮是重要的船运组织。漕军由国家

---

[1] 登州古港史编委会. 登州古港史. 北京:人民交通出版社,1994:218-221.
[2] 席裕福等纂. 皇朝政典类纂:卷五二漕运五//倪玉平. 清代漕粮海运与社会变迁. 上海:上海书店出版社,2005:423.
[3] 许钟璐等修. 于宗潼等纂. 福山县志稿·祠庙. 民国二十年.
[4] [日]松浦章. 清代内河水运史研究. 董科,译. 南京:江苏人民出版社,2010:99.
[5] 载龄等修纂. 清代漕运全书:全八册. 北京:北京图书馆出版社,2004.

给运粮报酬,"一是行粮、月粮、赠贴、修舱船只等费;二是准令携带定量商货优免关税;三是分派屯田耕种以资补贴"。[1] 特别是粮船带私货的制度,不仅促进了民间贸易,多少还可以增加国家税收。为了扩大私运比例,各卫所在造船时加大船身,以便多带商货,公私兼顾,何乐而不为。漕帮依附国家,又有自己的网络,与自贡盐业的袍哥、茶马古道的马帮形成了比照。另外,屯田耕种的补贴方式促进了移民和地方经济发展,形成了漕运的附属经济,并长久融入地方社会的发展之中。贡粮贸易虽然由国家主导,客观上促进了巨大的民间贸易网络的形成和商品经济的发展,促进了国家整修河道、便捷交通。无论从海上或内河水路的开发,还是运粮船只的改善,到漕帮队伍的发展,都对民间贸易体系的建立形成了巨大的推动。漕船北上南下带运商品货物数量巨大。乾隆曾有批示:"漕船所带货物,俱民间日用所需,若令其减带,则京师百物不无腾贵,殊非便民恤丁之道。"[2] 一方面国家漕运本身就有带运制度(除运粮外可以按照比例携带其他商品),另一方面民间商品贸易藉此得到发展。这不仅促使关税更加充足,也促进了沿途围绕漕运的民生经济和商品经济的发展。

漕运经济连接了北方与南方,促进了社会资本网络体系的形成。特点之一是会馆经济,包括组织的凝聚、文化的认同、伦理的支持以及信任网络的建立。伴随着漕帮组织,会馆成为商业网络中的经济空间。会馆通常是在外经商者的"办事处",在漕运贸易中亦不例外。天后宫与福建会馆联系密切,而万寿宫则多为江西会馆。会馆与天后宫庙的一体化在天后信仰经济中表现得十分突出。何炳棣的《中国会馆史论》中列举了多处天后宫为福建会馆的例子。[3] 锦州天后宫最初是由江、浙、闽等地客商来锦为祈求天后娘娘的保佑而为其修建的行宫。锦州天后宫又称天后行宫,坐落于广济寺塔北侧,始建于清雍正三年(1725年),据称为现存北方"最大"的妈祖庙。辽宁金州天后宫(亦称山东会馆,俗称会馆庙),始建于清乾隆五年(1740年),为山东籍船户集资所建。据《奉天通志》记载:奉天"天后宫在地载关山三皇庙西,清乾隆年建。为闽江会馆"。又据《沈阳市志》(卷十六宗教)记载:天后宫创建于清乾隆四十七年(1782年),创建人为闽人陈应龙,住持周

---

[1] 李文治,江太新. 清代漕运:修订版. 北京:社科文献出版社,2008:175.
[2] 清实录. 卷1240. 高宗实录:16. 乾隆五十年十月上. 北京:中华书局,1986:24,679.
[3] [美]何炳棣. 中国会馆史论. 台北:台湾学生书局,1966:37-66;王日根. 乡土之链——明清会馆与社会变迁. 天津:天津人民出版社,1996:91-93.

宗岐，其用途为伙居道，居此住用。[1] 又如1884年开始兴建、1906年落成的烟台天后行宫暨福建会馆，几乎完全由泉州做好构件，船运到烟台组装。其精美的梁、檐木雕、雄浑的石雕龙柱、南方庙宇特有的燕尾式卷檐，当时被称为"鲁东第一工程"。至今行宫有十对当年的"銮驾"仪仗，锡头木柄，上刻"福建会馆"。特别有趣的是山门四角的双层斗拱上，分别有四对波斯或大食男女的生活木雕，其中四个妇女皆在敞胸哺乳，婴儿叼着妈妈的乳头，十分可爱。这些妇女戴大耳环，而大耳环是过去记载中对波斯或者伊斯兰妇女的典型印象之一。宋词中有"菩萨蛮"，乃是波斯语Bussurman（Mussulman，阿拉伯语Muslim)的译音。因为人见女蛮国"国人"危髻金冠，璎珞被体，故谓之菩萨蛮。[2] 其实他们的形象登上中国的会馆建筑并不奇怪，因为这些木雕与泉州作为海上丝绸之路的起点和波斯、阿拉伯人大量东来定居成为福建人有关。

漕运不仅促进了运河经济带和商业的发展，也促进了城市带的形成。天后信仰甚至和一些城市的建立直接关联，如烟台、天津、连云港等。咸丰年间，《天津条约》强迫开放口岸，兴商埠，登州（蓬莱）港也在其中。因为港口淤积，后来转为开埠芝罘（即烟台），烟台旧的中心北大街甚至烟台市，就是围绕天后宫（大庙）形成的。大庙是烟台最重要的公共庙宇，传说草建于明初，当时有数十家渔民集资建三间草屋供奉海神。清雍正年间和嘉庆十五年两次扩建占地3200平方米，建房64间，捐款者主要为商号和渔民，并由华山派十名道士主持。道光年间，大庙周围已经成为烟台的中心商业区，有商户一千余家，每年三月二十三日天后诞的大庙庙会，更是买卖贸易的盛会。1901年，烟台由八大商家为主组成商会，"洪泰"商号经理刘云第任会首，会址就设在大庙的南厅，1906年更名总商会。民国初期，大庙内辟金银交易议价市场，一直持续到40年代。[3] 虽然三月二十三日的庙会沿用了天后诞的时间，但是从春节的正月初一到正月十五的元宵节，大庙也都有唱戏，各船帮酬戏不停。大庙几乎完全失去了福建的色彩。天津的城市形成也有"先有天后宫，后有天津城"之说，天津天后宫始建于元泰定元年（1326年），初为海神庙，于明永乐元年（1403年）重建，清康熙二十三年（1684年）改称天后宫。在北方，海神娘娘与天后并非一人，但是在后来的演变中逐渐融合。当时天

---

[1] 沈阳市人民政府地方志编纂办公室编. 沈阳市志. 卷十六. 沈阳：沈阳出版社，1995：314.
[2] [日]桑原骘藏. 中国阿拉伯海上交通史. 冯攸，译. 台北：商务印书馆，1962：87-88.
[3] 谭鸿鑫. 老烟台影览：内部资料. 1996.

后宫两侧的街道逐渐形成商业集市和年货市场,与烟台十分相似。每年农历三月二十三日为天后宝诞,举行天津皇会表演龙灯、高跷和旱船等。类似的情形还有连云港市,《创建新浦天后宫记》云:"至是庙落成,商业日兴,经营乃有今日。闻诸父老言:新浦之兴,自有天后宫始。"[1]新浦原为海滨渔村,后因船舶停靠,建妈祖庙祭祀,形成集市贸易市场,逐渐发展为城市。

元代国家祭祀天后的制度,与孔庙和社坛祭祀等国家祭祀制度一样,都是国家与民众共同的行为。因此,天后信仰具有两方面功能:一方面进入国家祀典,成为国家管理漕运的文化表征;另一方面,以其宫庙和会馆的信仰经济直接促进了民间贸易的发展。由此,漕运经济也有两个层面:国家的贡粮经济(计划性)和民间的自由贸易(市场性)。天后信仰渗透于国家和民众两个层面的经济之中,成为跨越两种实体经济之上的文化表征和文化安排,促进了一种"共主体经济"(co-subjectivity economy)的形态。一方面,国家客观上帮助民间建立了贸易通道,民间搭了国家漕运的便车。另一方面,民间贸易促进了国家漕运的通畅,宫庙会馆网络支持了漕运的顺利进行。漕运败,民间经济败;反之亦然。这样一种国家和民间互赖共生的经济体系,形成了一种特别的国家经济文化。

天后信仰在漕运贸易中起着重要的作用,令我们思考这样一种前资本主义的贸易形式之优点,它如何能够作为中国取得世界贸易中心地位的一种支持,亦印证了20世纪以亚洲四小龙为代表的亚洲经济文化的内在合理性,让我们看到这一"民教伦理(民间信仰伦理)"与资本主义发展的联系,以及二战后亚洲的第二现代化之路其实有着深厚的历史文化渊源和自己独特的发展逻辑。弗兰克(《白银资本》)、彭慕兰(《大分流》)以及滨下武志(《近代中国的国际契机》)等曾提出亚洲中心说的观点。如滨下武志(Takeshi Hamashita)通过对朝贡贸易的研究,提出了朝贡贸易的体系特征:中华大一统的观念;因欧美加入导致的朝贡贸易之扩大;朝贡贸易内部私有贸易的扩大,并促进了结算制度和征税机构的扩充,形成了亚洲的"地域经济圈"。在明清之际,特别是18世纪之前,亚洲经济圈的核心是围绕朝贡贸易建立的。"以中国为核心的与亚洲全境密切联系的朝贡关系,以及在此基础上形成的朝贡贸易关系,是亚洲而且只有亚洲才具有的惟一的历史体系。亚洲区域内的各种关系,是在以中国为中心的朝贡关系、朝贡贸易关心中形成的,

---

〔1〕 刘振殿. 创建新浦天后宫记. 1917(民国六年). 莆田学院图书馆妈祖文化资料库.

这种关系是历史上形成的联结亚洲各国各地区的内在的纽带。"[1]在欧洲经贸大规模侵入亚洲之前,朝贡贸易这一地域经济体系虽未直接产生亚洲的现代化,却为其奠定了基础。藉此亦可批评费正清的"冲击反应说"。[2]

第四节 结 论

围绕天后信仰北传的文化资本经济的特征在于:1)天后信仰以及相关的祭祀通过"国家化"形成文化资本。天后祭祀作为国家的祀典,从仪式上强化了漕运的国家权威,使国家权力和神威融为一体,国与商、官与民紧密结合,民间组织得以建立认同,贸易网络也由此增强。2)天后信仰的文化资本:与天后信仰相关的文化认同、价值观念、伦理道德、民风习俗等"民教伦理"。3)文化资本再生产:如海神变为天后,为国家和民间的共同创造。4)文化资本转变为经济资本:它以信仰及其民教伦理作为文化安排,强化了地缘等文化认同并以此信任伦理建立了信仰圈,保证了贸易网络的畅通。5)文化资本转变为社会资本:它促进了会馆体系和贸易网络的社会资本形成,进而促进经济资本的运行。这一"共主体经济"直接促进了长达数百年的沿海经济带之形成,间接推动中国取得世界贸易的优势地位并促使中国成为亚洲地域经济圈的中坚。

---

[1] [日]滨下武志. 近代中国的国际契机——朝贡贸易体系与亚洲经济圈. 朱荫贵,欧阳菲,译. 北京:中国社会科学出版社,1999:5-6.

[2] [日]滨下武志. 近代中国的国际契机——朝贡贸易体系与亚洲经济圈. 朱荫贵,欧阳菲,译. 北京:中国社会科学出版社,1999:29-51.

第八章　象征资本的再生产
——从阳村宗族论民国基层社会

第一节　问题的提出

晚清至民国时期,是中国社会发生巨变的时期。在某种程度上,这一巨变直接为后来的社会革命提供了契机,其深远的影响则延续到今天。本章通过对福建阳村的田野研究,尝试运用"象征资本再生产"的理论框架,理解民国时期发生在基层社会的上述转变。

对于晚清至民国时期乡村社会的转变,有大量学者从历史学、人类学、社会学和政治学等方面涉及,著述繁多。其中萧公权等[1]的研究颇具代表性。从研究方法看,一些学者关注的是"社会结构":国家政权、乡绅、地方社会和百姓的结构关系,特别是在对"乡绅"的理解上,或将其理解为国家与地方社会之间的平衡,或视之为上层国家和下层社会之间的"第三领域"(third realm),以此批评以往把乡绅简单理解为国家代言人的乡绅模式。但是这些研究忽视了社会的文化方面。另一些学者关注的是"文化",杜赞奇曾利用满铁调查资料进行过比较系统的研究,就民国时期华北农村受到国家政权侵蚀的情形,提出"权力的文化网络"概念,试图超越"乡绅社会"的模式。

---

[1] Hsiao Kung-chuan（萧公权）. *Rural China: Imperial Control in the Nineteenth Century*. Seattle: University of Washington Press, 1960; Philip C. C. Huang（黄宗智）. *The Peasant Economy and Social Change in North China*. Stanford: Stanford University Press, 1985; [美]黄宗智. 华北的经济与社会变迁. 北京: 中华书局, 1986; Philip A. Kuhn（孔飞力）. Local Self-Government Under the Republic: Problems of Control, Autonomy and Mobilization//Frederic Wakeman Jr., Carolyn Grant eds. *Conflict and Control in Late Imperial China*. Berkeley and Los Angeles: University of California Press, 1975; Philip A Kuhn.（孔飞力）. *Rebellion and Its Enemies in Late Imperial China: Militarization and Social Structure 1796—1864*. London: Harvard University Press, 1980; [美]杜赞奇（Duara Prasenjit）. 文化、权力与国家——1900—1942年的华北农村. 王福明, 译. 南京: 江苏人民出版社, 1994.

第八章 象征资本的再生产——从阳村宗族论民国基层社会

根据预设的问题,本文主要选择了杜赞奇的权力的文化网络、国家政权内卷化和宗族政治三个方面进行对话。"权力的文化网络(cultural nexus of power)"中的两个核心概念是"权力"和"文化"。在杜氏看来,"权力"是个中性的概念,指个人、群体和组织通过各种手段以获取他人服从的能力。权力的普遍关系存在于政治、市场、宗教和宗族等领域。市场、宗族、宗教、水利控制的组织以及亲属、朋友之间的相互关联,构成权力实施的基础。"文化"是指扎根于这些组织中、为组织成员所认同的象征和规范,包括诸如信仰、爱憎、亲仇等。各种象征价值赋予文化网络以权威,使其成为权力的合法表达场所。由此,出任乡村领袖的主要动机不是追求物质利益,而是象征价值的社会地位、威望、荣耀等。在上述权力和文化的意义上,权力的文化网络主要包括两方面:一是宗族、市场和水利管理等方面的组织(如庙会、水会、商会等);二是非正式的人际关系网(如血缘、庇护和被庇护、传教士和信徒的关系等)。正是文化网络,构成了乡村社会及其政治的参照坐标和活动范围。他认为,与晚清国家政权基本成功地将自己的权威和利益融入文化网络之中相比,民国的"现代化"过程中的国家政权完全忽视了文化网络中的各种资源,没能有效地利用和发展旧的信仰及权威,企图在文化网络之外建立新的政治体系。它无法解决现代化国家财政需求过快与传统农业经济的发展不相适应的矛盾。[1]

杜赞奇认为,20—30 年代国家政权向华北农村的扩张,破坏了原有的文化网络,又找不到可行的替代物。一批传统的保护型经纪(protective brokerage)被盈利型经纪(entrepreneur brokerage)所取代。国家政权依靠经纪制来扩大其控制力时,使用旧的国家与社会关系(如盈利型经纪体制)来扩大其行政职能,结果使经纪制深入到最为基层的村庄社会,形成了"国家政权内卷化(state involution)"[2]。此前,黄宗智曾经使用满铁资料研究华北农村,对华北小农经济提出过"内卷化"的概念。[3] 从内卷化的概念来看,黄氏的观点是经济的内卷化,杜氏则是政治的内卷化。杜氏特别提出:国家政权内卷化伴随着国家政权延伸的扩张,国家政权

---

[1] [美]杜赞奇. 文化、权力与国家——1900—1942 年的华北农村. 王福明,译. 南京:江苏人民出版社,1994:233-237.

[2] 杜氏解释自己的"involution"概念来自美国人类学家格尔茨(C. Geertz)。[美]杜赞奇. 文化、权力与国家——1900—1942 年的华北农村. 王福明,译. 南京:江苏人民出版社,1994:66-67,233-244.

[3] [美]黄宗智. 华北的小农经济与社会变迁. 北京:中华书局,1986.

的加强亦会导致自身的腐败和革命的发生。共产党政权的建立是国家政权内卷化的终结,其标志是通过大批减少盈利型经纪,解决了明代以来历届政府无法解决的难题——偷税漏税,大幅度增加了国家税收。[1]

宗族是杜赞奇"权力的文化网络"中的重要部分。他强调,宗族在基层社会体现着正统的国家政权,宗族意识得到国家的默认。[2] 关于20世纪宗族政治与国家政权的深入,杜氏划分了三个阶段:第一阶段是1900—1929年,随着国家政权深入基层,权力的重新分配使得宗族之间的权力斗争更加激烈。第二阶段始于1929年国民政府推行五家为邻、五邻为闾的"闾邻制","闾邻制"取代了宗族代表制。但由于切断了宗族和乡村政体的纽带,使新的乡村政权失去了在旧的文化网络中的合法性,同时堵塞了传达其旨意到村落社会的渠道。不过,不少基层组织仍是改头换面的宗族组织。第三阶段,40年代以后,宗族组织已难保其传统的政治作用。1941年,日占区推行大乡制,在大乡制推行较彻底的地方,宗族势力被排挤出村落政权的组织之外。[3] 国家政权逐渐放弃并破坏了文化网络中的一些组织,例如宗族;但是并没有建立与村落沟通的新渠道。

笔者在对福建阳村的宗族研究中,发现很多与华北宗族类似的情形,杜赞奇的权力的文化网络模式也富有启发性。但是,我们仍对上述研究提出一些不同的事实和观点,虽然这些不同看起来可能来自华南和华北的地域差异,却可以理解杜赞奇模式中的某些不足。

首先,民国的宗族政治早在清末民初就已受到挑战,并非只是在20年代末才被闾邻制取代、在40年代以后才被"大乡制"所排挤。杜氏的逻辑是国家政权组织侵入基层使得宗族被压挤,却忽视了晚清和民国时期在基层社会已经发生的新文化的影响。宗族被舍弃并不简单是国家政权的直接作用。宗族作为"封建制度"的因素和旧"宗法中国"的表征,早已被知识分子强烈批评。华南地区许多地方早在20年代以前就出现了对宗族的舍弃,这意味着一个"新文化"的象征被广

---

[1] [美]杜赞奇. 文化、权力与国家——1900—1942年的华北农村. 王福明,译. 南京:江苏人民出版社,1994:240-244.

[2] [美]杜赞奇. 文化、权力与国家——1900—1942年的华北农村. 王福明,译. 南京:江苏人民出版社,1994:234.

[3] [美]杜赞奇. 文化、权力与国家——1900—1942年的华北农村. 王福明,译. 南京:江苏人民出版社,1994:99-102.

泛接受。宗族在基层社会已不再体现正统的国家政权,宗族意识也已得不到国家的默认。政府并没有主动立法消灭宗族,倒是许多乡绅对宗族主动舍弃,这说明宗族的衰落主要不是来自国家政权的侵入(下面也列举了一些地方的宗族反而在国家政权侵入的时候被重新强化的例子),而是在于对新文化的理解。

第二,杜氏的国家政权内卷化和权力文化网络破坏这两者之间有一个逻辑上的矛盾。内卷化是基本结构不变的一种内衍——内部延展和精密化的过程。如果说在国家政权结构向基层的延伸中国家与社会的关系没有基本的改变,这与事实不符。虽然有旧的盈利型经纪体制扩大到基层的一面,但是他们的行为恰恰是在瓦解原有的"无为政治"[1]的国家与社会的关系模式。而如果说国家与社会之间的基本关系改变了,则意味着国家政权结构的基本改变。一个从未深入到乡村的国家政权现在空前地深入到乡村,抑制了市民社会的成长,其意义极为重要。另外,国家政权的增强或减弱与是否发生腐败和革命没有必然联系,而在于政权运作的政治伦理和政治文化。民国政权的转换其实已经改变了基本的国家政权模式和国家与社会的关系,没有改变的是政治文化。在一个政治体制更迭转换的时候,无论新旧乡绅都在寻找他们的生长空间。他们的行为所依据的价值观念,包括对新国家的理解、对权力的运用方式、对乡民的管理观念等,其实可能是旧的,是一种政治文化的内卷化[2]——一个旧的象征生产体系的复制和延伸。剥夺性的盈利型经纪体制之所以能够扩大,之所以在基层没有受到保护型经纪的抗拒,甚至许多保护型经纪转而变成盈利型经纪,而不是真正的民主政制得以实行和建立,正是因为腐败等政治文化内卷化而非国家政权内卷化。

第三,"权力的文化网络"是一个被模式化的网络,忽略了网络本身的变化动因,忽略了有一个生产上述"权力"和"文化"的象征动力空间。当国家政权入侵、"权力"(上述组织与关系)的网络被破坏时,"文化"中的象征价值也发生了变化,人们一时找不到认同的象征和规范,但是象征生产的深层体系生产机制并不一定发生真正的变化和破坏。就是说,权力的文化网络只是在组织和关系形式上被刷新了,被破坏的是表面的制度、等级组织以及国家、乡绅和地方社会之间的角色关系,包括价值观念和规范的内容变化,内卷的恰恰是文化深层的象征生产体系,从

---

[1] "无为政治"的概念可参见:费孝通.乡土中国.香港:三联书店(香港)有限公司,1991:2版;吴晗.论皇权//吴晗,费孝通,等.皇权与绅权.学风出版社,1948.
[2] 张小军.理解乡村内卷化的机制.二十一世纪,1998(2).

而无法建立新型的制度和价值规范。

本章通过阳村民国时期宗族和乡绅的简单讨论,试图说明:权力的文化网络(社会资本)在民国时期的变化,主要是受象征资本的再生产制约的。民国的失败,主要产生自"文化理解"的失败(包括曲解和误解),如果归纳为学术概念,则是"象征资本再生产(reproduction of symbolic capital)"的结果。

上述概念的提出,参照了布迪厄的资本理论。布迪厄的资本体系主要包括四种资本:经济资本,社会资本、文化资本和象征资本。经济资本是直接的经济资源。文化资本是一种信息资本,以三种形式存在:一是具体的状态——精神和身体的持久秉性(disposition) 的形式,二是客观的状态——文化商品的形式,三是体制的状态——制度合法化的形式。"社会资本是这样一些实际和潜在的资源的总和,个人或团体凭借占有大家共同了解和认同的、多少有些制度化的某种持久性关系网络,能够积累自己所控制的社会资本。"[1]社会资本的概念在布迪厄以后,有很多新的说法,比较有影响的如普特南(R. D. Putnam),认为社会资本"指的是社会组织的特征,例如信任、规范和网络,它们能够通过推动协调和行动来提高社会效率"[2]。按照上述两人对社会资本的理解,我们很容易看到杜赞奇的"权力的文化网络"十分类同于"社会资本"的概念,其中包含了组织和关系网络、信任和规范等特征。因此,无论叫做什么,我们都可以将其理解为一种社会资本。

在三种资本之外,还有象征资本。[3]人们似乎没有特别关注布迪厄对象征资本的强调。在布迪厄看来,象征资本至少有两个要点:一是所有资本都要呈现为象征资本,它是一种一般性的资本,当"我们通过感知范畴(categories of perception)把握这几种资本时,这几种资本呈现的就是象征资本的形式"[4]。比如实际存在的宗族是杜氏的权力文化网络的一部分,但是人们在把握"宗族"这一

---

[1] Pierre Bourdieu, Loic J. D. Wacquant. *An Invitation to Reflexive Sociology*. Cambridge: Polity Press in Association with Blackwell Publishers, 1992: 119.

[2] [美]普特南. 繁荣的社群. 杨蓉编译//李惠斌,杨雪冬主编. 社会资本与社会发展. 北京:中国社会科学出版社,2000.

[3] 杜赞奇虽然使用过象征资本的概念,例如在人际关系中积累的权威一类象征资源,但其含义与布迪厄不同。[美]杜赞奇. 文化、权力与国家——1900—1942年的华北农村. 王福明,译. 南京:江苏人民出版社,1994: 233-234.

[4] Pierre Bourdieu, Loic J. D. Wacquant. *An Invitation to Reflexive Sociology*. Cambridge: Polity Press in Association with Blackwell Publishers, 1992: 119.

社会资本时,它呈现为象征资本的形式,并对不同理解和把握它的人,表现出不同的象征资本性。二是象征资本的再生产性。"象征资本与经济或文化资本不同,当它被知晓或认知之前,当它通过被强加的感知范畴所认知之前,它还是一无所有。鉴于上述事实,权力的象征关系倾向于再生产并强化那些建构了社会空间结构的权力关系"。因此,"客观的权力关系,倾向于在象征性的权力关系中再生产自身"。[1] 还是"宗族",作为一种客观的权力关系,一旦呈现为象征资本,就可以被再生产,生产出新的权力关系。一些学者曾经论述华南宗族如何作为地方社会建构的文化手段和文化创造的资源,[2] 其中就包含了"宗族"作为象征资本被再生产的过程含义。上述两个特点,决定了象征资本生产对社会资本等的基本动力性质——即对所有的资本进行象征的再生产。我把这个象征再生产的空间定义为"资本再生产的象征场域"。这是一个富有活力的社会和文化的生产"工厂"。

第二节 阳村的宗族和乡绅

中国的基层社会在晚清已经发生了很大变化。这无疑和当时的政治文化风气有关,与戊戌变法前后的维新思想和时政有关。阳村是一个主要由李、余、林、彭四大宗族聚居的山区大村落,也是一个地方社会的政治经济中心村落。土改时,人口已达3000多人。这是一个在华南地区十分典型的乡土宗族社会,宗族制度和组织十分完善,土改时,村里村外的族田和祠田达4000多亩。晚清至民国时期,这样一个宗族发达的社会,也处在中国社会大环境之下,开始接受"新文化"的影响。例如阳村所属玉田县的宣讲局,就曾经附设在阳村的"蓝田乡约堂"(旧称槐庙)。光绪年间由县令王寿衡捐俸倡设,并由绅士捐助,每月的朔、望日,派宣讲生宣讲上谕。[3] 朔、望日一直是当地神庙祭祀的日子,选在此时宣讲上谕,明显有改变民风旧俗、宣传新政的用意。新文化的冲击,直接影响了象征生产的"产品"倾向。

---

[1] Pierre Bourdieu. Social Space and Symbolic Power. *Sociological Theory*,1989,7(1):20-21.
[2] Helen Siu. *Agents and Victims in South China*. London:Yale University Press,1989;David Faure. The Lineage as a Culture Invention. *Modern China*,1989,15(1):4-36;刘志伟. 宗族与沙田开发. 中国农史,1992(4).
[3] 黄澄渊. 玉田县志:卷22.1940.

清代阳村的地方慈善机构都是官助民办的。一个是同善社,善置孤寡老人,成立于光绪年间。[1]另一个是育婴堂。阳村在光绪年间由绅士余敏德等一度倡办育婴局,后因经费短缺而中止。民国二十八年,乡绅余吉章和余葆清等看到当地溺死女婴之风颇盛,重又提倡育婴之设。玉田县的育婴堂在民国二十五年召开60周年纪念会,统计存活女婴五千余人。玉田县育婴堂的设立还有一段故事:育婴堂初建于光绪三年,到民国时期,因经费不足,改在陈清端公祠堂内,后经正副局长与当地社团协商,并呈奉县知县立案,"准以魏陈二公合祠,其魏公祠产除完祭外,拨充育婴经费,时僧达本误认为寺产,诉讼十年,旋蒙高法院判归本局管收"。[2]从上述有和尚争祠产的情形看,那似乎是一个功德祠。[3]祠堂中建立育婴堂,还要拨出部分祠产作育婴堂经费,这一过程要"正副局长与当地社团协商,并呈奉县知县立案",可见有一个官民共同参与的过程。但是祭祀的祠堂本来就是宗族和男性的权力空间,应该在百姓生活中占有重要的位置,为什么会答应去办救助女婴的育婴堂?

晚清特别是民国时期的宗族衰落,是颇具普遍性的。华南一些地区的宗族衰落也见于著述,陈礼颂曾经描述民国二十年,潮州斗门乡的陈氏宗祠正式挂起了乡公所的招牌。[4]玉田县和阳村也发生了类似情形。民国期间,玉田县占宗祠作他用之风颇盛。20年代乡村建设运动时期,玉田建立合作社组织,名为玉田县合作指导员办事处,处址便设立在城关三保后巷的丁氏宗祠。[5]又据《玉田县志》,"七七事变"以后,为适应抗战,政府积极收粮储存。玉田许多区都借用祠宇屯粮。[6]同年,玉田县邮局"迁迎仙桥林氏祠为二等局"[7]。邮局租用林氏宗祠达十多年。[8]将宗祠出租,比抢占更为有趣,反映了族人的态度。民间也有占宗祠作他用的情形,玉田三中前身为大东私立中学,1944年建在阳村邻镇的余氏芝

---

[1] 黄澄渊. 玉田县志:卷22.1940.
[2] 黄澄渊. 玉田县志:卷22.1940.
[3] 张小军. 佛寺与宗族:泉州开元寺的历史个案研究//陈志明,张小军,张展鸿编. 传统与变迁——华南的文化和认同. 北京:文津出版社,2000.
[4] 陈礼颂. 1949年以前潮州宗族村落社区的研究. 上海:上海古籍出版社,1995:66.
[5] 游国梓. 玉田县合作供销史略//玉田文史资料:第10辑. 1990:70.
[6] 黄澄渊. 玉田县志:卷22. 1940.
[7] 黄澄渊. 玉田县志:卷38. 1940.
[8] 陈锡万. 建国前玉田邮电事业概况//玉田文史资料:第9辑. 1989:45.

山祠,校长兼董事长是余寿图,为阳村余氏在邻镇的芝山房的后裔。当时玉田县大东地区没有中学,他召集附近几乡的乡绅商议,其中包括阳村的李志海,议定各乡从祠堂祭祖的谷子中抽出六百石作为办学的"基金谷",其中余氏芝山房250石,阳村100石,鹤塘100石,卓洋100石,邹阳、岭里各50石。[1] 解放后,祠堂长期用作食堂,直到1996年彻底交还给余氏宗祠理事会。

阳村的四大宗族都有祠堂,民国期间有四姓八大房(实际有九房),每一个大房各有大厝(祖厝)和宫庙。民国期间,有多个大厝和宫庙被占用。余氏桥西房的祖厝坐落在村西南,面积一千多平方米,原有戏台、神龛和祖宗牌位。民国三十年左右,被占用当了粮食仓库。李氏鳌头房的鳌头大厝,被乡公所占有。原来为社学的文昌阁,也成为乡公所的办公地点。如果说上述大厝和宫庙是被新的乡村基层政府"抢占",下面的两个例子则反映了乡绅的主动行为。

第一个例子是余氏的云路房大厝(支祠)三才堂被改为小学。三才堂是阳村余氏肇基祖焕公的祖厝,旧址始建于唐,在乡民中具有重要的宗族象征意义。民国二十六年,由乡绅李志海主持,将原来在文昌阁的"阳村高初两等学校"迁往三才堂,改称中心小学。迁校的原因是因为文昌阁的地方已嫌狭小。李当时任县参议员,此前还担任过国民党县党部书记和乡长,建校的资金和建大东私立中学一样,主要是靠卖祠堂、宫庙的祠田和境田筹集。余氏是阳村最大的姓氏,李氏其次,因为李志海的关系,当时主要变卖李家的田,大概有带头表率的意思。其他姓氏的自愿卖,余氏出了自己的祖厝。三才堂面积有1800多平方米。余氏的郑铃老人说:用三才堂建小学,当然要经过族长同意。族长也有权力,但是对内有,对外没有。其实像这样的事,族长也没有权,有权的是乡绅。李志海是县参议员,说卖就卖了。后来建小学,围墙没有盖,百姓让他重新做,因为大家为建校捐了款(根据田野笔记)。

李志海在解放后被镇压,理由是在他任上有一个共产党员林建驱被杀害。他本来逃到福州,但被一个同乡看到,告发了。李志海的儿子在镇企业站工作,他讲述了父亲的一些往事:祖辈从利洋迁来阳村,以开店铺为生。父亲在南平流芳教会中学毕业,本来可以当牧师,但是他不信教,分到宁德三都小学当教员。我舅舅过去是县党部委员,把父亲叫去当秘书,这样步入政界。过去父亲当过联保主

---

[1] 余兆升. 余寿图生平事迹//玉田文史资料:第10辑. 1989:51-52.

任、乡长、县参议员、小学校长。叔叔志清当过乡长,志泾当过田管处主任,相当于粮站站长,三阳人都说当时财政大权都在我父亲几个人手里。听说当时建小学,我爸爸天天在那儿,天热就熬些青草药,人家都称他"校长"。原来小学要建在文昌阁,地方不够,才搬到三才堂。跟余家有商量,那时祠堂好像都是公家占用了(根据田野笔记)。余、李两家究竟怎样商量的,我们已经找不到当事人。但是余家能够放弃自己的祖厝,无论出于什么样的压力或动机,都说明了当时的世风。

第二个例子是李氏龙门房的龙潭宫,在民国三十一至三十二年被出租为店铺。一个房的宫庙,在宗族中具有重要的地位,它供奉本族的保护神,保佑族人的平安,如有男孩子出生,族人都要到宫中烧大红烛谢神。龙潭宫由两间小庙组成,东为杨易(当地的都城隍)庙,西为陈夫人(临水夫人陈靖姑)庙。龙潭宫出租时,承租人是李在溶老人,也是一位乡绅。杨易和陈夫人则搬到李家另一个小庙供奉。

在溶老人生于1917年,幼时读过一年私塾,后来随父亲和兄弟在西洋村开店。老人回忆阳村是在民国二十八年立保(《玉田县志》记载玉田在民国二十年成立保甲),下分八个保,设一个联保主任,叫林碧峰。民国三十年,改为五个保,一个乡。第一个乡政府设在文昌阁。在溶当过保长。他回忆当时说:八保改五保,县里办保长训练班,都选年轻的,为的是把老的改下去。那时我大哥怕抓我们壮丁,就找林,让我当甲长,后来又当了保长。保长做了几个月,又做副乡长。民国三十三年,又当乡长(根据田野笔记)。老人当保长和乡长的时候,正是他承租龙潭宫的时候。身为乡长,改宫庙为店铺,已经自觉不自觉地注入了权力的成分。

我曾经问老人:为什么要把龙潭宫出租?老人说:当年是李氏族长这样主张的。把庙改成店铺出租,因为过去龙潭大厝被烧了,没有钱重修,所以想出租店铺收点钱,重修大厝。当时的租金是每年七八石谷。老人一家多经商,家境较好。爷爷做过祠堂的管事,大公过去也做过祠堂管事。他说:"民国时宗族没有什么势力,都是乡公所管,老百姓自己做自己的事。在清末(宗族)都没有什么用,乡绅有些威望,人家有事来找,讲个公道话。"(根据田野笔记)乡绅参与将祠产变卖、出租或者办学,在当时看起来可能很平常,但这却是对作为传统社会资本或者说权力文化网络中的宗族组织在权力关系和价值规范上的破坏和解构。环境的压力固然存在,但是乡绅也有主动参与的一面。这些"敢于""放弃"宗族的"新乡绅",都是村落的实权派,下面的摘录说明了他们的权力角色:

例1:当然要经过族长同意。族长也有权力,但是对内有,对外没有。其实像这样的事,族长也没有权,有权的是乡绅。李志海是县参议员,说卖就卖了。

例2:民国时宗族没有什么势力,都是乡公所管,老百姓自己做自己的事。在清末(宗族)都没有什么用,乡绅有些威望,人家有事来找,讲个公道话。

在清末宗族已经没有什么用,民国时期的乡绅和乡公所更有权力。从乡村建设运动到30年代,村落中已经陆续占祠堂作他用。40年代更盛。但是关键在于:这些"新乡绅"是怎样登上村落政治舞台的?是因为他们代表了新的文化、思想和制度吗?看下面的摘录:

我舅舅过去是县党部委员,把父亲叫去当秘书,这样步入政界。过去父亲当过联保主任、乡长、县参议员、小学校长。叔叔志清当过乡长,志泾当过田管处主任,相当粮站站长,三阳人都说当时财政大权都在我父亲几个人手里。

不难看到:权力的更迭,是在旧的观念和手段下进行的。例如他们进入村落政治舞台并没有经过新式的民主选举。县里办保长训练班,为的是把老的改下去。显示了国家进入基层的强制性一面,另一方面,新的乡绅还是通过各种"关系",借着社会秩序的转型而出现,并不是因为他们本身怎样的新。"新乡绅"好像在做一些新事情,如兴办学校等。但是他们也在复制旧的村落政治的生产机制。一位老人曾经用"白皮红心"来形容当时乡绅角色的多重性。在田野访谈中,令我吃惊的是,"白皮红心"竟然是十分普遍的现象。阳村邻乡的大甲乡林峰村的林向,曾经建立共产党的地下交通站,陈挺(曾任闽东独立师师长)等人都住过。林又当过伪乡长,因此在镇反中被镇压。现在已经平反。在溶老人也曾当过伪保长、副乡长、乡长,但是后来也担任过共产党阳村区解放福州的支前办主任。共产党阳村区第一任区长还是在溶的结拜兄弟。李如1935年入党,担任与阳村相邻的白溪村支部的组织委员,后来任支部书记。1938年曾被叛徒黄培松告发而被捕,后来党组织花了40万元伪币才将其保释回家。由于敌人的严密监视,他与上级党组织失去了联系。[1] 后来李如当过保长,当时叫白源保,由溪门和白溪两个小山村组成。

---

[1] 余理民. 中共玉田县白溪支部的建立和活动情况. 玉田党史资料,1985(1).

更典型的例子是阳村的余树枫,他是余氏宗祠蝉林祠的总管事,权力比族长还要大,手下管理着余家分布在阳村和周围乡村的 3000 多亩祠田。他的父亲也曾经是祠堂的总管事,是积庆堂的财主。土改时,余树枫被划为地主。余树枫曾经是共产党,被国民党抓过五次,最后一次要杀掉,共产党游击队花八百光洋托余根常(当时任保长)给救了出来。第二次国内战争时期,阳村有三条共产党的线,余树枫是第三条线的支部负责人。该线在抗战时被破坏。解放战争期间,余树枫没再与党联系,没有工作,但"爱国反蒋"他捐了钱。1950 年,宁德会道门组织"宁德暴动",派人来拉他,他没有参加,但是开始做过神符。他不知道那是暴动,还以为是迷信活动。因为这,解放后曾被抓去劳改。

另一个例子是余氏溪东房的管事余泽武,在 20 世纪 30 年代当过几年支祠山东境的管事。山东境当时有祠田 30 余亩,包括山田,主要由管事自己种,种不了的租给别人,收三七租(三成自己留,七成交租)。山田也叫泥鳅田,总共有 1000 斤的收成。做戏每六年一次,还有做福,在正月十五,从岭兜堂(溪东房的庙)把杨易公请下来,大家吃一顿。境里没有油灯田,因为村小。祭墓有另外的田,不归境里管。祠堂田过去有账,后来全烧掉了。那时没钱,一年够一年,有钱就多吃,唱好戏,没钱就少用。

我问泽武:"为什么选你当管事?"泽武说:"因为我敢管事。那时祠堂田多了放贷,有人不愿还,我敢去要。当管事要去要,这是公家的东西嘛。我当时和保长、土匪都敢打,所以大家信任我。"1947 年,泽武的哥哥泽建因为躲壮丁,参加了共产党的游击队。1950 年,泽武和保桥村的李春赌钱输了,正巧赶上哥哥回来,带他们去当兵。泽武在顺昌、洋口当了一年号兵,当时家里母亲没人照顾,所以逃回来。原来还有个证明,说在"文革"中丢了。李春后来当了顺昌县长,现在已经离休。1995 年李氏祭祖时回到过阳村,后来还带泽武到顺昌去玩。(根据田野资料)

泽武似乎是一个边缘人物,他不识字,家境也不富裕,似乎不具备乡绅的能力。他能当祠堂的管事,主要是因为"敢管事"。但是"敢管事"和"会管事"是两个概念。他在土改中被评为贫农,这样的人怎样称为盈利型经纪?他们又怎样推行新的国家制度?

乡村中当然也有盈利型经纪,但是我们很难看到他们是如何将原有的国家政权延伸的。他们的行为恰恰是在瓦解国家政权,瓦解原有的国家与社会的关

系模式。在溶老人曾经讲述他在30年代当乡长多年,后来为什么被罢免的故事:

> 抗战期间,日本人打到福州,一些布行迁往闽北。因为阳村地处闽东和闽北的交通要道,在阳村设有转运站。在与阳村相邻的路阪村,有一批布被夏庄的几个人抢了。结果区长沈举借此说在溶太年轻,不会当乡长,罢免了他。后来,抢布的人被抓住了,问他们谁是头儿?他们说就是区长的太太指使的,手枪都是区长太太给的。当时送这几个人到县里审判,夜里送到半路,被沈妻枪毙灭口了,其中就有余雄的叔叔。阳村的许多老人都知道这件事情。

如果此事属实,沈举夫妻的作为明显具有"盈利型经纪"的特点,他们玩弄政治手段的技巧和方式并不新鲜,社会秩序的破坏和转型为他们提供了敛财的机会。表面看他们将国家的权力延伸到了基层社会,实际上却破坏了原有的国家与社会的关系。地方社会的上述情形,在林耀华(1947)的《金翼》和庄孔韶的《银翅》(1996)[1]中都有描述。

第三节 文化的理解与象征资本的再生产

民国时期出现的权力的文化网络之破坏及其产生的问题,主要表现在如下方面:(1)旧的权力和关系网络的破坏,例如宗族、市场等的组织和关系被破坏,产生的问题是找不到新的可行替代物来沟通国家与基层社会。(2)旧的文化的象征价值和规范的改变,瓦解了原来的权力文化网络,产生的问题是人们找不到认同的价值规范,乡绅仍持旧的官场行为,左右逢源,让盈利型经纪有机可乘,而不能去认同新的文化价值和规范,建立新型的文化网络。(3)传统的国家与社会之间的基本关系被破坏(而不是国家政权的内卷)。产生的问题在弗里德曼等人看来,是因为民国政治的基层化,使原来作为中介的乡绅阶层功能减弱,无法行使中

---

[1] 林耀华.金翼.庄孔韶,林宗成,译.北京:生活·读书·新知三联书店,1989;庄孔韶.银翅.台北:桂冠图书公司,1996.

介功能,一批豪绅恶霸取而代之,使国家和社会的隔阂加深。[1]

在象征资本再生产的解释框架之下,民国的上述问题中都存在着对新文化的曲解和误解,由此影响了象征资本再生产的结果。

(一)在乡绅的象征资本再生产层面,误解了新的"国家""宗族""革命"等的意义,产生了简单对宗族进行革命的解释范式。人们对上述事实不断进行带有误解的象征再生产,这些带有误解的象征资本再生产过程又依靠国家政治的合法性进入基层,借用传统的国家政治文化的权威与合法性来进行,结果既破坏了原来的权力文化网络,亦无法建立理想的新型制度和规范。

晚清,在知识分子层面,已经开始抨击宗法制。1908年,一个署名蛤笑的人写了一篇《论地方自治之亟》,刊登在《东方杂志》上。文中说:"吾国素为宗法之社会,而非市制之社会(civil society),故族制自治极发达,而市邑自治极微弱。论者遂谓宗法为初民集合之源体,而大有障碍人群之进化。此其说,证以欧西历史,则固然矣。"[2]文中明确用西方现代社会比照中国(宗法社会),批评宗法族制有碍社会进化。西方学者与这些看法相合。如韦伯(M. Weber)在《儒教与道教》(1920)中就指出西方是新教伦理促使了资本主义的发展,而中国的儒教是与新教根本对立的世界观,阻碍了中国的发展。"客观化的人事关系至上论的限制倾向于把个人始终同宗族同胞及与他有宗族关系的同胞绑在一起,同'人'而不是同事务性的任务(活动)绑在一起……",而"新教伦理与禁欲教派的伟大业绩就是挣断了宗族纽带,建立了信仰和伦理的生活方式共同体对于血缘共同体的优势,这在很大程度上是对于家族的优势"。[3]严复等人在世纪之交系统翻译西方的著述,如斯宾塞(H. Spencer)的《群学肄言》(*Study of Sociology*),以及后来甄克思(J. Jenks)的《社会通诠》(*A History of Politics*)等,介绍西方的思想,并对宗族有与蛤笑类似的批评。严复认为:一者中国历史上长期是宗法社会,没有建立真正的国家,已有的国家是宗法国家;二者这样的社会落后,落后的标准是比照欧洲的;三者改变中国的方法唯"独至国家"。这种建立西方式的新型国家的追求,以

---

[1] Edward Friedman, Paul G. Pickowicz, Mark Selden. *Chinese Village, Socialist State*. New Haven & London: Yale University Press,1991.

[2] 蛤笑. 论地方自治之亟. 东方杂志,1908.

[3] [德]韦伯. 儒教与道教. 王容芬,译. 北京:商务印书馆,1995:288.

第八章 象征资本的再生产——从阳村宗族论民国基层社会

及对传统宗法社会之否定,成为立国的语言。[1]使立国的问题不仅是建立一套新的国家机器,而且要变换一套新的国家语言和政治文化。

芮逸夫曾言:"自清季海通以还,西风东渐,工业文明及自由平等的思想传入中国,欧、美式的小家庭也随之而来。我国传统的大家庭制渐趋没落……"[2] 20世纪初,曾经有过一场激烈的"家庭革命"。试图以此达到打破旧国家之目的。在革命方式的造国造家文化的影响之下,宗族在晚清已经有变化。例如上海曹氏受晚清政治的影响,将祠堂族长制改为族会制,"集族人为族会,从事家族立宪",该族会定名"谯国族会"。[3]"谯"有责备的意思,用意十分明显。结合玉田和阳村早已有的对宗祠的侵占等行为,以及乡绅对宗族利益的主动放弃,不难看到上述大的历史和文化背景之影响。这是杜氏所忽视的。对于上层知识分子对宗族和宗法社会的看法,在基层社会也有大量带有误解的象征资本再生产,我们至少可以看到两点:

一是"把宗族当革命对象"的误解。宗族和宗法社会一下子变成了革命的反面甚至对象,但是人们并没有明白反对宗法社会的实质是什么。河北冀东的调查记载了一个有趣的例子:"1941年春,丰南县小集镇赵庄共产党员赵尔珍通过宣传,全族议定将赵氏祖上留下来的二十亩祭田及族坟中的树木全部卖掉,所得现金,召集全村赵姓吃了几天散伙饭,然后把剩余之钱分给大家。赵还把家谱抄写到纸上,贴到墙上,让大家看了看,其余的都取消了,并明确以后永不续谱。"[4]这种革命性的方式误解了宗法社会的要害其实在于:封建的家长集权制而不是市制社会(civil society,即市民社会),人治社会而不是法制社会。如果反对宗族只是因为要"革命",而不是为了建立市民社会和法制社会,则是误解了革命的原意。在阳村,我曾搜集到一份民国三十三年兆顺老人兄弟四房的分房阄书,其序写道:

> 吾国旧时以大家庭相处者,难免有互相依赖之陋习。近多学习欧美小家庭之组织,似觉有自主自强之精意。堂弟肇福昆仲因慕而为之,且便于向外发展之举而省内顾之烦,遂改组为小家庭。将祖遗各业延请族人以忠孝仁爱

---

[1] 严复. 社会通诠. 译者序. 严复,译. 北京:商务印书馆,1931.
[2] 芮逸夫. 中国民族及其文化论稿. 台北:译文出版社,1972:750.
[3] 冯尔康. 中国宗族社会. 杭州:浙江人民出版社,1994:292-293.
[4] 魏宏运. 20世纪40年代冀东社会调查与研究. 天津:天津人民出版社,1996.

四房平均分配之举,凡所分配者,均得四房同意。

在乡村语言中,出现抛弃大家庭,学习欧美小家庭的说法,是很有趣的。新文化的语言达及乡村,并且在兆顺这样的乡绅之家反映出来,更具有不平常的意义。有趣之处在于:分家本来是宗族延伸的必然和常见的现象,为何要说这是学习欧美小家庭?又其中对反对大家庭的理解,完全没有建立市民社会和法制社会的意思,只图"自立自强""向外发展"而已。

二是"把宗族当利益资源"的误解。既然宗法社会是革命的对象,丧失了其社会的资本性,试图参与革命的乡绅当然不会热衷于此道。革命之下的宗族无利可图,自然会被舍弃。不过需要说明:阳村的例子一方面说明了宗族祠堂这类象征物和公共场所的衰落,另一方面宗族的意识和规则还在乡民的日常生活中继续存在。但是也有另外的情形,例如罗威廉曾据其对湖北汉阳的研究,指出晚清至民国,随着政体更迭,以及适应西方工业化带来的新的经济和政治机会,地方精英以宗族为工具,重建他们的地位,创造了"精英宗族(elite lineage)"。[1] 弗里德曼等人也曾提到,1938 年八路军在冀中饶阳县五公村建立的党支部,是以宗族和邻里为基础的。[2] 萧凤霞曾就珠江三角洲的情形发问:中国在 30 和 40 年代的社会危机中,宗族的命运如何?当战争和骚乱进入乡民的日常生活时,土地和宗族意味着什么?它们的意义是如何转变的?从珠江三角洲看,一群非正统的地方强人出现,快速填补了权力空缺,他们接收祖产,建立新的土地控制网。一些地方军人侵占地方资源,甚至修建他们自己的祖祠。地方正统性的演变,与国家文化的渗透有关。[3] 萧氏所追问的"意义的转变",正是象征资本再生产的过程。萧凤霞曾经通过珠江三角洲明清以来的沙田开发和地方社会建构的历史文化脉络,强调在具体的历史时空中,活的"文化"如何作为乡民、乡绅和国家的一种手段,用于他们的文化创造和文化实践。[4] 无论"宗族"是丧失了其社会资本性,被人们放弃,

---

[1] William T. Rowe. *Hankow: Conflict and Community in a Chinese City*,1796—1895. Stanford: Stanford University Press, 1989: 52,79-81.

[2] Edward Friedman, Paul G. Pickowicz, Mark Selden. *Chinese Village, Socialist State*. New Haven & London: Yale University Press,1991.

[3] Helen Siu. Subverting Lineage Power: Local Bosses and Territorial Control in the 1940s//David Faure and Helen Siu eds. *Down to Earth The Territorial Bond in South Chine*. Stanford: Stanford University Press,1995: 188-189,208.

[4] Helen Siu. *Agents and Victims in South China*. London: Yale University Press,1989.

第八章 象征资本的再生产——从阳村宗族论民国基层社会

还是变成了新的象征资本,为人们所再生产,都反映出它被当成了一种获利资源;无论是放弃宗族的"革命型"乡绅,还是利用宗族的"投机型"乡绅,都说明了他们对"宗族""革命"的某些误解的象征再生产。就像"文革"中,人们主动地破"四旧"、武斗、整人,其中也包含了大量对革命的误解和曲解。今天的改革中,宗族的复兴又是政府所始料不及的。如何理解?这其中是否也包含了对改革的误解和曲解?

(二)政治文化的内卷或者说政治上的文化内卷化,表现为旧的政治文化(而不是政权模式)的延伸和复制。民国时期国家权力侵入基层,引起社会资本再分配,乡绅将新文化曲解,社会秩序的转型变成了利益的重新分配和资源掠夺,这是进行象征资本再生产的基本状况。

在社会秩序的巨变中,会出现乡绅角色的置换,用杜赞奇的观点,即一批传统的保护型经纪被盈利型经纪所取代,形成一种国家—社会关系的继传模式之复制、延伸和精确化的"国家政权内卷化";但在我看来,盈利型经纪的取代不是关键,关键是为什么会产生这样的盈利型经纪。"盈利型经纪"其实就是发"社会转型财"的人,这是一种政治文化。一个社会的转型越是被人们误解,这类人也就越多。在旧的秩序崩溃、新的秩序没有建立之时,人们的行为和思维方式如果没有更新,在象征资本再生产的层面,会对新文化产生广泛的误解和曲解,这是一种文化被革命之后的常见现象。欲发"社会转型财"的人会利用这些机会,在社会转型合法性的幌子下,积累他们自己的资源。无论是民国时期还是现在,贪污腐败的新盈利型经纪的扩展都不是国家的意愿,但是它能够如此蔓延到基层社会(特别是现在,不是复制1949年以来廉洁的国家政权,而是拣回1949年以前的某些国家政权旧习),这显然不是国家政权的延伸和复制,而是一种政治文化的内卷。

史靖曾经对乡绅左右逢源的旧政治文化有精辟的描述:"当政府权力直接施诸人民身上,绅士是保持中间姿态的;当政府权力施诸绅士身上,绅士是抗衡政府的;当他们自己将权力施诸或代政府将权力施诸人民时,绅士和人民是对立的;一旦民权强大时,他们是和政府皇权一致的。"[1]胡庆钧把保甲制视为皇权与绅权

---

[1] 史靖. 神权的本质//皇权与绅权. 香港:学风出版社,1948:160-161.

之间"苦难的产儿",它是皇权的工具,而保长是些非乡绅的农民和中间人,他们并未把民主带到基层。[1] 阳村乡绅李志海、李在溶、余树枫、余泽武的例子,分别从不同角度体现了乡绅和百姓在社会转型中的旧的政治理念。权力大小、势力范围、关系网络等观念(而不是法制、民主、市民社会),都是政治文化内卷化中的核心字眼。

国家政权的转变与腐败和革命的关系,并不依据权力入侵的强弱。后来的事实证明,共产党的政权在基层社会更加扩展和强大,曾在很长时间内几乎杜绝了腐败的发生。政权运行中制度保障和政治文化是两个基本的维度。在民国政权的转换中,新制度建立不起来,旧的政治文化内卷,造成了大批盈利型经纪——发社会转型财的腐败分子——的出现。

第四节 结 论

本章对民国时期的阳村宗族和乡绅进行了分析,并运用"象征资本再生产"的解释框架,认为民国的失败主要是因为人们对新文化、新制度、新国家在象征资本再生产中理解的失败,也是"意义"生产的失败。

在对旧的社会资本或者说权力文化网络(包括宗族)进行象征再生产时,人们误解和曲解了新的"国家""宗族""革命"等概念。例如对宗族,一是把宗族当革命对象,二是把宗族当获利资源,都没有理解知识分子反对宗法社会的本意。误解的象征资本再生产使得新的文化价值规范难以得到广泛认同,原有的权力关系(不论是国家的、基层的还是国家与社会的关系)瓦解,一时间动乱四起,诱发了频繁的社会冲突。

民国时期国家政权延伸到基层社会,将原有的"无为政治"的国家与社会的关系模式瓦解。表面上旧的制度和国家与社会的关系被破坏,实际却保留和复制了旧政治文化的深层象征生产体系。对新文化理解的失败,使得无法建立新制度来取代旧制度。政治文化的内卷或者说政治上的文化内卷化,表现为旧的政治文化的延伸和复制。误解的象征资本再生产,借用传统的国家政治文化的权威与合法

---

[1] 胡庆钧.两种权力夹缝中的保长//皇权与绅权.香港:学风出版社,1948:130-139.

性进入基层,虽然破坏了原来的权力文化网络,却又让旧的政治文化借用革命(或改革)的合法化外衣延续下来,造就了一批发"社会转型财"的人,将社会卷入种种危机之中。

从象征资本再生产的角度来看,对新文化的误解、曲解和旧政治文化的内卷,才是旧文化网络破坏后没有可行替代物,以及新制度、新规范无法建立的关键。

第四部分 "文治复兴"与共主体实践

宋代,是中国历史上重要的转折时期,史学界众说纷纭,评价不一。一方面认为宋代是开明改革的盛世,另一方面是亡国无道的衰败。然而无论怎样,儒家士大夫的内圣外王,使这个群体参与到国家的"天下用文治"的治理实践之中。笔者尝试用"文治复兴"来描述这个时期的特征,想用这个概念来比较相差约两个世纪的欧洲文艺复兴。"文治复兴"给中国带来了与文艺复兴十分不同的走向,历史留给我们很多深层的思考。

这一部分包括三篇与"文治复兴"概念有关的论文,希望通过"文治复兴"理解宋代的政治文化特点,并理解华南社会宋代以后三个重要的现象:一是宗族大规模的文化创造;二是民间信仰大规模的国家化;三是与上述相关联的民利主义的市场化政治。"共主体(co-subjectivity)"是笔者提出的概念,是对萧凤霞在华南研究中提出的"共谋(accomplices)"概念的延伸,主要希望打破历史研究中国家与社会、大传统与小传统、中央与地方、政府与民众等一些简单的二分概念,从深层的共主体实践来理解现象本来的文化逻辑。

第九章为"文治复兴与礼制变革"(发表于《清华大学学报》2012年第2期),讨论了从宋元到明清,中国社会步步形成士大夫、国家与庶民共谋的"共主体性"政治文化。"祠堂之制"(伴随着国家礼仪的士庶化)和"祖先之礼"(伴随着民间礼仪的国家化),则是宋代儒家士大夫企图恢复尧、舜、禹三王之治的运动——"文治复兴"中开始的士大夫重要的"制世定俗"的礼制变革和文化实践。"文治复兴"的积极贡献之一是客观上将民众动员和调动起来,并参与到国家的治理和政治事务之中。虽然民众并不简单屈从帝士共治的"修齐治平",却因此"激活"了他们的多元发展空间,特别是在被"文治复兴"激活和政治启蒙的华南地域,经济和文化有了空前广泛的发展。华南庶民宗族丰富的文化创造、民间宗教信仰的广泛发展,亦都是这一过程伴随的结果。

第十章探讨了宋代以降福建民间信仰的"国家化"。从南宋到明代中期,华南民间社会除了有一个宗族的文化创造,还有一个广泛的民间信仰的造神运动。这一现象包括国家对地方神的敕封,民间大量创造与国家有关的神灵,地方神明的国家身份创造和转化,以及百姓在民间信仰和仪式中广泛言说国家语言,用国家的正统作为文化工具来做自己的秩序,最终将"国家"做到身边,做到基层社会。对于这样一场史无前例,且对后来中国社会影响深远的运动,笔者尝试从宋代的"文治复兴"来展开论述,后面的理论则是关注一种"共主体"的政治文化在中国历史中的发端。

第十一章"'文治复兴'与民利主义的市场化政治"(发表于《思想路线》2016年第6期),探讨了历史上民利主义以及市场化政治在宋代"文治复兴"以降发生的文化逻辑,提出了与西方民本主义相区别的"国家民本主义",并就国家民本主义与民利主义市场政治互通的文化机制进行了思考。指出历史上的民利主义市场化政治是一种连接国家与民众的重要形式和共享空间,这种连接的特点不是基于政治权利,而是基于政治市场之"利",如此形成了国家与民众若即若离的共主体政治文化。

第九章 "文治复兴"与礼制变革
——祠堂之制和祖先之礼的个案研究

在中国的历史上,南宋(1127—1279年)是一个重要的转折时代,这不仅因为皇朝的政治中心南移,还在于这个年代儒家士大夫延续了自北宋的一场意味深远的运动——"文治复兴"。笔者所称的"文治复兴",是指大约在11—13世纪宋代儒家士大夫企图恢复尧、舜、禹三王之治的运动。余英时引宋古文运动继承者柳开(947—1000年)的门人张景的话说:

> 天下用文治,公足以立制度、施教化,而建三代之治。[1]

所谓"文治",乃是以文施治,这里的"文",按照包弼德(Peter K. Bol)的理解,将之归为"斯文",他认为斯文的传统溯源于上古三代,宋代士大夫则乐此不疲:

> 降及唐代,斯文开始首先指称源于上古的典籍传统。圣人将天道,也就是现在所说的"天地"或自然秩序,转化为社会制度。由此引申,斯文包括了诸如写作、统治和行为方面适宜的方式和传统。人们认为,这些传统源于上古三代,由孔子保存于儒家经典,并有所损益。[2]

在这场"文治复兴"中,士大夫直接参与到国家治理之中,先是在思想意识上,进而在制度层面,开始了实现自己理想和抱负的社会礼法变革实践。余英时以"宋代士大夫的政治文化"评价"宋代的'士'不但以文化主体自居,而且也发展了高度的政治主体的意识","得君行道"成为朱熹等人的志向;[3]邓小南则以"祖宗之法"讨论了"宋代的士大夫政治",其"致君于尧舜"的"共治天下",反映出士大夫

---

[1] [美]余英时. 朱熹的历史世界:宋代士大夫政治文化的研究. 北京:生活·读书·新知三联书店,2004:37.
[2] [美]包弼德. 斯文:唐宋思想的转型. 刘宁,译. 南京:江苏人民出版社,2001:1-2.
[3] [美]余英时. 朱熹的历史世界:宋代士大夫政治文化的研究. 北京:生活·读书·新知三联书店,2004:3.

希望效行三代的"文物之治"的理想。[1] 笔者以为,士大夫们所标榜的"得君行道"和士大夫参与治天下的"修齐治平",先从思想意识进而到制度上促进了"帝士共治体制"的成熟。从宋元到明清,步步形成士大夫、国家与庶民共谋的"共主体性"(co-subjectivity)的政治文化。所谓"共主体性",是指国家、士大夫和庶民三者共同承担和替代各自主体行使权力、运行功能和表达意义,它反映了深层的共谋政治文化,并区别于国家与社会的二分模式。其中,本章讨论的"祠堂之制"(伴随着国家礼仪的士庶化)和"祖先之礼"(伴随着民间礼仪的国家化),是始于文治复兴的"制世定俗"之礼制变革和士大夫重要的政治文化实践。

福建,正是这场运动的主要发源地和实践区域之一。南宋时期,国家政治中心和文化中心伴随战乱和兵祸而步步南移。随着国家政权中心南迁临安,士大夫文化和国家正统意识形态也更加浸润华南,引起了地方社会的巨大变化。在这样的背景之下,又承接闽地百越族的历史积淀,以及唐代陈元光入闽置漳、平畲、靖边方,唐末黄巢农民军入闽,五代王审知兄弟建立闽国等重要的历史脉络,使得福建地方社会原来的秩序被部分地打碎,又不断地重新整合。这一过程促成了宋代新儒家及其理学在福建的发端,引发了国家权力与地方社会在意识形态、社会组织、社会制度等方面的深刻变化。这不仅对宋元,而且直接对明清华南地方基层社会产生了长久的影响,其一便是在明代蕴生出华南大规模的宗族文化创造,本章个案所涉及的福建阳村也在这一过程之中。

第一节 "祠堂之制":国家礼仪士庶化

所谓"祠堂之制",是指祠堂(书院的学祠、士大夫祠和宗祠)在宋至明中前期被士大夫作为思想生产和传播空间(包括立儒和抑佛等),以及作为行道的工具和场所而进行文化再造的实践。在这一过程中,国家礼仪和秩序的建构、士大夫设计的祠堂士庶化以及基层社会的宗祠创造,形成了相互借力、相辅相成、互为主体的"共主体性"。

朱子《家礼》开篇卷一就讲到"祠堂",并说"特著此冠于篇端,使览者知所以先立乎"。《家礼》的"祠堂"设计,有一个重要的转变,即转向了士庶阶层:

---

[1] 邓小南. 祖宗之法:北宋前期政治述略. 北京:生活·读书·新知三联书店,2006:398-421.

第九章 "文治复兴"与礼制变革——祠堂之制和祖先之礼的个案研究

古之庙制不见于经,且今士庶人之贱亦有所不得为者,故特以祠堂名之,而其制度亦多用俗礼云。

《家礼》主张的"祠堂的士庶化"和"制度俗礼化",是"修身齐家治国平天下"理念的具体设计,祠堂相对宽松的设立促进了国家礼仪达及基层,阳村宗祠便是在这一过程中由功德寺院演变而来。

明初,相关的祭祖和祠堂规制重新修编颁行。洪武三年(1370年),朱元璋赐名的《大明礼集》修成,其中有家庙和祠堂制度的详细规定,修成后直到嘉靖八年(1529年)才予公布。就在阳村李氏宗祠摆脱其功德寺院的前身,于弘治十年(1497年)"重建"为宗祠之时,朝廷中也发生了一件大事,作为大明典章制度之大成的《大明会典》,在这一年奉皇敕而开始编撰,后历经15年,方在正德四年(1509年)刊行。[1] 表面上,李氏宗祠的重修碑文和《大明会典》之间并无关联,其实不然。在学界,一直关心明代中期华南大规模"造宗族"的现象究竟有何历史渊源,因为华南宗族创造的标志,当是宗祠的建立和族谱的编修。阳村李氏宗祠的建立年代早于《大明会典》的刊行十余年,更早于《大明礼集》的公布时间,说明在当时国家祠堂制度尚未达及之时,民间社会的祠堂风气已开。除了阳村凤林祠所存弘治十年(1497年)的两通李氏祠堂碑文可以为证外,关于明代福建历史的重要史籍《八闽通志》刊于弘治四年(1491年),其中已经有多处功德佛寺改宗祠的记载,而时间可以上溯到明前期的景泰、成化年间。例如莆田县有:

万松庵——在醴泉里芝山。宋吴世泽建。中有吴氏先祠。明景泰元年(1450)裔孙国耀重修。

妙峰堂——元延祐元年僧隆源建,明洪武、正统、景泰间屡尝修葺。成化元年(1465)吴氏请为祠堂。

大隐堂——元延祐二年僧隆源建。明景泰间复为余氏祠堂。[2]

上面三处祠堂,除第一例说"吴氏先祠"在万松庵中之外,另外两处均为佛寺改为宗祠,大隐堂更是在景泰间(1450—1456年)"复为余氏宗祠"。如果再关注"吴氏先祠""余氏宗祠"的一类语言,说明福建一带的宗祠建立之风气要早于《大

---

[1] 常建华. 明代宗族研究. 上海:上海人民出版社,2005:4-12.
[2] (明)黄仲昭修纂. 八闽通志. 福州:福建人民出版社,1991.

明会典》国家关于宗祠的规定，更远早于嘉靖十五年(1536年)夏言关于奏请民间祭祀始祖的上疏。

科大卫曾经讨论了明初珠江三角洲祠堂建立的类似个案，包括洪武四年(1371年)何真返乡建立祠堂与宗族蒸尝以及东莞黎氏在明初建立祠堂，其创立者分别是降明的高官何真和洪武五年(1372年)的举人黎光。黎氏的祠堂碑刻中，还特别引用了前述朱子《家礼》中的语言："祠堂之制，非古也。……士庶人有所不得为者，以祠堂名之，以寓报本反始之诚，尊祖敬宗之意。"[1]科大卫认为："在宋代，建祠堂供奉祖先的做法不少，但是，当时的祠堂不一定是后来《明礼集》规定的'家庙'模式，也包括形形色色的其他场所。"直到明初以后，地方社会和祖先祭祀的关系才确实开始发生变化。[2] 这类情形也发生于福建。[3] 然而，这些看起来是家族礼仪的变化，后面却是文治复兴中和帝士共治下礼制变革的延续。

"文治复兴"开始的祠堂之制的变革，主要有两种形式：一是建立士大夫祠堂来祭祀，包括专门的士大夫祠堂和书院所带学祠，这是儒家士大夫学习佛寺规制，书院附带祭祀功能的结果，还有一些书院直接从寺院演变而来。[4] 南宋建书院的风气浓厚，福建当是核心地域之一。二是建立祠堂祭祖，包括专门建立的宗祠和上述一类由功德寺院的伽蓝祠演变出来的宗祠。这是佛教儒家化的情形，在福建尤为普遍。阳村的李氏凤林寺和余氏禅林寺、香林寺等均是功德寺，在南宋以后逐渐演变为宗祠，这类情形不在少数。[5] 自南宋以来，阳村就有着几十名科举进士的"在乡士大夫"传统，加之又处于当时理学的中心地域福建，有条件较早进行宗祠的建构。在这场祠堂之制的礼仪变革中，范仲淹(989—1052年)的祠堂演

---

[1] 科大卫. 皇帝和祖宗. 卜永坚，译. 南京：江苏人民出版社，2009：82,92-93.
[2] 科大卫. 祠堂与家庙——从宋末到明中期家族礼仪的演变. 历史人类学学刊，2003,1(2)：1-20.
[3] 郑振满，丁荷生编纂. 福建宗教碑铭汇编(兴化府分册). 福州：福建人民出版社，1995；陈支平. 近五百年福建的家族社会与文化. 上海：上海三联书店，1991；陈支平. 福建族谱. 福州：福建人民出版社，1995.
[4] 丁钢，刘琪. 书院与中国文化. 上海：上海教育出版社，1992：207-226；李弘祺. 建阳的教育(1000-1400)：书院、社会与地方文化的发展//国际朱子学会议论文集：抽印本. 台湾：中央研究院中国文哲研究所印行，1993.
[5] 张小军. 家庭与宗族结构关系的再思考//中国家庭及其伦理. 台北：汉学研究中心出版，1999；张小军. 佛寺与祠堂：泉州开元寺的历史个案研究//传统与变迁——华南的认同和文化. 北京：文津出版社，2000；张小军. 宗族化中的功德寺院. 台湾宗教研究，2002,2(1)；Xiaojun Zhang. Ancestral Hall and Buddhist Gongde Temple. *Chinese Sociology and Anthropology*，2002,34(3)：28-48.

变便是士大夫建祠的一个范例。

范仲淹不仅是义庄和义族的开创者,也是功德寺院和祠堂制度的身体力行者。历史上,范仲淹曾在自家坟山置功德寺,并于庆历年间奏请功德寺额:

> 苏州天平山有白云泉,南有寺,……明古寺也。臣本家松楸,实在其侧,常令此寺照管。上件古寺屋宇,已应得条贯,伏望特赐一名额,取进止。牒。奉敕。宜赐白云寺为额。[1]

范仲淹说得十分明白,当时他家的祖坟由白云寺照料管理,要请皇帝为寺院赐额。后来,义庄日渐废坏,宗族的田宅就交托于天平山坟寺。[2] 范仲淹的次子范纯仁也曾经"于天平山自置祭田一千三百付功德寺僧掌其入"。[3] 范仲淹是义庄制度的倡导者,又为自家的功德寺奏请敕额,其子还置祭田让僧人掌管,可见在他们头脑中,尚没有一个儒家宗族规范和佛家功德寺院分离的意识。宋代的功德佛寺中的祠堂,并非子孙祭祀"祖先"之所,而是僧人追荐施主檀樾之地。对于僧人来说,范仲淹这样的施主并非以"祖先"身份被祭祀于功德寺院之中,只是后来当子孙向僧人讨回祠堂权力时,范仲淹的"檀樾"身份才变成了"祖先"。

南宋庆元六年(1200年),理学大师朱熹逝世,就在这年,范仲淹的后代刻下了《范氏义庄题名》碑。这通碑记,记载了范仲淹建立的义庄自皇祐(1049—1054年)以来150年间如何凋敝的景象:

> 其间亲疏远近爱憎之不齐,固已或薄或厚、有及有不及。至于禄谢而力单,子若孙犹不自保,则于其族何有?呜呼!

碑文中对义族宗族的衰败叹息不已,从一个侧面反映出当时并无宗族的社会土壤,连丞相之家、义庄之父尚且如此,何况平民百姓乎?上面的碑铭还记载了一段重要的史实,即寄于功德寺的廪庾被子孙追回重建义庄,并建立最初的救助公堂——"岁寒堂"的情形:

> 其廪庾因寄于天平坟寺,乃或颛利废约,渔入蠹出,岁计大乏,邦族愤叹。

---

[1] 范文正公集:四部丛刊初编.集部 82.
[2] 范文正公文集:卷八.清宪公续定规矩,范氏复义宅记.
[3] 范文正公文集:卷八.刻义庄家规叙.此外,范纯仁另外自己建有功德寺褒贤禅院,见:范文正公集·遗迹.参见:黄敏枝.宋代佛教经济史论集.台北:台湾学生书局,1989:287.

> 前数岁,五世孙良器、伯琏独奋然请于官,至闻于朝,为尽逐僦者,以宅还范氏,则出私钱筑垣百有八十寻,起岁寒堂峙廪其旁,且为列屋,范其族之尤贫者,于是义庄岿然复兴。

廪库当是钱财库,寄在功德寺,意味着由僧人掌管,这是当年义庄衰落后的结果。子孙斥责僧人在管理中"渔入蠹出",要求"以宅还范氏",并在廪库旁"峙"建岁寒堂。岁寒堂与功德寺对峙,说明了族人与僧人的对立,亦说明功德寺中的檀樾祠本非族人祭祀祖先之地,而是施舍者让僧人为自己身后做追荐的场所,与子孙无干。《范文正公文集》卷八《清宪公续定规矩》(1210)记载:

> 天平功德寺,乃文正公奏请追福祖先之地。为子孙者,所当相与扶持,不废香火。今则不然,多有疏远不肖子弟。请过义米归己,却反蚕食于寺中。至有欺诈住持,逼逐僧行,假借身船,役使人仆,亚托私酒,偷伐林木柴薪,强占常住田地布种,或作园圃,不还租米。以致常住空虚,住持数易,日见败坏。[1]

这段文字把不肖子孙对功德寺及其主持僧人的侵害描述得历历在目,还规定了族人如果违反规矩,"罚全房月俸两月,欺诈住持及占种田地者,罚全房月米一年"。不过,天平山功德寺田宅颓败的情况,明代已经有所改变。明嘉靖间撰写的"刻义庄家规叙",与宋代的"清宪公续定规矩"口气已不同,指责的不仅是族人,还有僧人:"后缘主奉匪人,潜通奸僧,盗卖田房一空。"[2]

对于当时普遍存在的功德佛寺中立祠室的现象,宋人吴澄(1249—1333年)问:"立祠于僧舍,不知于理为何如?"自答曰:"荆国子孙衰微散处,而寺僧之祠独不泯绝,此孝子慈孙爱亲之意,所以不能不然者。"吴澄认为因子孙衰散、寺僧独守,所以孝慈子孙方有此功德寺院带祠室的安排。与之不同,宋人陈著(1214—1279年)撰《王氏舍田入定明寺记》中写道:"家之兴废,子孙之贤不肖,自古所难……无已,则委之寺,不犹愈于他委呼?"[3]即是说,子孙的迁移四散和不孝,以及僧寺能保持久远,是功德寺立祠让僧人追荐的重要背景。正因为子孙不肖,才让和尚做功德,规定田产子孙不得侵占。阳村的余氏香林寺更规定舍入寺院之田

---

[1] 范文正公文集:卷八. 清宪公续定规矩.
[2] 范文正公文集:卷八. 刻义庄家规叙.
[3] 黄敏枝. 宋代佛教经济史论集. 台北:台湾学生书局,1989:245-246.

子孙不得随意侵占："子孙若寻地基，或在田中仰在外处，抽田二石对换里院，余外不得侵占。仰寺门每遇长至日，为公婆追修。"这一记载的时间是南宋开禧三年（1207年）。[1] 防范子孙占寺田、侵犯僧人，是许多功德寺的规条。不过，也因此埋下了明代宗族化中子孙与僧人争地争产的伏笔。阳村的碑文和族谱中对此有多处记载。

在阳村功德寺院转变为宗祠的过程中，子孙与僧人、祠堂与佛寺的斗争十分激烈，结果是寺院的权力和寺田的归属逐渐让位于宗祠和子孙。禅林寺和凤林寺在改变为宗祠蝉林祠和凤林祠后，分别有余氏香火院和李氏香火院紧邻其旁，有门相通，由僧人住持并守祠，儒家宗祠和佛教寺院一体共存。

嘉庆十二年（1807年），阳村绅士余廷章所撰《余氏重修功德禅林寺尚书公祠堂记》，记载了元至大年间（1308—1311年）余氏修建禅林寺施主余褐祠堂的片段（见表9-1）。

表 9-1　阳村余、李二氏功德寺院向宗祠的演变

功德寺	批评僧人的年代和内容	碑、谱记载的出处
凤林寺	庸僧恶其害己，仆碑毁卷，举族白之	明弘治十年（1497）重立、族谱记撰于南宋绍定五年（1232）的《李氏祠堂之记》碑
凤林寺	宋绍定乙酉丙戌年间（时间有误，似应为宝庆年间1225—1226），有俗僧黄妙熙仆碑毁卷，时族党作李士龙名官控告，正其罪，重修祠堂。	《李氏族谱》
禅林寺	他日寺敝，掌寺者修之；力不赡，则余氏助之；祠堂敝则余氏修之；粪除之不谨，香灯之不勤，掌寺者任之。有不如约，洋洋在上者实临之。至大间（1308—1311），住僧俱其旷久，寺且告圮，乃修佛殿法堂，重建钟楼。……十二世孙天福偕侄沐、桂芳率族人修祠堂，新其材护之。	《余氏重修功德禅林寺尚书公祠堂记》（见《余氏族谱》第32页；参见《福建杉洋村落碑铭》，第77页）
禅林寺	后于宝庆年间，众以住僧香灯不职，影室颇弊，遂于众房集议于法堂，后新创祠堂五间，面架科名楼对揖，乃移公婆真像于此，崇奉焉。	《尚书公房谱序》，第31-32页；《余氏族谱》，第34-35页；参见《司理公再集谱序》

---

[1] 余氏总谱·长史公谱序：21-22.有关族谱中早期的历史记载，仅供参考。

续表

功德寺	批评僧人的年代和内容	碑、谱记载的出处
禅林寺	褐公架祠于宋建隆间,旁建规定院,抽金舍僧看祀先人,殁而像之多灵响,寺僧偶有忤,辄应谴,后子孙有吉凶事,亦多拜祷之。 寺僧有醉酒者,即系于柱;有盗灯油者,制其手不下,告呼而免者屡矣。	余氏《玉田谱牒》,见《尚书公房谱序》,第32页
瑞云寺	功德寺落成,喜舍国本田全庄付与住持僧,世世尊为檀越主。僧不忘旧德,祀公神主于堂隅,嗣孙桂宾等见其亵玩,将寺左创建支祠名为瑞云祠,而公从祀焉。	《六世仁椿公传》,第157页。类似的记载,也见上述《荐福院方氏祠堂记》

这段记载,记述了族人与僧人之间曾有共同修缮祠堂和寺院的约定:寺院归僧人主修,祠堂归族人主修。至大年间,两者分别修缮寺院和祠堂,表明祠堂已从寺院中相对独立出来,部分具有了宗祠的功能。由族人修缮的举措,也体现出功德寺院向宗祠演变中两者并存的过程。不难看出,这座祠堂是"功德禅林寺尚书公祠堂",即在禅林寺中的尚书公祠堂。说明这个时候祠堂祭祀的,并非后来祭祀的余氏始祖焕公,而是宋景德四年(1007年)建立功德寺的施主五世祖褐公。

回叙到范仲淹的祠堂,元初的至元三十一年(1294年),江南浙西道肃政廉访使徐琰撰写有《文正范公祠记》,记载了宋郡守潜公如何为范仲淹建立祠堂:

> 访义庄,登岁寒堂,家园□□□然,独存祠正在其左,门堂寝室,严整合度。盖宋郡守潜公说友所建。牲牢器币则舍田以给之,□公子孙世守而岁祠焉。……乃甲戌建祠,□被兵意,有所增广而不遂,亦未暇有所记也。一日,主祠邦瑞蹱子门求记且曰:祠虽建于前代,礼实存于今日。……又按:乡先生殁而祭于社,……公独不祭于乡乎?……数州之民往往生祠画像,既殁,祠于长白、于海堰、于睢阳、于广德、于鄱阳。公苏人也,郡学以建学祠。公天平山先垄僧寺旧有祠,然稽协古典,必专祠于此,而后惬于人心。……宋人定五代军镇之乱,以儒立国,儒而见用者何限于公。……初公买田以赡族,而族滋大;立塾以敦其人,而子孙类份份焉。

上面说"天平山先垄僧寺旧有祠",当是范仲淹功德寺院天平寺中的祠堂,这是范氏最初的祠堂形态,显然不是宗祠。徐琰所说的义庄岁寒堂左有祠,为潜公说友所建,时在甲戌,即宋末的咸淳十年(1274年),由子孙世守,然而却"公独不祭于乡"。这座祠是一所非族人主建的士大夫祠,因祠堂遭到兵毁,"有所增广而不遂",于是按照古典,"郡学以建学祠""必专祠于此,而后慊于人心"。元至正十年(1350年),江浙等处儒学副提举李祁撰《文正书院记》,又记载了学祠演变为书院的经过:

> 公殁,而子孙世守之不废,然而未有专祠也。咸淳甲戌,郡守潜公说友始请建祠,而割田以供祀事。公之子孙亦世守之不废。然而未有书院也。至正丙戌(元,1346),郡守吴公秉彝建议请以书院易祠。……盖自六经晦蚀,圣人之道不传,为治者不知,所尊尚寥寥。以至于公而后开学校、隆师儒,诱掖劝奖,以成就天下之士,且以开万世道统之传。……此书院之所由立也。虽然祠则改矣,书院则既立矣。

这三次建祠改祠的经历,反映出范氏祠堂性质的演变并折射出祠堂之制的变革:从北宋功德寺中的祠室,到南宋地方郡守建立的士大夫祠堂或学祠,又在至正年间演变为兼具祭祀和思想传播功能的地域性书院(一般带有儒家先贤的祭祀),完成了一个由佛教走向儒家、由个人慎终走向社会伦理秩序、由祭祀走向思想传播、由家族走向地域社会、由士大夫祠走向书院庶民教育的转变。

上面提到的"圣人之道不传,为治者不知"和"开万世道统",说明了儒家士大夫的"得君行道"和"道统"观。"祠堂之制"和书院都是在这样一个背景下展开的士大夫政治实践。建立"书院",乃郡守吴秉彝的建议,其中叙述了这里是范仲淹的家乡,而"时天下郡县未尝皆置学也,而学校之遍天下自公始"。书院(一般兼有祭祀儒家先贤的祠堂于其中)以更为广泛的思想传播功能而超越了以纪念和祭祀为主的士大夫祠,使得祠堂走向更广泛的民间社会。事实上,建祠立塾早已是宋代儒家士大夫的重要社会实践,书院制度是与宗祠制度并行的,阳村的蓝田书院便是一个范例。在朱熹为蓝田书院题字后,蓝田书院成为当地远近闻名的思想传播场所,而朱熹及其十八门人都被祭祀在其中。

一般的观点认为,近代宗族的规范,当出自宋代,义庄宗族和《家礼》是两个重要的宗族实践文本。然关于宋代的宗族,由于资料缺乏,论著不多,有关研究(如清水盛光和伊佩霞等的论著），[1]都只是部分涉及义田、义庄和宗族的关系，所述也只是世家大族，而对于基层社会在这个阶段所发生的上述情形甚少触及。无论如何，宋代至明前期的"祠堂之制"，并非无本之木。宋代的祭祖庙制，在批评五季之乱后，重新主张恢复祭祀制度。然小官已经要祭于寝，庶民当然更加没有祭祖的地位。直到南宋，朱子才提出祠堂的士庶化。在祠田的制度上，他也设计得十分细致："初立祠堂，则计见田，每龛取其二十之一，以为祭田，亲尽则以为墓田。"[2]总之，《家礼》是一个将"国家礼仪士庶化"的重要文本，纪昀称之为"礼从宜，使从俗也"。[3]

士大夫的"祠堂之制"，是一个祠堂士庶化的过程。这一礼制变革先于明代中期以后比较普遍的宗族创造，没有这样一个华南基层社会宗族形成的"潜伏期"，明代中期不可能"突然"出现大规模的造宗族运动。于福建而言，在检讨弗里德曼（M. Freedman）"边陲说"的基础上，更应该关注福建曾经作为国家政治和儒学中心的历史脉络。[4]以此理解这个时期围绕"祠堂之制"的士大夫实践。

第二节 "祖先之礼"：庶民礼仪国家化

如果说文治复兴孕育了理学士大夫"祠堂之制"的礼制变革，祠堂的祖先祭祀必然连带出"祖先之礼"。或可以说，"祠堂之制"和"祖先之礼"是"文治复兴"中重合并衔接的过程，两者共同将国家制度的变革推向了社会制度层面。

祖先之礼的核心是用"祖先"格定社会的礼仪秩序。关于祭祖和"祖先"的礼仪之争，大约始于《家礼》中对祭祖的各种规制的修改，并在明嘉靖年间的"大礼

---

[1] [日]清水盛光. 中国族产制度考. 宋念慈，译. 台北：中华文化出版事业委员会，1956；Patricia Ebrey（伊佩霞）. Early Stages in the Development of Descent Group Organization//Patricia Ebrey, James Watson eds.. *Kinship Organization in Late Imperial China*：1000-1940. London：University of California Press，1986.

[2] 朱子家礼：卷一.

[3] 纪昀等. 家礼提要//四库全书：142-529.

[4] Maurice Freedman. *Chinese Lineage and Society：Fukien and Kwang Tung*. London：Athlone Press，1996；张小军. 宗族与家族//李培林，李强，马戎主编. 社会学与中国社会. 北京：社科文献出版社，2008.

议"之争中达到高潮。[1] 其后果,便是将基层社会的"庶民"动员到帝士共治和"文治复兴"运动之中——此乃"庶民礼仪国家化"之要点。

"祖先之礼"上承宋代士大夫的祠堂之制,下启明代中期的宗族创造,建构"仪式国家"的意义十分深远。《大明会典·礼部·祭祀·品官家庙》中说:

> 国朝品官庙制未定,权仿朱子祠堂之制,奉高曾祖祢四世之主,亦以四仲之月祭之,又加腊日、忌日之祭,与夫岁时节日荐享。至若庶人得奉其祖父母、父母之祀,已有著令,而其时享以寝之礼,大概略同于品官焉。

上面的规制,即"仿朱子祠堂之制",显然是继承了《家礼》中的主要内容,其中庶人祭祀祖父母和父母的规定,表明了一个重要的转折:庶民之礼纳入了国家的礼仪之中,即庶民礼仪的国家化。虽然历史上早有国家对庶民礼仪的规制,但是这一次的转变却具有完全不同的背景,因为自《家礼》以来,士大夫竭力要将国家礼仪士庶化,士庶礼仪的国家化因而成为一个与之互补的过程。

《家礼》中基本延续了古礼祭祀上四代祖先的规制,或者说,基本上维持了古礼的亲属制度关系。因为上四代祖先是围绕父亲形成的宗族亲属关系,可以上溯到《尔雅·释亲》。不过,关于是否可以祭祀始祖,则说法不一。按照《钦定四库全书》的版本,《家礼》"四时祭"中规定了"冬至祭始祖""立春祭先祖""季秋祭祢"的制度。[2] 其中对有何人可以祭祀始祖规定得十分清楚(见表9-2)。

表 9-2 《家礼》冬、春、秋祭规则

祭　祀	受　祭　人	祭　祀　理　由	祭　祀　身　份
冬至祭始祖	"初祖:惟继始祖之宗得祭"	"程子曰:此厥初生民之祖也,冬至一阳之始,故象其类而祭之"	嫡长子的大宗才能祭祀始祖

---

[1] 一些学者对此有过探讨。参见:科大卫,刘志伟. 宗族与地方社会的国家认同——明清华南地区宗族发展的意识形态基础. 历史研究,2000(3):1-14;常建华. 明代宗族研究. 上海:上海人民出版社,2005. 大礼议之争涉及祖宗之法。邓小南曾论述过北宋在"制世定俗"之下的礼法之争。无论保守派和改革派都会将"祖宗之法"作为一种"套话",它甚至脱离社会真实,却要年年讲、月月讲,形成了特殊的政治文化和政治生态的话语氛围。见:邓小南. 祖宗之法:北宋前期政治述略. 北京:生活·读书·新知三联书店,2006:533-534.

[2] 朱子家礼:卷五. 四时祭.

续表

祭 祀	受 祭 人	祭 祀 理 由	祭 祀 身 份
立春祭先祖	"先祖：继始祖、高祖之宗得祭。"	"程子曰：初祖以下高祖以上之祖也，立春生物之始，故象其类而祭之"	"继始祖之宗则自初祖而下；继高祖之宗则自先祖而下"
季秋祭祢	"祢：继祢之宗以上皆得祭，惟支子不祭"	"程子曰：季秋成物之始，亦象其类而祭之"	"非嫡长子则不敢祭其父"。按《四礼初稿》，继祢庶子之长子可以祭祢，即宗子（大宗小宗）可祭，旁系支子不得祭

在阳村，历史最久的祠堂碑铭在凤林祠，宋碑铭是宋绍定五年（1232年）的"李氏祠堂之记"，元碑铭是元泰定元年（1324年）的"李氏重建祠堂之记"，不过两通碑的现存均为明弘治十年（1497年）"重刻"。而在宋碑铭中，完全没有提到后来被族人公认的始祖李海，碑文载：

> 郑王越八世祖左庶子润甫生子左谏议大夫敬愉，敕牒俱存。弟敬豹在五季为大录，避地括苍，由括苍至古田杉洋，爱其山水而家焉。买田建寺名曰凤林，而寓李氏祠堂于其间，犹余家之长居也。大录为杉洋之始祖也。

上面文字中，明确有"大录为杉洋之始祖也"，而大录敬豹在今天是指五世祖李灏。元碑由翰林学士制诰兼修刘庚撰文、集贤大学士王约和郭贯分别书写和篆额，于泰定元年为古田县主簿朱召南所立，弘治十年房长李舆顺率该房子孙同立。其中就已经"纠正"了上述说法：

> 杉洋族则出于郑王，郑王七世孙邦，讳海，为福建观察御史，今所居里爱其山水而家焉。生子改，改生子柬，柬生子蚤，世兄之子敬豹嗣，即丞相大录事也。

元碑中敬豹即大录事变成了五世祖，始祖变成了李海。两碑均没有提到"李灏"或者"灏公"。据《观察史公碑碣铭》，"海公生八子，三子为改，居蓝田，改之子为柬，柬无后，遂过嗣从兄润甫公之子灏"。[1] 这样算来，灏公应该是海公的第四代过嗣孙，与上面的碑文中"柬生子蚤"又出现了矛盾。

---

[1] 李氏：寿房支谱：33.

第九章 "文治复兴"与礼制变革——祠堂之制和祖先之礼的个案研究

前述大郑王是唐皇室世系,李海是李唐宗室之后,属第八房大郑王房。吴廷燮《唐方镇年表》卷六载:"乾符二年李海旧记:四月,以河南尹李海检校左散骑常侍、福州刺史、福建都团练观察使。"[1]《新唐书·世系表》亦有"海"的记载。[2]但关于海以后的世代,《新唐书·宗室世系》与《李氏祠堂之记》不同,查阅可知,海并无有后人的记载;润甫次子为敬悦而不是敬豹(参见图9-1)。并且《新唐书》中,敬悦为大理司直,而万历二十八年续修《玉田县志》引《闽书》:"李灏唐裔也,幼而礼逊,孝事父母,事闽为大录事。"[3]

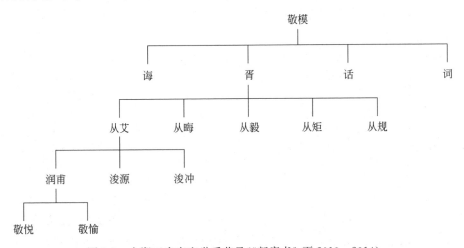

图 9-1 大郑王房宗室世系节录(《新唐书》页 2010—2014)

上面是李氏祖先在纳入国家世系中的情形。它有几个矛盾:首先,族人希望将自己的祖先纳入皇室之后,但是族谱与《新唐书》宗室世系表的记载不符,如世系表中海公无有后裔的记载,且没有敬豹之人;第二,蓝田李氏的始祖在同样是弘治十年的两通碑文中出现了两种不同的说法,宋碑文说是大录事敬豹(即五世祖灏公),元碑文说是皇室大郑王房之后海公;第三,灏公的世代说法也有四世(宋碑铭)还是五世(元碑铭)的出入。因此,明显有祖先再造的痕迹。那么,是什么动机让他们"虚构"始祖的呢?如果说在《家礼》中依然强调祭祀上四代祖先,那么,本来并不重要的"始祖"祭祀何时变得如此重要?

---

[1] 吴廷燮. 唐方镇年表:卷六. 北京:中华书局.1980.
[2] 欧阳修,宋祁等. 新唐书:卷七十上 表第十上 宗室世系上. 北京:中华书局,1975:2010-2014.
[3] (明)王继祀. 玉田县志:万历二十八年续修.

《余氏族谱》记载："焕公之后五世长史公诜、尚书公褐,长兄蔽公之后五世少师忠襄公靖。"这三个"五世"——诜、褐、蔽公,都是宋代人物,在宗族中的地位十分重要。余氏子孙中,有两人建立了自己的功德寺院,这就是前述的阳村余氏禅林寺,施主是"五世祖"褐公;以及邻近香林村的余氏香林寺,施主是"五世祖"诜公。另外,褐公长兄蔽公是广东韶州曲江房的开基祖,也是一个"五世祖"(见表 9-3),而其五世孙就是宋代著名的谏臣、忠襄公余靖。此外,阳村凤林寺的施主李氏灏公,也是阳村李氏肇基祖诲公的五世孙,即李氏的"五世祖"(见表 9-3)。这些"五世祖"在后来宗祠中的祭祀位置,甚至都超过了始祖。这样多的"五世祖"成为宗祠祭祀的主要祖先,难道仅仅是一种巧合?

表 9-3　阳村的"五世祖"

五世祖	祠堂	功德寺院	官职
余褐	蝉林祠主	施建禅林寺	尚书
余诜	香林祠主	施建香林寺	长史
李灏	凤林祠主	施建凤林寺	大录事

　　明嘉靖十五年(1536 年),礼部尚书夏言呈《请定功臣配享及令臣民得祭始祖立家庙疏》,建议皇帝让臣民祭始祖、立家庙,其背景便是大礼议之争。祭祀始祖的争论由此提到了国家的层面。夏言上疏中有一段三品以上官员祭祀上五世祖先的话:

> 官自三品以上为五庙,以下皆四庙,为五庙者亦如唐制,五间九架厦两旁,隔板为五室,中祔五世祖,旁四室,祔高曾祖祢;为四庙者,三间五架,中为二室,祔高曾,左右为二室,祔祖祢,若当祀始祖、先祖,则如朱熹所云,临祭时作纸牌,祭讫焚之。然三品以上虽得为五庙,若上无应立庙之祖,不得为世祀不迁之祖,惟以第五世之祖凑为五世,只名曰:五世祖,必待世穷数尽,则以今之得立庙者为世世祀之之祖而不迁焉。四品以下无此祖矣,惟四世递迁而已。[1]

　　这段话,是在向皇帝建议礼制的改革,修改的是《家礼》。核心的修改是让三

---

[1] (明)夏言.夏桂洲先生文集//四库全书存目丛书.集部第 74 册.台南:庄严文化事业有限公司,1997:529.

第九章 "文治复兴"与礼制变革——祠堂之制和祖先之礼的个案研究

品以上的官员可以祭上五世祖先,这比《家礼》中规定的祭祀上四代祖先多了一世。其中说如果找不到上五世祖先的脉络,即"上无应立庙之祖"(意味着找不到五庙中间祭祀的五世祖),此时不得已,可以第五世祖暂时代替,即"惟以第五世之祖凑为五世,只名曰:五世祖"。于是,立庙之祖临时凑为五庙中间祔祭的"五世祖",等"世数穷尽"到该立庙之祖自己变成了这座祠堂祭祀的上"五世祖"时,他就成了后世永远祭祀的"五世祖",即"今之得立庙者为世世祀之之祖而不迁焉"。更为重要的是,他的后代因此也就有了大宗的地位。这样,对于祖先不明的家族,"五世祖"便是一个三品以上家庙的主祀祖先,并且可以世世祀之。然而,连自己的上五世祖都找不到,如何用第五世祖代替?答案似乎只能是到国家的《氏族志》中去寻找国家的统一氏族文本,为此提供了代替的可能。

"五世祖"的变革如此重要,却一直缺乏史料的支持。阳村族谱虽然不足以佐证,却可以引起对此的更多关注。无论如何,可以推测上面的礼制是民间社会追随的,至于阳村这些"立庙者为世世祀之之祖而不迁"的"五世祖",不论真伪,族谱中大约都有过三品或以上的官职记载,如这些"五世祖"中的灏公、褐公等,族谱都曾记载在闽国时期为官。[1] 不过,这些"五世祖"并非明嘉靖时的三品官员,且他们自五代到北宋的生涯又远远超出了嘉靖时人的上五世祖先,如何为明律所管?如果允许推论,他们倒是更像"惟以第五世之祖凑为五世、只名曰:五世祖"的祖先。在祠堂之制和宗族创造的背景下,他们都从功德寺院的施主演变成了宗祠的"五世祖"。

在夏言的上疏中,除了表面上给三品以上官员祭祀上五世祖先的特权外,还隐藏着一个重要的区别:即祖先的迁与不迁和小宗大宗之别。新规制意味着只要有三品以上的官位,立庙官员就可以成为不迁祖,并为世世祀之;即这些官员都可以成为大宗,而不论本来的嫡、庶身份如何,因为本来规定只有大宗才可以有百世不迁之祭。阳村弘治十年的《李氏祠堂之记》碑文中亦有如下说法:

> 惟古者,有小宗,有大宗,小宗五世则迁,大宗百世不迁,百世不迁者世世宗之,此纠合宗族之法也。

按照《四礼初稿》卷四祭礼十二《大宗小宗图》,[2]大宗和小宗的区别在于嫡长子

---

[1] 闽国的历史资料大多遗失,因此民间族谱的相关记载只能参考。
[2] [明]宋纁.四礼初稿:卷四祭礼十二.

和庶子的区别：

> 长子。别子（即始祖）之嫡长子，继之子孙，世世为大宗，统合族之人，主始祖之祭。小宗皆宗之，百世不迁。
>
> 庶子。别子之庶子，不得祢其别子，故以其长子继，已为小宗，庶子之长子，所谓继祢，小宗也。同父兄弟宗之。

根据上文和表2，"主始祖之祭"和"百世不迁"是大宗的要点，因而要争取之。而小宗的"五世则迁"，以及夏言的"四品以下无此祖矣，惟四世递迁而已"，都说明了有"迁"，且小宗不能祭祀始祖。这样，大宗和小宗的核心区别在于祭祀什么样的祖先——百世不迁的始祖还是五世则迁的先祖。在夏言上疏中，允许三品官员成为百世不迁的始祖，并且顺理成章开子孙为大宗，一改以血缘亲属关系界定大宗的规矩，建立起新的政治宗亲关系，让有权力的三品以上官员都有机会成为大宗，可以主始祖之祭，百世不迁。同时，夏言又建议臣民得祭始祖，使得大宗与小宗的界限混淆，礼制俗化到极端。明代华南的宗族创造中，几乎每个宗族都祭祀始祖，几乎完全打破了大宗和小宗——背后是官宦与庶民相区别的社会规则，所有族谱几乎都无一例外称自己是皇族、皇亲国戚或者名臣名士之后，此乃庶民礼仪国家化的明显后果。

作为当年功德寺院的檀樾施主，以及作为余氏禅林寺和李氏凤林寺的伽蓝神，那时候的阳村人并没有什么"百世不迁"的始祖祭祀概念。当族人争夺功德寺的权力，将寺院变成祠堂的时候，很自然地，两位寺院施主就成了祠堂祭祀的最主要的祖先。如果按照夏言提出的礼制，又如果子孙认为自己的祖先在闽国是当然的"三品以上"，他们应该有资格成为"世世祀之之祖而不迁焉"。这两位立庙者后来的确以"第五世祖"而成为祠堂中最主要的受祀祖先，且名曰"五世祖"。其地位甚至超过了肇基始祖。余廷章所撰《余氏重修功德禅林寺尚书公祠堂记》载：

> 公殁于宋太平兴国四年己卯（979）二月日二，既殁之后，能动其响灵，人畏之若神焉。寺僧恭敬奉为伽蓝，法堂之北创祠堂五间，中奉公像，夫人黄氏配。[1]

上面的"祠堂五间"，应该是在元至大年间修葺之后的结果，并非功德寺院最初就

---

[1] 余氏总谱：47.

有祠堂五间(功德寺院一般只有祠室一间)。"祠堂五间"与夏言上书的设计十分相似:"官自三品以上为五庙,以下皆四庙,为五庙者亦如唐制,五间九架厦两旁,隔板为五室,中祔五世祖。"不过在《家礼》中,并没有这样的祠堂设计。

李文治曾经评论夏言的上疏改制以及皇帝的诏令,是在人们建祠祭远祖已经违制情况下的不得已而为之。[1] 这与本文前述的考论一致:早在嘉靖十五年之前,民间已经在祭祀始祖,修建祠堂,并且这一风气形成的时间可以追溯到宋元。如凤林寺为五代所建,中间的祠堂本来由僧人在追荐李氏的祖先灞公,后来子孙通过批评僧人对祖先的不孝顺,夺回了宗族的"祭祖权"。这类宗族语言记载于弘治碑中,至少已是早于嘉靖十五年夏言上疏近40年的事情。

所谓"大礼议"下的宗庙制度改革,表面上是"祭始祖之争",实际上是一个国家礼制的争论,即是按照周礼和朱子《家礼》,祭祀上四代祖先,还是按照程颐的提倡,祭祀始祖(冬祭)和先祖(春祭)。祭祀始祖的制度是基于儒家士大夫设计的国家礼仪,在"修身齐家治国平天下"的观念之下,将国家仪式推向庶民百姓。古礼祭祀上四代祖先的规制,《尔雅·释亲》早就有载"父之党为宗族",向上的成员包括了高、曾、祖、祢(父)四代,甚至还包括了上四代的女性王姑。[2] 而从夏言上疏的文本看,原来的《家礼》并没有祭祀始祖的规矩:

> 臣按宋儒程颐尝修六礼,大略家必有庙,庶人立影堂,庙必有主,月朔必荐新,时祭用仲月,冬至祭始祖,立春祭先祖。至朱熹纂集《家礼》,则以为始祖之祭近于逼上,乃删去之,自是士庶家无复有祭始祖者。……朱熹顾以为僭而去之,亦不及察之过也,……。其礼初不与禘同,以为僭而废之,亦过也。[3]

如果朱熹纂集的《家礼》真的删去了程颐设立的"庶人立影堂""冬至祭始祖"的规矩,导致"士庶家无复有祭始祖者",那么夏言主张的祠堂制度和祖先之礼的改革,就是要恢复士庶可以祭祀始祖,这是一个士庶礼仪再次国家化的过程。不过,四库本重修的朱子《家礼》,并非如夏言《请定功臣配享及令臣民得祭始祖立家庙疏》

---

[1] 李文治.明代宗族制的体现形式及其基层作用.中国经济史研究,1988(1).
[2] 张小军.家与宗族结构关系的再思考//汉学研究中心编.中国家庭及其伦理研讨会论文集.台北:汉学研究中心,1999.
[3] (明)夏言.夏桂洲先生文集//四库全书存目丛书.集部第74册.台南:庄严文化事业有限公司,1997:528.

中所说："至于臣民不得祭其始祖、先祖,而庙制亦未有定则"。夏言是在向皇帝陈述：原来的规定祭祀上四代祖先,但是并没有规定不能祭祀始祖、先祖,因此希望皇帝允许庶民祭祀始祖和先祖。自然,夏言距离朱熹年代较近,看到的《家礼》文本可能更为准确,不过,也有可能夏言上疏的文本流传有误,因为目前看到的夏言上疏并没有国家的正式颁布,且目前的早期存本只是明崇祯十一年的刻本。[1] 无论如何,《四库全书》的《家礼》,所谓朱子僭去的始祖之祭的内容已然"复刊"于其中。

有了祭祀始祖的国家规范和祭不迁始祖的大宗身份,对后来人们竞相追逐构建宗族的行为便不难理解了。阳村《余氏总谱》有春祭祝文：祭祀历代远祖、肇迁始祖焕公、继迁祖枚公。这不太符合《家礼》"冬至祭始祖""立春祭先祖"的礼制。下面秋祭的奉主入祠,则大约符合《家礼》的"祠堂奉神主出就正寝"的秋祭规则：

> 三才堂进主配享从前定价一千文,后有续进者,秋祭之日奉主入祠,喜金照凭旧则至。木主样式,务要齐整,毋得大小高低,即神主座亦不可太阔,侵占地位。各宜遵式,切嘱。[2]

可见,基层社会的"祖先之礼"并没有那样规范。如上面的三才堂,是指余氏小舍房的天、地、人三房,分别是十九世觊公的三个儿子二十世球公（天房）、璇公（地房）和瑠公（人房）。本来祠堂主祀的是其父十九世祖觊公,但是在宗族的演变中,为了与阳村余氏其他三房达到权力平衡,房祖变成了十一世登公,嘉庆十年"登公立为主祠,以秋祭其礼"。虽然违反了"季秋祭祢"的礼制,乡民们对此并不在乎。[3]

追求始祖之祭及其嫡长子大宗的社会地位,引起的民间结果,必然是大量的编造族谱,华南族谱都无一例外追溯自己的始祖,并且始祖几乎无一例外是皇室成员或者官宦士大夫,唐代国家编撰的《氏族志》,成为许多"始祖"的临摹蓝本。族谱成为人们按照宗族纳入国家的标准"大户口"。然追溯始祖并非易事,一直从事华南研究的明清史学者发现：

---

[1] 常建华. 明代宗族研究. 上海：上海人民出版社,2005：14 注.
[2] 余氏总谱：摘录祭祀三则. 55.
[3] 张小军. 再造宗族——福建阳村宗族复兴的个案研究. 香港：香港中文大学博士学位论文,1997.

第九章 "文治复兴"与礼制变革——祠堂之制和祖先之礼的个案研究

在许多广东地区的家谱中,有一种现象常常令研究者和修谱者感到困惑,这就是入粤祖(多称在宋代)和在本地定居的开基祖(许多宗族的定居时间是明代初年)之间的世系,常常出现混乱和残缺。许多家谱记载宋之前世系非常清楚,而定居之后的世系也清楚详细,但中间的若干代往往记载简略,甚至世代混乱不清。[1]

从阳村的余氏墓葬中也可以发现一个明显的十世至二十世之间的中断。时间跨度在南宋至明初。在这个时间中,找不到一座先人的墓葬。这样一个几百年的中断似乎不是偶然的。[2] 有学者认为:明代的"宗族"制度,"并不是中国历史上从来就有的制度,也不是所有中国人的社会共有的制度。……明清华南宗族的发展,是明代以后国家政治变化和经济发展的一种表现,是国家礼仪改变并向地方社会渗透过程在时间和空间上的扩展"。[3]

在一幅国家的大系谱典图中,如果找不到自己的位置,就等于失去了国家的正统性,这件事绝非等闲。对偌大的华南社会乃至中国而言,当万民一齐涌入国家的大系谱时,便开始了一个"纳入国家"的伟大壮举。这便是那场中国历史上史无前例的"庶民运动"——造宗族。在造宗族的过程中,"祖先"的国家化是一个十分重要的开端。"祖先"在历史上曾是一个带有特殊意义的概念,换句话说,谁占有了更有权力的"祖先",谁就拥有了在地方社会中更多的资源和地位,因为"祖先"的权力与国家的权力密切联系。"祖先"在那个特殊的年代,或许承载了太多的东西:土地、象征权力、儒家仪式的合法性和正统性、国家的语言和话语……当"祖先"成为一种文化手段而与国家礼仪相结合的时候,"祖先"便携带了国家的规范,并将这种规范注入宗族的建构之中。于是,造"祖先"不仅从宗法意义上,而且从这场文化创造的本意上,都是造宗族必不可少的前提。

夏言的《请定功臣配享及令臣民得祭始祖立家庙疏》,还从礼制上改变了《家礼》的嫡长子继承制度。这个转变是对亲属制度中最重要的继嗣法则的改变,同时对社会结构有影响深远。因为只有嫡长子的大宗才有按照《家礼》祭祀始祖的

---

[1] 刘志伟.族谱与文化认同——广东族谱中的口述传统//上海图书馆编.中华谱牒研究.上海:上海科学技术出版社,2000:1.

[2] 张小军,余理民编撰.福建杉洋村落碑铭.香港:华南研究出版社,2003:136.

[3] 科大卫,刘志伟.宗族与地方社会的国家认同——明清华南地区宗族发展的意识形态基础.历史研究,2000(3):1.

资格。一旦大家都想通过宗族的创造把自己变成大宗的嫡长子地位,纷纷虚构和修正自己的出身,那么原来按照亲属继嗣的亲属法则便由此转变为一种普遍的政治文化法则,从而造成社会结构的巨大转变。宗族的亲属伦常转向一种政治伦常,即由"父之党为宗族"转变为"万物本乎天,人本乎族"的国家"大宗族"伦理。这在无形之中将国家的意识形态灌入民间,同时也将民间礼俗纳入了国家,即制度的俗礼化。而这个礼制框架中的宗族形态(包括宗族公产经营、宗族公司等)甚至影响到中国商业资本主义萌芽的发展。"那个时代,地方与国家在一个共同的礼法制度之下,建立起紧密的相互认同,……还产生了一个视其命运与维护国家正朔紧密相连的士大夫阶层。这就是礼制而非法治的社会,是重视集体而非个人责任的社会,是在经济中认可官方保护而非合法权益的社会。"[1]

宋代至明代庶民礼仪的国家化,在华南也同时体现在民间信仰上,例如国家对民间神祇的敕封以及由此形成的"标准化"。[2] 从朱熹办书院,教化民众,以及阳村因此成为"先贤过化之乡",可以想见理学家们对民众的态度,但他们从来没有想到过,民众会因此成为国家政治的动力(或反动力)。在这个意义上,"始祖之争"和造宗族的乡民实践是朱熹等儒家士大夫完全没有预想到的结果。如此的"人民运动",将家、族与国家如此紧密地联系起来,不正是一幅"齐家治国平天下"的宏图展现吗?

第三节 结语:"文治复兴"和帝士共治

从宋元到明清,中国社会步步形成士大夫、国家与庶民共谋的"共主体性"的政治文化。"祠堂之制"(伴随着国家礼仪的士庶化)和"祖先之礼"(伴随着民间礼仪的国家化),则是"文治复兴"中开始的士大夫重要的"制世定俗"的礼制变革和文化实践。

历史上,朱熹曾两次来到阳村,分别是在"学禁""党禁"之时。朱熹第一次到阳村,是在淳熙十年(1183年)"伪学设禁"的次年,即淳熙十一年;第二次则是在

---

[1] 科大卫. 近代中国商业的发展. 周琳,李佳旭,译. 杭州:浙江大学出版社,2010:220.

[2] James Watson. Standardizing the Gods: The Promotion of Tien Hou along the South China Coast,960-1960//David G. Johoson, Audrey J. Nathan, Euelyn S. Rawski eds.. Popular Culture in Late Imperial China. London: University of California Press,1985.

第九章 "文治复兴"与礼制变革——祠堂之制和祖先之礼的个案研究

"庆元党禁"的丁巳年(1197年),并题下了"蓝田书院"四个大字。朱熹当年的避难境遇十分艰辛,并在1200年于避党禁中长逝,这大概是他无论如何想象不到的。面对那个他曾经依赖的皇权,面对千千万万他希望以文治"修齐治平"的人民,他都无法预见到:正是士大夫的内圣外王之实践,在客观上促进了"共主体性"的政治文化。他们提出和参与(抑或"被参与")的"祠堂之制"和"祖先之礼"的变革,将国家和民众如此紧密地联系在一起,并在后来孕育出大规模的庶民造宗族运动。

"文治复兴"是否可与时间上相隔不远的欧洲"文艺复兴"作比?两者是否是中国与欧洲在政治文化上"大分流"的基础?首先,"文艺复兴"带来的是人权启蒙和人文主义的发展,这个时期的重要特点是"市民社会"的兴起、大学取代教会的公民教育、人本主义对人的价值的肯定。相比之下,"文治复兴"带来的是国权启蒙和公社集体主义的发展,书院教育陷于儒家学者的"内圣"之中。"人"的普遍价值未有被发掘。"治人"反而成为从道统到道学的一贯内容。通过"修身齐家治国平天下",将个人与国家联系起来。第二,"文治复兴"带来的是士大夫与国家的紧密结合,即所谓"得君行道"的帝士制度。新儒家基于道学的文治理想和抱负,所谓"治道……自本而言,莫大乎引君当道"[1]的"外王"政治文化,被后世士大夫转变为夏言所谓"追复三代之礼,以成一王之制"[2]的士人政治实践,而这些与"文艺复兴"中知识分子的独立批评和自由精神迥异。第三,文治的要点是治民。余英时曾引述石介的话:

> 圣朝大儒柳仲涂……著述数万言,皆尧、舜、禹三王治人之道。仲涂之道,孔子之道也。夫人能知孔子之道,施于天地间,无有不宜。以之治民,以之事君,以之化天下,皆得其序。[3]

因此,"治民""事君"的概念,使得君本主义和专治体制趋强,与"民治""民主"之类理念形成了巨大的反差。

然而,起自宋代士大夫的"文治复兴运动",是否真的那样负面?它究竟给后

---

[1] [宋]程颢,程颐. 粹言//二程集. 中华书局,1983:1169-1272.
[2] [明]夏言. 夏桂洲先生文集.//四库全书存目丛书.集部第74册.合南:庄严文化事业有限公司,1997:517.
[3] [美]余英时. 朱熹的历史世界:宋代士大夫政治文化的研究. 北京:生活·读书·新知三联书店,2004:36-37.

人留下了怎样的政治文化遗产？尤其联系到近年来日渐激烈的中国中心论和欧洲中心论之争，人们总想寻找两者"大分流"的历史渊源。[1]特别是近千年创造了"江南经济奇迹"的华南地域，[2]与"文治复兴"发生较大影响的主要地域十分吻合，能否说明其间有着某些深刻的联系？倘若如此，世界是否真有"第二现代化之路"？[3]

  笔者以为，"文治复兴"的积极贡献之一，是在客观上将民众动员和调动起来，并参与到国家的治理和政治事务之中。虽然民众并不简单屈从帝士共治的"修齐治平"，却因此"激活"或说政治启蒙了他们自己的多元发展空间，特别是在被"文治复兴"激活和政治启蒙的江南地域，经济和文化有了空前广泛的发展。华南庶民宗族丰富的文化创造、民间宗教信仰的广泛发展，亦都是这一过程的伴随结果。对这种繁盛的景象，有学者形容为"帝制农商社会"。[4]用今天的话说，无论当时社会中是否存在"上有政策，下有对策"的政治结构，民众文化、政治和经济能力在"文治复兴"及其后来的变革中被启蒙和激活是一个不争的事实，这也令人们看到了一个颇为另类的社会景象：民众丰富的经济、政治和文化创造力与国家集权的帝士统治并存。就此而言，无论对中国中心说还是西方中心说，也无论谈中国衰落论还是中国昌盛论，"文治复兴"及其帝士共治的"共主体性"论点都会提供一个富有思考性的探索空间。

---

  [1] [美]彭慕兰. 大分流：欧洲、中国及现代经济的发展. 史建云，译. 南京：江苏人民出版社，2003. 也见加州学派的相关文章。

  [2] 李伯重. 江南经济奇迹的历史基础. 清华大学学报（哲学社会科学版），2011(2). 尤见其对"宋代高峰论"的批评，并认为明清江南经济大大超过了宋代。

  [3] 所谓"第二现代化之路"，是针对亚洲四小龙的现代化发展而批评所有国家必然走西方资本主义现代化之路的观点。今天中国的经济发展，也在某种程度上令人们思考不同于西方的可能发展道路。

  [4] 赵轶峰. 明代的变迁. 上海：上海三联书店，2008. 除了"帝制农商社会"的观点，赵轶峰关于"分流"还是"合流"的观点也十分有益。他认为中西方过去没有过合流，因此谈不上分流，倒是在明清开始了一个逐渐合流的过程。此可谓"合流说"。

第十章 "文治复兴"与宋代以后福建民间信仰的国家化[1]

从南宋到明代中期,华南民间社会除了有一个宗族的文化创造,还有一个广泛的民间信仰的造神运动。这一现象包括国家对地方神的敕封,民间大量创造与国家有关的神灵,地方神明的国家身份创造和转化,以及百姓在民间信仰和仪式中广泛言说国家语言,用国家的正统作为文化工具来做自己的秩序,最终将"国家"做到身边,做到基层社会。对于这样一场史无前例,且对后来中国社会影响深远的运动,笔者尝试从宋代的"文治复兴"来展开理解。后面的理论关注则是一种"共主体(co-subjectivity)"的政治文化在中国历史中的发端。

第一节 福建的民间信仰国家化

笔者曾在博士论文[2]中,探讨了福建地区在宋代以降民间信仰的国家化,这个转变过程尤其凸显于南宋到明代中期。之所以局限于福建来表征华南,乃因早期史料的缺乏和难于展开地域的比较,有学者曾经就此有过讨论。[3] 对于民间信仰,笔者曾经发表过几篇相关的论文,[4]并逐步形成了今天的思考。福建在宋代以后的民间信仰有两个特点:一是走向国家正统,许多民间神变为国家神;二是造神数量最多的地区,几乎村村造神,形成了一个庞大的造神运动。有学者认

---

[1] 本文为2014年10月21日中国社科院世界宗教研究所"宗教人类学讲座"的整理稿。
[2] 张小军.再造宗族:福建阳村宗族复兴的研究.香港:香港中文大学博士学位论文,1997.
[3] 皮庆生.材料、方法与问题意识——对近年来宋代民间信仰研究的思考//赵世瑜编."民间"何在 谁之"信仰".北京:中华书局,2009.
[4] 张小军.庙宇·水权·国家——山西介休源神庙的个案研究//大河上下——十世纪以来的北方城乡与民众生活.太原:山西人民出版社,2011;张小军.阳村的境社与宗族.民俗曲艺:宗教与地方社会专辑Ⅱ,2002(138);张小军.佛寺与宗祠:泉州开元寺的历史个案研究//陈志明,张小军,张展鸿.传统与变迁——华南的认同和文化.北京:文津出版社,2000;张小军.儒家何在?——华南人类学田野考察.二十一世纪,1995(6):149-157.

为"从民间信仰方面考察,唐末宋元时期福建曾掀起一场声势浩大的造神运动"。[1] 从地方文献可以看到这个过程,如成书于明弘治乙酉年的《八闽通志》中,记载的寺观约有5000座之多,笔者曾研究的古田县有157处,是当时54个县中偏多的。其中大部分是佛寺,也有很多道观,里面没有统计儒家的书院祠堂。从唐到宋,这些寺观祠院的一个最主要特征,可以称之为上层信仰,即主要是社会上层官宦、士大夫的信仰空间,不是民间社会老百姓的。例如佛教的盛行,就与功德寺院的文化传统有关。功德寺院是皇室成员、官宦、士大夫为自己死后让僧人做追荐的空间,曾经广泛流行。这里关注的,则是南宋到明中期的民间社会如何自下而上兴起的国家化的造神运动。

与华南的宗族文化创造一样,这场造神运动是在"文治复兴"的背景下发生的。"文治复兴"这样一场史无前例,且对后来中国社会影响深远的运动之所以会发生,乃在于面对宋代国家的支离破碎,儒家士大夫企图挽救国家,建立新的社会秩序。明洪武二年福建《莆田县重修儒学记》载,"咸平、庆历之间,大兴文治,郡庠其庙学,而县亦建论堂、肆馆于庙之左辟,为显道、式穀二斋,置学师弟子员。令佐相承,罔敢废坠"。[2] 可见"文治"并非只是概念,而是有着实际影响、内容和实践的。

福建在五代为闽国治地,当时闽国的国教是佛教,民间社会一方面受佛教影响,另一方面主要是自然信仰和巫觋风气。福建的佛教在五代至宋时达到极盛,君臣、士大夫施舍兴建佛寺,养僧人为自己身后做功德,以求永年之风盛行。《八闽通志》说"佛有寺始于后汉,而东南郡县犹未有也。自吴孙权始建,建初寺于江东,建洞元观于方山,而后寺观始蔓延诸郡以及于闽。历晋、宋、齐、梁而始盛,又历隋唐以及伪闽而益盛,至于宋极矣!名山胜地多为所占,绀宇琳宫罗布郡邑。自二氏较之,佛氏之居,视老氏又十八九焉"。[3] 当时,儒家完全不占有统治的地位。士大夫信佛在当时也成为一种风气,许多人遁入空门,以追求精神上的安慰。[4] "寺观所在不同,湖南不如江西,江西不如两浙,两浙不如闽中","寺院田

---

[1] 林国平,彭文宇. 福建民间信仰. 福州:福建人民出版社,1995:10.

[2] 吴源. 莆田县重修儒学记//郑振满,丁荷亭编纂. 福建宗教碑铭汇编(兴化府卷). 福州:福建人民出版社,1995:76.

[3] (明)黄仲昭修纂. 八闽通志. 福州:福建人民出版社,1989.

[4] 朱维干. 福建史稿:上册. 福州:福建教育出版社,1985.

第十章 "文治复兴"与宋代以后福建民间信仰的国家化

惟闽最多"。[1]《淳熙三山志》说福州"金银佛地三千界,风月人居十万家"。福州十二县的寺院唐懿宗时(859—872年)102所,五代时(909—944年)267所,北宋庆历年间(1041—1048年)1625所,南宋淳熙九年(1182年)1540所。[2] 功德寺院的传统,在唐宋也极为盛行。关于这一阶段的福建功德寺院研究,黄敏枝曾经在其《宋代福建路的佛教寺院与社会经济的关系》一文中,取材于四部日本学者的研究:常盘大定(《支那佛教研究》)、曾我部静雄(《宋代福州的佛教》)、竺沙雅章(《宋代福建的社会与宗教》)、塚本善隆(《佛教史概说·中国篇》)。对于当时的民间情形,他引用陈淳的一段话:

> 此间僧寺极多,极为富饶,十漳州之产而居其七。凡为僧者,住无碍屋,吃无碍饭,着无碍衣,使无碍钱,因是不复知稼穑艰难,而至于骄纵。……如五禅大刹,为郡头目,皆出头好闹,至滑黠者图之,握钱谷大权在手,聚奸凶大众在院,遂作无边罪苦,侵虐贫民,陵抗士夫。[3]

笔者曾经研究过几个功德寺个案,包括福建阳村的禅林寺、凤林寺,泉州的开元寺等。[4]

国家的佛教传统在北宋依旧有所延续。熙宁、元丰年间(1068—1085年),全国佛寺达39000多所,僧侣四十五万之多(《佛祖统纪》卷53)。有不少皇帝赐田的记载,如闽东宁德的《宁德支提寺图志》(清康熙八年)记载:"宋淳化元年,太宗皇帝赐记室禅师田四庄:一大印庄、一太平庄、一华严庄、一廊院庄,共计四十六顷零,隶长溪县六十八都"。这一风气,对地方秩序有很大的影响,许多功德寺也产生在这一时期。如范仲淹在今苏州天平山(天平山当时为范仲淹的家族坟山,至今尚有其父兄的墓葬在此)的白云寺,还有王安石的蒋山太平兴国寺,范仲淹之子范纯仁在河南的宝贤禅院,蓝田后裔少宰余深在侯官县的广因嗣祖院等。黄敏枝曾经统计南宋仅临安的功德坟寺就有七十余座。[5]

---

〔1〕 顾吉辰. 宋代佛教史稿. 郑州:中州古籍出版社,1993.
〔2〕〔3〕 黄敏枝. 宋代佛教经济史论集. 台北:台湾学生书局,1989.
〔4〕 Zhang Xiaojun. Ancestral Hall and Buddhist Gongde Temple. *Chinese Sociology and Anthropology*. 2002,34(3):28-48;张小军. 宗族化中的功德寺院. 台湾宗教研究,2000,2(1);张小军. 佛寺与宗祠:泉州开元寺的历史个案研究//陈志明,张小军,张展鸿编. 传统与变迁——华南的认同和文化. 北京:文津出版社,2000.
〔5〕 黄敏枝. 宋代佛教经济史论集. 台北:台湾学生书局,1989.

随着南宋国家政权南迁临安,士大夫文化和国家正统意识形态也更加浸润华南,引起了地方社会的巨大变化。闽国的"国家"正统,在宋代特别是南宋,开始有所转变。这一过程引发了国家权力与地方社会在意识形态、社会组织、社会制度等方面的深刻变化,促成了宋代理学在福建的发端,诞生了所谓的闽学四贤,即二程(程颐、程颢)之后,四传弟子杨时、罗从彦、李侗和朱熹。前三位均是古南剑州人(现闽北的南平),朱熹出生于当时也属于南剑州的尤溪,四人不仅是程朱理学的嫡传,更因为都是南剑州人,而被称为"延平四贤"。在与佛教的对话中,儒家有了长足的发展。儒家先贤的乡间讲学,对民间社会有所影响。一方面国家因为统治的需要敕封地方神明;另一方面地方基层社会则在破碎和重整中因冲突和认同等需要而创造神庙,促成了福建宋代晚期及以后的民间社会造神运动。陈支平曾经整理《续文献通考》中宋、元年间福建受皇帝敕封的神明数量,几乎与其他省份的总数相等,并且大部分都是土生土长的神,其中宋代受封最多的就是古田县,有高宗所封灵济侯,理宗所封灵佑侯、道爱侯,以及崇福昭惠慈济夫人陈靖姑。[1]陈夫人本来是民间信仰,古田县志说"神姓陈,世巫",因为有神力,"宋淳祐间(1241—1264年),封慈济夫人,赐额'顺懿'"。"至正七年(1347年),邑人陈遂尝掾大府,慨念厥初,状神事迹,申请加封。廉访使者亲核其实,江浙省臣继允所请,上之中书省,众心喁喁,翘俟嘉命"。看来地方神的加封敕封是有一套程序的。张以宁撰《顺懿庙记》,将陈夫人与妈祖作比:"以宁唯吾闽之有神,光耀宇内,若莆之顺济,漕海之人,恃以为命,有功于国家甚大,纶音荐降,褒崇备至。今顺懿夫人,御灾捍患,应若影响,于民生有德,岂浅浅哉?"[2]妈祖作为海神,有功于国家,陈靖姑亦不例外。上面反映出地方精英将陈靖姑从"民间"提升到"国家"的过程。

为什么华南民间信仰自宋代开始会有这样一个巨大的转变?笔者认为,在"文治复兴"的社会启蒙的背景下,福建的民间信仰是在宋代国家文化对地方文化的"开化"和民众的"启蒙"中开始了转变,这一现象包括国家对地方神的敕封,民间大量创造与国家有关的神灵,地方神明的国家身份创造和转化,以及百姓在民间信仰和仪式中广泛言说国家语言,用国家的正统作为文化工具来做自己的秩序,最终将"国家"做到身边,做到基层社会。"文治复兴"提供给百姓一个多元化

---

[1] 陈支平. 近五百年福建的家族社会与文化. 上海:上海三联书店,1991.
[2] (清)辛竟可. (乾隆)古田县志. 古田县志办,1982年重印.

的国家正统——最终是纳入"国家"的共主体空间。

中国宗教(含民间宗教)的研究一直有一个国家与民间的二分模式,弗里德曼(M. Freedman)认为:中国宗教是带有差异的整体模式,它一方面由于国家的扩展而进入广泛的政体之中,另一方面又是等级社会的固有部分。精英宗教和乡民宗教依据共同的基础,又是两个可以互译的文本。[1] 武雅士(A. Wolf)反对弗里德曼"一个中国宗教"的整体模式,认为精英宗教和乡民宗教之间存在鸿沟,这可以从两者不同的社会观点看出来。[2] 华琛(J. Watson)曾经就天后从民间神祇被纳入国家的"标准化"过程进行讨论。[3] 后面有一个对中国大一统的关注。科大卫、刘志伟等人则以"正统化"的概念作了更深入的讨论:"地方传统的歧异性,可以同样是人们文化正统性认同标签的多样性。……漫长的历史过程制造了很多不同层面意识模型的叠合交错,形成表现不一但同被接受的正统化的标签。"[4] 应该说,存在着地方信仰和仪式所体现的地方传统多元性和中国多元化的大正统之间的双重结构,标准化的观点倾向认为这套东西主要是国家"自上而下"的,正统化的观点强调这套东西是老百姓自己把国家做到了他们的身边,按路径来说是"自下而上"的。举个通俗的例子,比如说今天的唱红歌、扭秧歌,都是跟国家相关的,老百姓在自觉不自觉中就把国家融入了他们身边。

"国家化"的意思是指一些本来在国家之外的行为或观念接受和进入国家的制度、体系或者意识形态的过程。笔者的博士生萧璇用这个概念系统研究了西北的"花儿"音乐。"国家化"的概念后来延伸到前面提到的"共主体性"的政治文化,这个过程是双向的:一方面是国家自上而下地影响百姓和地方社会;另一方面是百姓自下而上地将国家做到他们自己身边。华南学派的研究和我的博士论文一直在说这个观点。标准化、正统化、国家化,都有共通之处。每个概念都在强调自

---

[1] Maurice Feedman. On the Sociological Study of Chinese Religion. In *The Study of Chinese Society*, G. W. Skinner, ed., Stanford Univ. Press, 1973.

[2] Arthur Wolf. Gods, Ghosts and Ancestors. In *Religion & Ritual in Chinese Society*, Arthur Wolf, ed., Stanford Univ. Press, 1974.

[3] James Watson. Standardizing the Gods: The Promotion of Tien Hou along the South China Coast, 960-1960//David G. Johnson, Andrew J. Nathan, Evelyn S. Rawski eds.. *Popular Culture in Late Imperial China*. London: University of California Press, 1985.

[4] 科大卫,刘志伟. "标准化"还是"正统化"?——从民间信仰与礼仪看中国文化的大一统. 历史人类学刊, 2008, 6(1-2): 1-21.

己的某些方面或者观点,比如国家化概念与正统化的概念更接近,但是大家的共主体的国家建构,是正统化这个概念很难全面表达的。

宋代以后到明代中期的宗族和民间信仰的"国家化"的文化创造,可以说是宋代"文治复兴"的后果。两者当然都有自己的文化传统——是传统的再造。例如朱子《家礼》,第一章讲的就是祠堂和祭祀,但是祭祀的礼仪已经与周礼不同。笔者有篇文章发表在台湾一本论文集上,讨论了《尔雅·释亲》中的"宗族"概念,[1]《尔雅》成书于西汉,那个年代对"宗族"的解释是"父之党为宗族",是没有始祖之祭的,宗族中只有高、曾、祖、祢上面四世,宗族的核心是"父之党",而不是始祖。但是明代的造宗族,都把祖先追到始祖,而谱系的追溯都是按照唐代国家所修的《氏族志》。换句话说,国家制作的氏族谱系成为大家进行创造的文本。这也是国家化的一个方面。

宋以后宗族和民间信仰的国家化与那个年代华南地方社会的重整有关。华南研究中有句话,"进村找庙",通过庙宇了解村落的社会结构,因为庙的后面是人群格局。每个庙都聚集着不同的人群,有他们的文化认同,庙宇是个象征空间。民间信仰、宗族都是重构地方社会的文化工具,促进自下而上的国家化过程。

以闽粤赣浙皖等地域为代表的华南文化圈的信仰格局至明、清已基本成形,并在历史上以不同的时空方式延续到更加广阔的西南和北方部分地区。《八闽通志》可见明初一些庙宇的国家化,主要表现为与国家有关的神明大量出现。如在我研究的福建阳村,杨易是最重要的社神,据清代文人余廷章所撰《余氏族谱·重修岭头堂及邮亭序》记载:"杨公泽沛蓝田,灵尊赤社,固宜崇祀。"祭祀他的东山庙是各社境捐修的。《余氏族谱·右边小西城外真武宫志》记载:杨易曾是朱熹的好友,"官拜兵部侍郎,与晦庵朱文公同为理学,因谏韩侂胄丞相,贬为杉关巡检,故崇奉以为通乡"。杨易本为宋代设在阳村巡检司的巡检,由于元代设都(阳村原为三十六都),杨易后来被奉为"都城隍",即拓主,是阳村除陈靖姑之外最重要的保护神。在各境的宫庙都有供奉,全村的供奉在槐庙,即杨公大庙。

杨易作为宋代阳村的巡检,后来被奉为"都城隍",人们把他与朱熹和理学拉上关系,这肯定不是宋代的事,因为当时朱熹及其理学并不"正统",朱熹还受到丞

---

[1] 张小军. 家与宗族结构关系的再思考//汉学研究中心编. 中国家庭及其伦理研讨会论文集. 台北:汉学研究中心,1999;张小军. 宗族与家族//李培林,李强,马戎主编. 社会学与中国社会. 北京:社科文献出版社,2008.

相韩侂胄的迫害,在庆元党禁中惨死。至少到了元代儒家地位提高以后,人们才会把自己(通过杨易)与正统拉上关系。明代的里社制度亦为这种"正统"的创造和转变提供了一个空间。乡民对杨易的儒家理学的正统创造虽然没有像陈靖姑那样得到官方的承认,但是在乡民心中仍然是"国家"的。该文化场提供了一个对话和象征创造的场所,民间信仰在这里与国家正统(包括社坛祭祀)之间进行交流和转换,进行着意义丰富的变形和生产。

关于城隍祭祀,在明初成为国家正统。洪武二年(1369年)二月七日,朱元璋下令"封京都及天下城隍神"。《古田县志》记载城隍即开县的洞豪刘疆:

> 神姓刘名疆,世生此土,唐开元间率众归命,愿编户为县。……宋景德间,李堪为宰,毁淫祠数百,独存此庙。未几民请迁,乃更于今年今所。崇宁二年(1103),赐额"惠应",政和二年(1112),封顺宁侯,后加"正应"。保祐(1253—1258)中,复加号"灵显",遂封为城隍之神。邑人进士余发林记其事。至元、大德间,吏民葺而广之,俗云"增广城隍"是也。

在元代张以宁的《增广城隍庙记》中,历数刘疆如何归顺开疆,从此风气日开的丰功伟绩,并说"在《礼》,'有功烈于民,能御大灾捍大患者,殁则祀之'"。这样一种人格化的地方神,后来受到国家的规整。洪武三年(1370年),国家发布"神号改正诏",对过去神的封号加以整顿:"凡岳镇海渎,并去其前代所封名号,止以山水本名称其神。郡县城隍神号,一体改正。"(《太祖实录》)按照当时的城隍庙制,县以下不设城隍,不许使用人格化的神名,只能以当地地名封号。显然,刘疆作为县城隍和杨易作为"都城隍",违反了国家的规制。虽然如此,却恰恰反映出民间社会丰富的造神的文化创造。

第二节 "文治复兴"与国家化运动

笔者所提出的"文治复兴"这个概念后面的精髓,属于史学家们的研究,余英时先生曾提出"宋代士大夫的政治文化"这一概念,并划分出了四个阶段:第一个阶段是宋初延续韩愈的古文运动,即"复古运动";第二个阶段是范仲淹的"庆历新政";第三个阶段是王安石的"熙宁变法";第四个阶段是以朱熹为代表的宋代理学。如果把整个宋代士大夫文化做一个简洁描述的话,它的主要特点就是"得君行道",恢复尧、舜、禹三王之治,秉持士大夫的"内圣外王"。邓小南提出的"祖宗之法",论述其"致君于尧舜"的"共治天下",反映出士大夫希望效行三代的"文物之治"的理想,通过讲古理、用古制来重建当时的社会。"文治复兴"开启了中国后来的历史走向,踏上了一条与西方更加不同的道路。"文治复兴"概念的提出,其实是想抛砖引玉,希望跟欧洲的文艺复兴做比较,因为二者都是从古典文化或祖宗的学说中挖掘资源来构建新的社会秩序。"文艺复兴"是通过人文主义、人本主义反对中世纪的神权,而宋代士大夫则有以其道统对当时社会入世的强烈愿望,从宋代以后,中国走了与西方非常不同的一条路,比如说"文艺复兴"带来的是"人本"——人权启蒙、个人主义和人文主义的发展;而"文治复兴"带来的则是"君本"——国权启蒙、国家民本主义和民利主义的发展。翻开华南地区乡村士大夫编撰的族谱,都是在言说国家的语言,而这与欧洲"文艺复兴"中知识分子的独立批评和自由精神迥异。

我们可以有一个思考,就是宋代到底给中国社会带来了什么?许多学者对此有过讨论。"文治复兴"到底留给了中国社会什么?简言之,"文治复兴"把国家和地方社会紧密联系起来,民间社会被纳入了国家——在他们自己的能动选择之下。所以我们才会看到后来形成的中国政治中特别有趣的一个状态:共主体的政治文化。这是宋代以后非常重要的政治文化的演进,这个政治文化特点在全世界几乎是独一无二的。这里需要特别指出:共主体不是一体化,也不是大一统,而是多主体(不同的百姓、士大夫和政府等)的互为主体。

在上面的讨论中,还有一个比较大的问题,就是如何理解南宋兴盛的民间巫觋之风气。前文提到,妈祖、陈靖姑都曾经是土生土长的女巫,然后变成了国家的神明。在缺乏官方制度及宗教组织支持的情况下,为何巫风依然大盛?有"南下说"认为:从巫觋信仰传播的地域空间而言,北宋除了北方七路外,全国三分之二的界地均盛行巫风;宋室南渡后,黄河以北的广大土地沦亡于女真人的统治,江左政权治下的南方诸路尽是尚巫右鬼之地,巫觋信仰寖然成为全国的风俗。王章伟对"南下说"质疑,认为这不是江南风气在南宋全国传播的结果,提出了国家巫风向下沉降的"民间化"看法。王章伟的研究指出:宋朝政府改变了以前各朝的成规,废太卜署,官方祭祀中不再任用巫觋,巫觋从此完全没入民间。观宋代巫风寖成全国之俗,除了流播地域广及全国外,从巫觋活动的社会空间深入城乡村里的每一个角落、信徒遍布于社会上的每一个阶层,均足以见其盛况。巫觋这种不为

第十章 "文治复兴"与宋代以后福建民间信仰的国家化

统治精英认同的民间造神运动,至为活跃,使两宋民间巫风依然。[1]不过,民间何以在国家废太卜署、官方祭祀中不再任用巫觋的情况下开始了巫觋之风?难道真是来自官方巫觋文化的民间沉降?这样一种"国家深入民间"的说法令人生疑。一个国家机构的废除,是否能够引起民间巫觋的爆发?笔者以为需要慎思。

其实,华南宋代地域性的巫觋盛行,恐与国家废太卜署无关,无论东南还是西南,民间的巫觋本来就盛行,西南地区现在仍保留的东巴文、水族水书,都是做巫术的巫师使用的文本(跟甲骨文类似)。笔者更愿意这样提出问题:本来就在民间盛行的巫觋风气,是如何在国家废太卜署后被以正统化的方式激发起来?在"文治复兴"中,巫觋之风以及民间信仰的正统化(例如妈祖、陈靖姑等)表现为民间社会巫觋之风的国家化。民间礼仪的国家化——在此表现为民间巫觋上升到士人之中——体现了巫觋并非从国家沉入民间,而是相反,由民间抬升到士人的层面。这一过程反映出宋代的民间信仰也被"启蒙",被动员起来,而"文治复兴"中的士大夫政治文化,是将民间信仰中的巫觋风气泛起的重要原因。

廖咸惠曾经论及宋代民间信仰"最显著的是,不同于以往的宗教信仰,其神祇多半来自上层社会,新近发展出来的地方神灵信仰,其神祇多半具有庶民背景,而且它还发展出一个拟似人间世界的阶层流动性质"。[2]为什么当时新近发展出来的地方神灵信仰多半具有庶民背景?从以往信仰来自上层社会的神到新近的庶民神灵信仰的变化,反映出民间社会百姓的神灵创造开始变得重要了。就巫觋之风而言,本来就在民间,它在国家废太卜署后被激发起来,这个过程是一个"泛起"的过程。笔者提出"泛起说"的观点,即民间的巫觋制度和风气在"文治复兴"的启蒙中"泛起"。巫觋文化不是国家文化的民间化,而是相反——民间文化的某种士人化和国家化(虽然表面上遭到政府和儒家士大夫的反对)。乡村士大夫多参与其中,一方面是因为他们作为地方精英,必然参与到地方社会的重整中;另一方面,乡村士大夫多数本来就来自民间,通过科举成为士人并没有与民间有太大的分离。如此,学者们看到的福建在南宋巫觋之风兴盛,并非巫觋现象的"发生"之兴盛——因为民间早已有之,而是国家化中被激发的兴盛!

对明代福建,一些学者特别论及了社的祭祀体系与里甲和宗族组织的结合。

---

[1] 王章伟. 在国家与社会之间——宋代巫觋信仰研究. 香港:中华书局,2005.
[2] 廖咸惠. 宋代士人与民间信仰:议题与检讨//复旦大学文史研究院编."民间"何在 谁之"信仰". 北京:中华书局,2009.

福建在明代有一个国家乡社制度进入民间社会的过程,城隍和社坛祭祀都是国家礼仪的一个部分。乡村社坛祭祀在明初洪武年间始有定制,一是乡厉之礼,二是五谷之祀。[1] 丁荷生(K. Dean)以福建兴化的研究为依据,认为明初制度化的仪式结构与新的里社结合,官方社的祭祀逐渐变为社会分层的大众宗教仪式网络和地方社会组织。一方面存在一个仪式空间或者宗族秩序的标准化和一致化;另一方面形成了难以解决的国家中心和地方仪式小区间的张力。丁荷生还指出兴化府地区的社从明初开始,逐渐从官方的系统化庙宇,即从一套在管理框架内所确定的庙宇,转变为一种大众宗教空间自组织的基本单位。流行的社坛也有一个它自己的内在转变:从守护神的坛祠变成地方神的庙宇。社的祭祀慢慢变成了地方庙宇系统中仪式空间的基本单位。[2] 上述自上而下的说法显然欠妥,首先,并非国家的社坛祭祀转变为大众民间宗教的基本单位。从明清福建地方的乡村祭祀体系来看,国家社坛单位的祭祀一般来说在村落中并不是最重要的,甚至在很多乡村已经衰亡,或者转向了其他的形式。第二,乡社祭祀反而是逐渐被国弱民强的乡村民间信仰所消化和"收编",成为了民间信仰的一个单元。

  前些年笔者在台湾的《民俗曲艺》发表了一篇关于境、社与宗族的论文,所谓"境"就是福州城乡的社庙,是社庙的体系,可以理解为神的空间。福建的民间信仰很广泛,其他省无法与其相比,一个村几十个庙的情形很多,而且庙里信奉各种各样的神,其种类也很多。在国家的社坛祭祀没有出现之前,东南地区民间的信仰体系、巫觋的体系已经很兴盛,这是早期社会的一个特点,国家的乡社祭祀是没有办法替代民间信仰的。笔者认为:"在国家社坛祭祀体系出现之前,存在一个早于社坛发生的民间信仰体系,这是不容置疑的。在考虑明代的社坛祭祀时,不能忽略明以前的这个民间信仰母体。蓝田的例子将说明这样一个连续的关系。""有一个开始与社无关的民间信仰体系,明代它有两次与国家正统的整合,第一次是与里甲和社祭制度的整合;第二次是与宗族的整合,成为宗族祭祀的一个部分。因此,民间祭祀的演变母体是民间信仰(或境庙),而不是来自国家的社坛,尽管后来民间化的社境包含了利用国家社祭的痕迹,恰恰说明人们是在民间信仰这个母

---

  [1] 赵轶峰. 明代国家宗教管理制度与政策研究. 北京:中国社会科学出版社,2008.
  [2] Kenneth Dean. Transformations of the She (Altars of the Soil) in Fujian. *Cahiers d'Extrême Asie*,1998(10):19-75.

第十章 "文治复兴"与宋代以后福建民间信仰的国家化

体上来取舍国家的影响。"[1]这里存在着一个乡民和地方精英自下而上的"国家"建构。没有国家的强制,百姓们有一个他们自己对国家的理解。他们并不能直接改变国家的制度架构,但是人们可以在共享的文化场中,获得彼此之间以及国家的文化资源,为自己的利益服务,同时也将象征互动的结果传递给国家,进而改变国家的行为方式甚至制度结构。国家与地方社会,官员、士大夫和百姓,正是在"文治复兴"中而不是在简单二分的国家与社会的机械结构互动中,逐渐形成了"共主体性"——得到了一种连续的权力象征变形、转换与创造。

从学术上看,需要对文化创造中的虚构有正确理解。造祖先、造宗族本身是做文化秩序,与宗教一样。对宗教之神的虔诚,与对祖先的崇敬是一样的,很难问神是真的吗?或者祖先是真的吗?老百姓已经把祖先神化了。伏羲女娲、亚当夏娃,都是"造"的,人们对此不会觉得迷茫,文化创造这个事情没有什么可迷茫的。例如宗教信仰在人类社会是什么意义?或许可以认为宗教信仰是人类社会的一场闹剧,是迷信,这只是一种极端的看法;另一种认为,人类是永远离不开宗教信仰的,因为它提供给我们生活的秩序,这也是一种极端的说法。宗教是人类的"本源"现象,宗教本质是一套文化秩序。拿伏羲女娲来说,既是神,也是祖先,但都是文化的创造,神话的传说,它们可以理解为做社会秩序的需要,就好像宗教信仰帮助做心灵秩序是一样的。当然,不排除有通过造祖先来获得象征权力或者牟利的情形。笔者在田野中的感受是,大部分百姓是真诚地对待祖先。笔者的研究虽然会涉及他们的祖先编造,但如同对编造伏羲女娲的先民一样,我们的立场是尊重——尊重他们的神话权,尊重他们文化创造的权利。

关于福建宗族和民间信仰的文化创造,自下而上和自上而下的都有。过去讲中国乡村的"无为而治"——国家不下县,认为直到民国时期才有国家机构达及县下的乡里。难道国家只有在乡村建立行政机构才是国家下县吗,才叫有为而治吗?建立乡村的祭祀体系就不是有为而治吗?不过,从很多县志中可以看出,尽管儒家早已经确立为国家的意识形态,但民间社会推行儒家的情况不尽相同。我们常说"上有政策,下有对策",在很多县城能看到孔庙,这个体系相对完整,但到乡村秩序就不一定了,它不是简单的自上而下的过程。因为老百姓有他们自己的国家借用,很多国家符号成为他们的文化手段。笔者曾经写过一篇《儒家何在?》

---

[1] 张小军. 阳村的境社与宗族. 民俗曲艺: 宗教与地方社会专辑Ⅱ. 2002(138).

的文章,"文治复兴"的时候,儒家士大夫推行了很多政策,礼制变革就是在他们推行这些政策之后,老百姓被折腾起来——不过民间并非按照国家的想法,而是按照他们自己的方式和想法行事的,而且他们的做法远远超过国家和士大夫们的想象。宗族和民间信仰的国家化其实就是这样一个自下而上的过程。

可以看到一个并非巧合的现象,从晚清到民国,从严复到康有为、梁启超到孙中山、毛泽东等,近代大部分领袖人物都是来自华南地区。在近代的中国社会,华南文化占据了重要的地位。设想一下,如果倒退十几个世纪,华南地区还被称为"蛮夷之地",它是如何从"蛮夷之地"转变为国家文化厚重的地区的呢?华南地区发生的巨变,甚至可能影响了近代中国的走向,无论在经济上还是文化上,华南或者江南地域曾经在世界上的领先以及后来的变化和发展,都是非常值得思考的一个问题。换句话说,华南的造宗族运动以及民间信仰国家化运动,其实跟那个年代华南的经济发展有着深层的联系。两个历史学派(华南学派与加州学派)做出了不同的贡献,他们之间却几乎没有对话。如果放在"文治复兴"的概念下,就可以把这两个现象联系起来,因为造神运动、造宗族和祖先神话,与这个地区的经济发展,可能有着共同的文化背景和结构支撑。

"文治复兴"形成了一种中国特有的政治文化,最大特点就是"共主体性"。这个概念的意思是,在一个文化里面,不管是国家、士大夫,还是老百姓,大家都是互为主体,都有共主体性,是大家共同作用的过程。这种共同作用的过程形成的政治文化一直延续到今天。我们不从价值上去判断这种政治文化的优劣,只反观其本质。举个例子,历史上的明代处于经济水平世界第一的地位,有人会问为什么集权政权下有经济的蓬勃发展,这是很多学者十分困惑的,尽管国家对市场经济的制约几乎成为普遍的共识。其实,在集权的同时,共主体的政治更为重要,因为在共主体政治文化的背景下,民间社会被激活,民间经济也有很活跃的一面,共主体政治文化对社会经济其实具有某些促进作用。否则,明代不会出现中国经济世界领先的局面。

宋代的"文治复兴",给华南社会带来了深远的影响,君本主义、帝士共治的治理模式,引起了华南社会"共主体"的文化创造,除了明代中期的造宗族运动,还有着本章论述的造神运动——民间信仰的国家化。通过信仰的国家化建构和实践,百姓们把国家做到了他们自己身边。换句话说,民间信仰和宗族的文化创造早就使得国家深入基层社会,这一过程远远早于民国时期行政下县的过程,说明了中国基层社会并非长期"无为而治",而是早有着深厚的国家土壤。

第十一章 "文治复兴"与民利主义的市场化政治

宋代社会或许是学者们的研究之"痛"。痛点之一是宋代有许多伟大成就,甚至在很多方面领先欧洲,但却没有为中国带来本应有的领先,反而走向了某种没落。刘子健的《中国转向内在》从两宋之际的"文化"视角,反思了所谓宋代是"世界上第一个进入近代社会"的观点,[1]他设问"为什么在许多方面都发达和先进的宋代统治阶级,没有向更广阔的领域继续开拓,却反而转向了内向"?结论是,"在宋代中国占据中心地位的,应当是与文化学术潮流密切相关的政治","中国文化的命门存在于政治和意识形态(政教)当中,其混合体决定着其他一切,包括经济领域"。[2] 上述将政治和文化结合起来的视角十分精辟。他的弟子戴仁柱(Richard L. Davis)则把研究引入家族和生活史的层面,似在不经意之间,提出了有关"南方"的十分地域化的一些观点。尽管他早期(博士论文)还在南宋家族研究中提出"道统南移""官僚集团的'南方化'",以说明南宋明州望族之兴。[3] 后来却将宋代之没落部分归于"南方"文化,包括了"南人轻武"的举文治、贬武治之取向;"南方政体,尤其是其文人领导阶层,在总体上已经丧失了物质与精神活力",甚至借其老师关于马球文化的一篇文章,指出"王朝正进入被南方氛围所同化的一个新阶段"。[4]

究竟是什么样的"南方"文化能够如此强势地同化所谓的(看似代表"中国",却已然没落的)"北方"文化?果真有这样强势的文化存在吗?实际上,南宋国家重心南移,文化重心也在南移。只要看看南宋南方科举的中心地(从浙江南路、福

---

[1] 这一争论的简要介绍可参见:韩明士. 道与庶道:宋代以来的道教、民间信仰和神灵模式. 皮庆生,译. 南京:江苏人民出版社,2007:18-19.

[2] [美]刘子健. 中国转向内在——两宋之际的文化内向. 赵冬梅,译. 南京:江苏人民出版社,2012:2,153.

[3] [美]戴仁柱. 丞相世家:南宋四明史氏家族研究. 刘广丰,惠冬,译. 北京:中华书局,2014:31,35.

[4] [美]戴仁柱. 十三世纪中国政治与文化危机. 刘晓,译. 北京:中国广播电视出版社,2003:218,285-286.

建北路、福州路直到兴化府)以及儒家理学乃至心学出自华南文化区域的事实,这一"贬南说"就应该受到质疑。中国之兴衰原因复杂,很难归为一个地域的文化,不过南方(主要指华南或江南)文化特别是政治文化的确可以启发某些思考。因为华南有以福建为中心的理学(闽学)发端;有延续自宋代的新儒家的社会教化和基层社会的"国家化"过程;亦有着领先世界的江南经济和贸易中心。李伯重的研究清楚表明宋代以后江南经济十分繁荣,在世界上丝毫不逊色于欧洲,这一领先优势一直持续到18世纪之前。[1] 近20年来,华南学派丰硕的历史人类学研究已经补充了很多地域和基层社会的史料,令我们对华南地域文化有了更加深入的理解。笔者曾就华南宗族研究批评弗里德曼(M. Freedman)的"边陲说",提出过"中心说"的观点,[2] 这些研究将"南方"社会的重要性置于历史脉络中。

过往的宋代研究关注要点之一是"政治"的视角,但是对于"政治"的解读多聚焦"集权"政体的理解上,亦疏于对基层社会的解读。后来有一些学者开始关注"政治文化"的思考,[3] 余英时曾引宋人张景的话:"天下用文治,公足以立制度、施教化,而建三代之治。"并提出"宋代士大夫的政治文化"的概念,认为其特点是发展了"高度的政治主体的意识"。[4] 邓小南则以"祖宗之法"讨论了"宋代的士大夫政治"及其"致君于尧舜"的"共治天下"。[5] 笔者则曾依据这些研究提出"文治复兴"的概念,来尝试理解宋代以降的政治文化。

宋代士大夫的"文治"传统及其南宋以后的文化重心南移,是否与近代社会的危机有某种联系,恐怕是一个尚待研究的领域。可以确定的是:重武治即使能解决外患,也不能避免内忧;而儒家的重文治与外患并没有必然的联系。那么,是文治的社会实践出现了什么问题吗?在此,至少有一个方面需要思考:即宋代以后华南基层社会的国家化以及由此带来的政治文化是什么?华南在宋代后发生过两场意义深远的或可称之为"社会运动"的变革,一是明代中期前后大规模的宗族

---

[1] 李伯重. 江南经济奇迹的历史基础. 清华大学学报(哲学社会科学版),2011(2).

[2] 张小军. 家与宗族结构关系的再思考//汉学研究中心编. 中国家庭及其伦理研讨会论文集. 台北:汉学研究中心,1999;张小军. 宗族与家族//李培林主编. 中国社会. 北京:社科文献出版社,2011.

[3] Patricia B. Ebrey, Maggie Bickford. *Emperor Huizong and Late Northern Song China*:*The Politics of Culture and the Culture of Politics*. Printed on acid-free paper,2006.

[4] [美]余英时. 朱熹的历史世界:宋代士大夫政治文化的研究. 北京:生活·读书·新知三联书店,2004:37.

[5] 邓小南. 祖宗之法:北宋前期政治述略. 北京:生活·读书·新知三联书店,2006:398-421.

创造,另一个是国家化的民间信仰广泛兴起。这两场社会运动都与宋代的"文治复兴"有关,且都是基层社会"国家化"的标志性过程。在上述过程中,华南社会的政治文化呈现出民利主义的一面。所谓民利主义,即一种社会普遍用"利"的市场化的政治文化。宋代儒家士大夫本意是借"得君行道"[1]教化民众,结果却造成民众"玩"国家的市场化政治;一场以"修身齐家治国平天下"的"内圣外王"之道统实践,却促成了民利主义政治文化,并在后来逐渐滚动为政治文化生态的"文化核"。这究竟是儒家的"文治"理念之误,还是国家化的过程偏离了新儒家文治的本来初衷?本章将沿着宋代"文治复兴"与之后"民利主义"的兴起这一脉络,探讨历史上民利主义发生的文化逻辑,尝试提出与西方民本主义相区别的国家民本主义,并就国家民本主义与民利主义市场政治互通的文化机制进行思考。

第一节　国家民本主义与民利主义

民利主义政治的发展与儒家士大夫的治理实践有关。要理解"民利",需先理解民利之"民"。这涉及儒家先贤的治理思想,即"民惟邦本,本固邦宁"的古代"民本主义"思想。裴宜理(Elizabeth Perry)曾经论及孟子的这一学说以及近代知识分子和国家对此的历史继承。

> 当学生请教孟子一个统治者究竟是怎样获得天下时,孟子回答说,"天予之,人予之"。他进一步解释说,"民为贵,社稷次之,君为轻。是故得乎丘民而为天子"。孟子把政治合法性植根于民众支持的观点,在今天看来或许并不足道;在美国和法国的革命之后,大多数现代国家都提出了远比孟子学说更为大胆的人民主权的主张。但如果考虑到孟子是在两千多年前提出此种观点的话,我们不得不承认他对人民主权的强调的确难能可贵。[2]

上面所述孟子的"人民主权"观念,涉及如何理解中国人的权利观念。对此,裴宜理从抗争的视角,讨论了中国的政治秩序和抗争活动,她批评两个抗争的模式:"道义真空"说和"权利意识"说,并提出了"规则意识(rule consciousness)"的

---

[1] 余英时曾经归纳宋代士大夫政治的特点之一。参见:余英时. 朱熹的历史世界:宋代士大夫政治文化的研究. 北京:生活·读书·新知三联书店,2004.
[2] [美]裴宜理. 中国式的"权利"观念与社会稳定. 阎小骏,译. 东南学术,2008(3).

抗争说,以区别权利意识抗争说。

我非常怀疑当下美国社会科学关于中国的学术成果里存在的一个主题,即:从中国近期抗议活动中观察到的关于"权利"的话语,显示了一种对公民权的全新诉求——这种诉求将对国家权威构成基础性的挑战。这样的论调,在我看来是过分估计了这些抗议活动的创新性以及它们所能够构成的政治威胁程度。

在中国,权利往往被理解为是由国家认可的,旨在增进国家统一和繁荣的手段,而非由自然赋予的,旨在对抗国家干预的保护机制。在此情景下,民众对行使自身权利的诉求很可能是对国家权力的强化而不是挑战。因此,我主张将建构当代中国抗议活动的框架模式称为"规则意识(rule consciousness)"而不是"权利意识(rights consciousness)"。[1]

何谓"规则意识"?在裴宜理看来,抗争是一种在国家秩序规则之内的意识行为。民众抗争的后面是民众基于经济公平(经济正义)和民生诉求,同时又不想颠覆国家秩序的规则意识。她把民众抗争这一"规则意识"的渊源,联系到中国本土儒家文化传统中的民本思想。

裴宜理曾从实践理论的观点检讨中国革命的深层逻辑,在《华北的叛乱者与革命者》《上海罢工》《安源——挖掘中国的革命传统》等研究中,她试图理解不同时空中的革命过程、意义和发生逻辑,强调中国本土地方性的革命知识和经验,进而探讨近代中国革命发生的深层文化结构。裴氏敏锐看到,中国人头脑中的"权利"概念不是基于公民权的"权利"意识。在她看来,中国历史上有着民本主义的宏伟画卷,这一画卷的近代画面包括了孙中山,最后一幅画面则是社会主义时代。不过,这一权利意识与民本主义的联系却值得怀疑。历史上存在这样一幅连续的画面吗?人民主权的民本主义一直是中国政治历史的真实逻辑吗?

按照裴氏表述的"规则意识",民众与国家之间似乎有着很好的默契:"民众对行使自身权利的诉求很可能是对国家权力的强化而不是挑战"。在此,民本的含义似乎与国家发生了联系,而裴宜理又进一步把民众抗议的民意归结为天意。

所谓的中国社会的抗争更接近于孟子学说,而非洛克(John Locke)和杰斐逊

---

[1] [美]裴宜理. 中国式的"权利"观念与社会稳定. 阎小骏,译. 东南学术,2008(3).

(Thomas Jefferson),背后的意蕴是什么？洛克作为17世纪启蒙时代的自由主义思想家，主张政府必须取得人民的同意并保障人民的生命、自由和财产权利，其统治才有正当性。他的思想在后来的美国《独立宣言》中体现出来。而杰斐逊正是《独立宣言》的主要起草者，作为资产阶级民主主义思想家，他主张人权平等，言论、宗教和人身自由。这些现代权利思想和民本主义，确与孟子的民本主义不同。不过到了近代，孙中山作为资产阶级革命家提出的三民主义，更像是一种西方和中国两者的结合。至于强调"天道"，意味着民众头脑中的"权威"不是国家，而是"天理"。

回溯孟子的民本主义，乃是"为天子"的国家治理之需。在中文中，"民"的狭义理解是"国家之人为民"，[1]这意味着"民为邦本"之"民"并非一般的公民之"人民"，而是国家之下的"庶民"。"民本"一词最早出自《尚书·五子之歌》，原句是："皇祖有训，民可近，不可下。民惟邦本，本固邦宁。"是夏康之弟劝诫夏康而作的诗歌。意思是民众是国家之中流和砥柱。作为统治者，要识民体、顺民意、重民心，积民德，慎处民事与国事。陆九渊继承孟子的思想，认为"民为邦本，得乎丘民为天子"。（《陆九渊集》卷5）上述意义上的民本主义，与西方意义上的民本主义不同，都是在国家统治之下来谈民本（见表11-1）。西方文艺复兴之后的民本主义是建立在人权和个人主义基础上的；而孟子的民本主义是"民为贵，社稷次之，君为轻。是故得乎丘民而为天子，得乎天子为诸侯，得乎诸侯为大夫。诸侯危社稷则变置。"（《孟子·尽心下》第十四章）这样一种民本主义，可以称之为"国家民本主义"。国家民本主义之"本"，本在国家，而非西方的"人本"。

表11-1 民本主义和国家民本主义比较

	民本主义	国家民本主义
"民"之所在	民为自由之人	民为国家之人
"本"之所在	民惟人本	民惟邦本
思想伦理	个人主义	国家主义
权力	人本主义人权	国本主义民权
治理基础	人民治理	国家治理

其实，国家民本主义也可以在西方的文明中找到。古希腊城邦社会的核心就

---

[1] 辞源.北京：商务印书馆，民国廿九年.

是市民社会基础上的国家城邦,市民社会与国家是一体的。只是后来西方的自由主义的视角,将"国家"与市民社会分离。中国的国家民本主义与古希腊城邦制度不同,希腊城邦制度是从市民到国家,自下而上的国家民本,民为人本;中国是从国家到民间,自上而下的国家民本,民为邦(国)本。

中国长期的国家民本主义,究竟是如何让民众成为国家之本的,恐怕是一个漫长的历史话题,非本章所能详论。这里关注的是,宋代新儒家的国家民本主义实践如何引发了民利主义的政治文化。其特点是"以利为政""趋利为政",确切地说,是一种"君权民利"的权利结构,一种民利主义的权利意识。这种权利意识是以国家为前提的,因此才有裴宜理所言的表面上民众在抗争,但又不想颠覆国家秩序的"规则意识"。笔者以为:其深层是一种民利主义逻辑规则以及市场化的政治文化。

国家民本主义的儒家实践如何引出广泛渗透于民间社会的民利主义政治文化?尚需要更多的证据来分析。其重点乃是要问:为何在新儒家向基层社会进行"得君行道"教化之时,在民众被广泛调动起来参与国家之时,他们被激发出来的不是个人主义,也不是民本主义,而是民利主义?对此,"文治复兴"或许可以作为一个分析视角。

第二节 "文治复兴"与民利主义之兴起

宋代的"文治复兴"对中国后来的走向起着至关重要的作用。"文治复兴"是指大约在11—13世纪宋代儒家士大夫企图恢复尧、舜、禹三王之治的运动。"在中国历史上,儒家文化虽然一直占主导地位,但儒学的传承者作为一个群体在政事活动中起决定性作用,是直到北宋才产生的现象,被称为'士大夫政治'"。[1]"士大夫政治"与"帝王政治"显然不同,士大夫表现出极其宏大的政治抱负,从张载、范仲淹、王安石直到杨时、罗从彦、李侗、朱熹,都有着强烈的将民众纳入国家治理的天下观,并带来了特别是华南地域社会的政治启蒙。

然而,当理学士大夫在乡间办书院,教化他们"修身齐家治国平天下"的治理思想时,大概不会想到,因为他们身体力行的"内圣外王",中国的基层社会正在走

---

[1] 邓小南.宋代疆域不及汉唐,但有一点前朝不能比.北京日报,2014-11-3.

向后来长达近千年的"民利政治"——一种民众广泛参与的市场化政治。儒家士大夫提出各种文治建议,其中包括祠堂之制和祖先之礼,宗族由此成为民间百姓建构地方社会的一种重要组织资源,对华南大规模的宗族化起到了促进和激活的作用。儒家文化和宗族一样,都是中国社会中国家、地方和乡民共同实践的选择。如邓小南所言:"如果把宋代放到中国历史的长河中,我们可以看到它经历着逐渐走向平民化、世俗化、人文化的社会变迁过程。"[1]简言之,"国家"一方面被士大夫推向基层社会,另一方面又被百姓因"利"之需要而"做"到自己身边。在这个过程中,可以清楚看到民利主义政治文化之兴起。

历史上,义利之争一直是儒家的一个政治伦理情结。《大学》中有:"谓国家不以利为利,以义为利也。"《论语》有:"君子喻于义,小人喻于利。"孟子曾对梁惠王说:"王何必曰利,亦有仁义而已矣。"世俗化的典型特征在于重利轻义。对此,朱熹曾以其恩师李侗的看法描述之:"李先生以为今日三纲不立,义利不分,故中国之道衰而夷狄盛。人皆趋利不顾义而主势孤。"看来,趋利之风在宋代已经有之。安靖如(Stephen Angle)言道:

> 中国存在一种与众不同的权利话语,一种有自己的概念、动机和发展轨道的权利话语。……这些连续的整体包括了一种将权利视为一种有价值目标的手段而不是目的本身的观念,一种权利与利益之间所存在的紧密联系,所有的合法利益都可以和谐一致的信仰以及一种对政治和经济权利一致的承诺。[2]

在安靖如看来,权利是政治的基础运行因素,而在中国,它变成了权力加利益。[3]"利"在此表达的是一种融政治和经济于一体的物质文化:权利是一种物,可以用来获利益,利益也是一种物,可以用来获得权利,两者互为手段和目的。《管子·国蓄》:"利出一孔者,其国无敌。出二孔者,其兵半屈;出三孔者,不可以举兵;出四孔者,其国必亡。先王知其然,故塞民之羡,隘其利途。"利是一种物质

---

[1] 邓小南.宋代疆域不及汉唐,但有一点前朝不能比.北京日报,2014-11-3.

[2] [美]安靖如.人权与中国思想:一种跨文化的探索.黄金荣,黄斌,译.北京:中国人民大学出版社,2012:28.

[3] 中文"权利"一词最早出现在《荀子·劝学》:一个人如果内外兼修,力求完美,那么"权利不能倾也"。对这句话的典型中文解释似乎是将"权利"翻译成"权力和利益"。参见:[美]安靖如.人权与中国思想:一种跨文化的探索.黄金荣,黄斌,译:北京:中国人民大学出版社,2012:122.

能量,义是一种精神能量。利主散,义主聚,利之分散(利出四孔,私利增加),人人羡求利欲,国家不能"利出一孔",则国家必亡。中国哲学中,利兼具了权利和利益,而在西方现代话语中,权利偏向政治属性,利益具偏向经济属性,两者很难混淆。

上面看到,"利"并不是一个负面和贬义的概念,黄宗羲《明夷待访录》:"人生之初,人各有私也,人各自利也,天下有公利而莫或兴之,有公害而莫或除之。有仁者出,不以一己之利为利,而使天下受其利……。"民利主义中并不乏利国、利民、利己的一致性。此外,"利"还有"正利"之谓,《荀子·正名》有"正利而为谓之事,正义而为谓之行",事言正利,行言正义。利与义并不矛盾,只要是正利、公利。超越私利的公利来自仁义,"义"的核心是不追逐利益,也不追逐权力。义是一种大道,与仁构成仁义,是一种思想、伦理,超越了人们追逐的权利和利益这两种物质。

孟子的"民为上"如何演变为"民为利"?北宋文彦博在回答神宗时的名句,"为与士大夫治天下,非与百姓治天下也",清楚表明了百姓的政治地位并不在"上"。余英时在《中国近世宗教伦理与商人精神》一书的结论中,就明清商人的困境,引述韦伯(Max Weber)"自由商业在'共和城邦'中易于发展,在君主专制的官僚制度下则常遭扼杀,因为后者以政治稳定为主要目标"的观点,并感叹"试看专制的官僚系统有如天罗地网,岂是商人的力量所能突破"?最后借言"凡事之经纪于官府,恒不若各自经纪之责专而为利实"。[1] 余先生一方面主张自由商业,认为在专制下自由商业受阻;另一方面,又认为凡是官僚体制下,人们没有办法做好商人,于是各自趋利。结论是,无论什么事情要让官僚政府管理,还不如让他们各自尽经纪之责,专门做自己的生意获利更实在。

文治的本意是义治和仁治,戴仁柱曾引欧阳修置文于武之上的言论作为"南人轻武"的例子:"武为救世砭剂,文其膏粱欤!乱已定,必以文治之,否则,是病损而进砭剂,其伤多矣!"[2] 他认为儒家之文治一定程度上导致了南宋的没落。然而,重文治是否带来国家之衰?新儒家试图恢复的是公利之治,这无疑是正确的,而实际带来了私利之风,原因在于人民的位置被排斥于公利之外。当公利不

---

[1] [美]余英时. 中国近世宗教伦理与商人精神. 合肥:安徽教育出版社,2001:13.
[2] (北宋)欧阳修. 新唐书:卷198. 北京:中华书局,1975.

在，他们便转向私利。陆九渊在《与王顺伯》信中讲到以"义利"二字判别儒释之分时，说"又曰公私，其实即义利也""公私义利之别、判然截然，有不可同者矣""凡圣人之所为，无非以利天下"。[1] 按照陆九渊的观点，缺公义，必然滥私利。公地悲剧的理由亦在于此。因此，儒家士大夫的理想难以实现，究其原因，还是在于没有建立起公义的政治制度，结果，人们便纷纷借国家生利，取利于国。换句话说，在强大的国家面前，当社会缺乏公义，人民没有权利和更多追求，只好各自图私利。这些不是文治或武治能解决的问题。这样的国家政治文化也造就了百姓的"专而为利实"的基层政治文化。不过，是否可以说民利主义的"专而为利实"促进了明代中国经济在世界领先？民利主义政治也有契合民利主义经济的一面？

贯通政治和经济的民利主义自然有其利于经济发展的一面，但是终究难敌贯通政治和经济的民本主义或民主经济。"民主"强调的是民权和自由，强调人民做主的政治基础；而"民利"强调的是民众的普遍自利（而非自由），强调以利益为政治基础。民利主义的特征主要表现在：(1) 以利益（政治的、经济的……）作为社会交换的主要方式和社会结构的骨架；(2) 权利的观念在此表现为"权益"；(3) 各种外来的文化都可能会被这一文化核消化进来（这一"文化消化"与裴宜理的"文化置换"不同）；(4) 各种资源都可以成为牟利的文化手段（这种"文化共牟"接近裴宜理的"文化操控"和萧凤霞的"文化手段"）；(5) 国家常常是最大的利益体和民利主义的代表，是利益管理而不是权利治理。权利、法律（规则）都会成为一种工具性话语，都可能被滥用。运行各种资本（政治、文化、社会、经济、象征）成为管理的方式。"文化操控"即象征资本的运用，是象征资本再生产的表现。

在"民利政治"的社会中，政治成为民众获利的主要渠道，成为官僚士大夫和百姓共同谋利的市场，政治因此异化并广泛嵌入社会的各个方面，瓦解了政治的公仆伦理和管理功能，阻碍了政治的民主发展。国家自上而下的科举、赋役和乡社社坛祭祀等，政治与自下而上的宗族创造和民间信仰国家化的"民利政治"并存，基层社会和民众更加自觉、广泛地纳入国家，形成了"有着专制的头脑、官僚的躯干和平民的四肢"[2]的"共主体性（co-subjectivity）"的政治文化。[3] 所谓"共主体性"，是指国家、士大夫和庶民三者共同承担和替代各自主体行使权力、运行

---

[1] （南宋）陆九渊. 陆九渊集. 北京：中华书局，1980：17，290-291.
[2] [美]刘子健. 中国转向内在：两宋之际的文化内向. 赵冬梅，译. 南京：江苏人民出版社，2012：2.
[3] 张小军. 文治复兴与礼制变革——祠堂之制和祖先之礼的个案研究. 清华大学学报，2012(3).

功能和表达意义的特征,它反映了深层的社会文化(尽管有表层的对抗和冲突),有别于国家与社会的二分模式。

第三节　政治市场与市场化政治

儒家道统以义抑利,为何社会还会转向民利?是本应代表公利和正义的国家令人失望,还是私利文化已然进入了政治伦理,让政治有利可图?基于国家民本主义的政治运行,本来应是公平权力和权利,但若是趋利政治,其空间便会成为包括官员、百姓、知识分子乃至全民的利益和寻租市场,其主要特点是君主、士大夫、民众都会利用和运用政治经济等资源进行社会和政治参与(无论自觉还是不自觉)行为。当政治市场化,权力便成为了政治市场的资本和"商品"。

民利主义的市场政治导致民众与国家的政治互利性加剧,与民主的全民政治形成强烈的反差。华南基层社会的宗族和民间信仰的文化创造,都与民众借国家来强化自己在地方社会中的地位有关。换句话说,国家民本主义一方面因为民众权力有限,不能提供民众的充分发展空间;另一方面,"国家"变成了民众拓展自己空间的文化工具。在这个过程中,民众进一步将国家做到了自己的身边,结果是国家与民众在"利"之下的紧密结合。这或许是为什么集权和独裁模式都无法很好解释中国政治演变的原因。因为一个表面上民众反抗国家、却在深层与之为伍的市场化政治,并非少数独裁者所能为之,因而根本不可能想象通过简单废除独裁或者皇权,或依靠一场革命或者表面的政治改革来改变。独裁者、集权者或者某一代政治体制的完结,虽然意味着改朝换代,但是很难脱离政治市场文化的法则。特别是当人民还没有民主思想的储备时,他们只能以其擅长的市场的民利观念,来面对政治的变革。这样一种"畸变"的政治市场,不仅"断送"了历史上的历代政治改革,也在某种程度上让民众更加深层地卷入了市场化政治。

首先,政治市场的特点体现在"利规"而非法规的政府。利规为非正式法规,通常指围绕"利(利益、便利)"形成的规矩,瞿同祖在谈到历史上官场腐败时说:"'易于获得便利,又易逃避追究'是对越轨行为的最大诱惑。……政府和公众看作越轨或腐败的行径,也许被看作遵循行业性约定俗成的行为规范(行规)而

第十一章 "文治复兴"与民利主义的市场化政治

以"。[1]"如果规范某些程序的正式规定无法操作时,他们就不得不遵循成规。对成规的任何改动都可能遭到人们的反对。因此,全体衙门成员都渐渐形成了一套自己乐意且当地百姓也(勉强)接受的行为规矩。"[2]可见,利规即通常所说的"官场文化",可分为成规(约定俗成之规)与行规(随行就市之规)。何以在官场中信奉行规或者成规?人们是如何认识政治的?贴切的回答恐怕是:政治不是一个为人民代言的治理制度,而是一个逐利的市场,于是腐败便是"正常"的逐利方式。

其二是逐利政治。官场如市场,在此政治市场中,具体运行是由利益的平衡规则(利规)主导。对于不同政治集团之间的紧张关系,瞿同祖说:"为什么在中国这种紧张(冲突)没有导致显著的变革?我认为,一个决定性的因素就是,所有这些集团,都在现行体制下获得了最大的回报;唯一例外的是普通百姓。因此,尽管会有紧张(冲突),他们却没有兴趣去改变现状;于是我们就看到了社会和政治秩序中的稳定性和持续性。这种稳定性,只有在民众的不满情绪到足以升格为公开暴动的时候才会受到威胁。"[3]可见,利益的政治市场回报是政治市场的稳定因素,权力货币在其中充当着利益的等价物。

其三是市场式的政府。政府好像一个私人开的公司。瞿同祖曾论"一人政府"的私人性政府。在谈到清代地方政府时,他说:"从所有这些职能都由州县官一人负责的这一事实来看,他就是'一人政府',而他的下属们显然只扮演着无关紧要的角色。"[4]"一人政府"容易形成敷衍、拍马、政绩之类的利规,导致政府偏向于"市场化"。市场式政府与市场化民众相互影响,共同促进了市场化政治文化的形成。

黄宗智曾经提出内卷化的分析,[5]这种内卷化明代早已有之。国家是一个强势的盖子,农民在其下的有限空间和资源中,只能被内卷。民利主义其实也是一种"国家内卷化下"的不得已。"国家"被利用,被内化于基层社会和民众生活之中。如果政治清廉、没有可以利用的空间,不会有政治的市场化,民利主义也不会

---

[1] 瞿同祖. 清代地方政府. 北京:法律出版社,2003:336.
[2] 瞿同祖. 清代地方政府. 北京:法律出版社,2003:18.
[3] 瞿同祖. 清代地方政府. 北京:法律出版社,2003:338-339.
[4] 瞿同祖. 清代地方政府. 北京:法律出版社,2003:34.
[5] [美]黄宗智. 华北的小农经济与社会变迁. 北京:中华书局,1986.

延伸到政治领域。当民众的诉求和意愿无法获得制度性的出口，结果就容易走向非制度的市场利益法则，形成玩制度的市场化，也会导致政治伦理的堕落。好像今天的医院和教育，如果简单进入市场化，所有收入和运行都要与市场挂钩，必然导致腐败滋生和贫富差距的分化。

政治市场化及其民利主义基础，乃中古以降政治制度之精髓。或可说以民利主义为基础的政治市场的建立，是思考宋代以来中国政治的关键点之一。民利政治的一个延伸后果是：一方面以其某种同构性促进了经济市场；另一方面又因其局限而限制了转向健康的经济市场，经济市场最终为政治市场所收拢，成为政治市场的附庸。

在市场化政治中，民众的权利参与究竟如何？回到裴宜理对孟子人民主权的看法，安靖如认为：

> 早期儒家文化中，在一方面被想象为反应性的大众全体（reactive mass entity）的"人民"（"民"或者"群众"），与另一方面被想象为单个的、具有道德能力的"人"之间存在着显著的区别。把前者说成是社会的根本仅仅是说统治者必须把他们的利益放在首位，决不是说他们具有做出选择的能力，或者说自治能力。尽管有很多关于"人"所共有的人类本性的声明，我仍然认为"人民"对政治的广泛参与（在上面定义的意义上）甚至在概念上也是不可能的。[1]

确实，在国家民本主义之下，民众利益放在首位的广泛参与很难存在。不过，并不等于不存在民众广泛参与国家政治。事实上，通过华南历史上宗族的创造和民间信仰的兴起，可以看到民众参与国家的程度甚高，也正是他们将"国家"做大，并做到自己身边。安靖如还说道："众所周知，儒家作为限制国家权力的源泉在历史上短处多多……我同意牟宗三的一个看法，即在历史上的儒家传统中根本找不到据理对公民或政治权利的直接辩护。"[2] 儒家与国家权力的关系骨子里就不存在限制国家的问题，反而是如何"得君行道"。因此，不可能从儒家的国家民本主义中找到对公民权利的关注。

国家民本主义并非是一个完全负面的概念，甚至在某种意义上，是一个需要

---

[1] [美]安靖如. 参与的必要性——走向现代儒家政治. 付洪泉，译. 求是学刊，2009(4).
[2] [美]安靖如. 儒家民族主义与混合政体. 徐志跃，译. 文化纵横，2011(10).

正面理解的概念。中国历史上国家民本主义并非主流的国家形态,却也不乏有意义的实践。历史上许多盛世都有国家民本主义的影子。然而,从国家民本主义向民利主义的转变,意味着这一模式中的民众并无真正的权利。正是因为缺乏个人权利基础上的民本,中国不可能产生文艺复兴之后基于个人主义基础上的民本主义。国家民本主义中的"民为上",只是一个国家的脚注。当宋代新儒家试图将民众纳入国家治理的"修齐治平"中时,产生的结果并非是真正民本主义的实现,而是一种民利主义的兴起。权利意识的缺乏主要是在国家的强权之下,人们的文化适应让他们选择了国家意识形态允许的民本主义的变种——民利主义。所谓变种,乃是放弃了孟子民本主义的"民为上",次而求之皇权之下的"专而为利实"。前述余英时所言清楚表达了一种国家专权、民众自利的"国权民利"之格局。

在国家的夹缝中,人们的反抗是迫不得已的利益抗争。权利、法律(规则)都会成为一种工具性话语。所以,裴氏的所谓"规则意识",应该理解为一种"民利意识"。民利主义启蒙于宋代,是政治和新儒家的产物,是一种缺乏权利观念的主义。尽管历史上很多士大夫和知识分子都有民本主义的主张,包括孙中山的"三民主义"以及毛泽东的"为人民服务"。但是,民利主义的大众政治文化常常会转变甚至扭曲革命的本来意图,因为民众参与革命的逻辑并非都是权利的争取,而是利益的获得。在今天的改革开放中,这一深层的政治文化逻辑还在释放其能量,包括大量官场的腐败都与此有关。中国的法治之所以难于推进,也与民利主义的市场政治关系密切。换句话说,人们以民利主义的市场政治逻辑来行事,法律也被裹挟于利益之中。因此,仍有必要提倡真正的民本主义。

第四节 结论:思考历史上的共主体政治文化

回到戴仁柱关于"南方"的议论,或许可以这样作答:华南社会共主体的政治文化及其蔓延,正是"南方"文化的强势之一。事实上,所谓"北方/南方"的文化强弱之比仍是"国家"之下的"中心/边缘"视角。刘志伟曾提出多元的中心—边缘视角,并认为"与其说是多元的,还不如说是流动的,是随着你研究的问题,或你研究的行为主体的改变而改变的"。[1] 这里的研究虽与地域有关,亦非地域视角,而是关注历史上民利主义市场化政治的演变以及共主体的政治文化,这一过程始自宋代开启的文治复兴以及对华南基层社会的政治启蒙。在民利主义市场化政治的后面,还要问"民"究竟在政治中处于何种位置。作为国家民本主义之民,民利主义市场化政治一方面让民众有自己一定的空间,间接推动明代经济居于世界前端,形成专制与经济昌盛的共存;另一方面伴随着专制统治(此非南方文化所特有),民众的政治空间有限,只能"专而为利实",结果更加促进了民利主义的政治文化,客观上导致民众与国家更紧密的关联,以及更加政治化的日常生活。市场化政治在当今西方政治标准下并非良制,但是共主体的政治文化根深蒂固,无论利弊,其对中国社会之影响都是意义深远、值得深思的。

---

[1] 刘志伟,孙歌. 历史的局部与整体:关于"中国原理"(上)//高士明,贺照田主编. 人间思想第二辑:三个艺术世界. 台湾:人间出版社,2015.

结语　走向跨学科与去学科的历史人类学

笔者曾在《历史人类学学刊》创刊号的一篇文章中（本书第一章），提到"被史学抢注的历史人类学"，在对历史人类学定位时，提到这是一种研究视野，反对将历史人类学简单学科化。之后，有学者强调历史人类学在人类学中的发生，意在强调人类学本位的历史人类学。不过，我还是希望尊重年鉴学派的初衷和历史人类学一直以来的真实轨迹与内在追求，去探索历史研究的方法论和理论的新天地。勒高夫在提出历史人类学时，主张史学、人类学和社会学跨学科的"三合一"。我曾讲要"走出历史"，这倒不是要回归人类学本位，而是希望看到一个"去学科"境界的历史人类学。从历史人类学的内在发展来看，其实一直有这样的努力和超越。

历史人类学本身就具有很强的跨学科倾向。首先，在人文社会科学里，人类学、社会学和史学这三个学科一般被称作横向学科，因为它们所面对的是整个人类社会（如果把时间界限淡化的话）。这恐怕是三者相通且容易相跨的基础。历史的时间当然是对过去，就人类学来说，既关注过去，也关注现在和将来。这些学科都希望去全面理解人类社会，这倒不是说这些学科有什么高明，而是因为它们的横向学科特点。比如在人类学里面，有经济人类学、教育人类学、宗教人类学等，它的领域涉及整个人类社会的方方面面，社会学和史学也是如此。这三个学科有很多内在逻辑上的一致性，面对很多共同的现象，有很多共同的关心。第二，人类学和社会学的理论关怀比较强，理论的关注是人类学影响史学一个很重要的原因。相对而言，在过去传统的史学里面，理论上的思考体系弱于人类学和社会学。这其中的原因很复杂，主要原因之一就是近代以来的学科划分。现在，史学希望能够从人类学和社会学的理论视野中汲取营养。第三点，就是研究方法，比如说人类学的田野研究，是华南历史人类学研究里面很突出的一个特点。在田野里面看碑、看族谱、看文献，增加实际的感受，慢慢进入一些历史的思考，这个方法很明显是借助于人类学的田野研究。由此，已经形成不少对中国历史的新理解和看法。众所周知，人类学的一个传统的学术产品就是文化志即所谓的民族志，文化志的写作方式正在被越来越多的史学家接受。

人类学是目前在科学体系中几乎最具有跨学科品质的"学科",它跨越人文科学(如语言人类学、考古人类学、宗教人类学、艺术人类学等)、社会科学(政治人类学、经济人类学等)以及自然科学(体质人类学、生物人类学等)。同时,它的研究领域本身就充满了诸多跨越。人类学的跨越性,来自其研究对象——"人类"本身的跨越性,因为人类是自然界的产物,是社会的产物,也是他们自己文化的产物。

跨学科和去学科需要回到学科的"日常生活世界",回到摆脱"学科国家"控制的"公共领域"。人类学家的"日常生活"视角强调一种超越规范和制度的状态。在学界,从维特根斯坦对日常语言的强调,到卢曼的"互动系统"(相对于有规则的组织系统);从常人方法学(ethnomethodology)对日常规则的关注和德国的"日常史",到哈贝马斯的"生活世界"(相对于有功能的行动系统),都对日常世界有一种偏爱,因为日常是一种去范式、去制度、去霸权的状态。哈贝马斯正是依据"生活世界",提出了他的沟通理论以及"公共领域"的概念。

"文化"是文化人类学的一个基本概念,它是人类社会的编码和"软件"。文化本身就是跨学科、去学科的概念,任何社会和人类现象几乎都可以美其名曰"某某文化",这在人文社会科学概念中是绝无仅有的。许多人类学者反对这种"文化"的庸俗化,但是另一方面,也说明了现象本身的文化共通性。法国社会思想家莫兰从自组织现象产生的社会复杂性来理解文化,认为社会的维持需要一整套根据规则结构化了的信息——即文化。明白此一点,就会容易理解跨学科和去学科的文化研究。例如历史人类学,其中的心态史、意义史、叙事史和新文化史研究,都可以说是"文化"的研究范例。

"去学科"是跨学科的高境界。跨学科还是以学科为基础,它难以超越学科的界限,进入无学科的反结构或共融状态。然而事物的存在本身是以其内在规则而不是学科划分为据的,而我们的学科划分多是依据事物的表面现象进行的分类,不论"政治""经济""历史""人类"还是"社会"。所谓去学科,就是摈除一切学科标准的干扰,进入一种超越的状态,从而开启人类的智慧和思维。历史人类学应该走向跨学科甚至去学科的历史研究。希望,历史在"实践"中获得新的生机。亦希望,历史人类学的未来,在"去学科"的境界中得到永生。

跋

历史堪厚重,人类亦多难;学人解迷津,问道今古间。

从 20 多年前踏入人类学的领域起,笔者就与历史结下了不解之缘。在我从社会学转向人类学的过程中,萧凤霞老师一直给予我帮助,让我有机会踏上人类学的学术之路,更因为她和科大卫等学者推动的华南研究,让我有机会结识了一批有思想深度的史学家朋友:刘志伟、蔡志祥、郑振满、陈春声、梁洪生、邵鸿、程美宝……遂开始了史学的启蒙。多年的研究生涯中,我不断补充着历史的知识,也在以历史的视角反思中国人类学的研究,从中受益匪浅。本书的写作自然不在史学规范之中,但大家研究的问题却是共通的。

感谢妻子成堤!她的陪伴永远是我在学术上努力前行的动力。感谢多年来参与清华大学"历史人类学"研究生课程的同学们!从与你们的教学互动中,我得到了很多灵感和启发。感谢《清华大学学报》(人文社科版)及执行主编仲伟民教授对历史人类学研究领域的关注!最后,还要感谢清华大学出版社的编辑们为本书出版付出的辛苦努力!

2017 年春于清华园